蓄熱式空調システムが実現する
エネルギーマネジメント
～計画・設計から運用まで～

公益社団法人 空気調和・衛生工学会

序　文

　2006年に"蓄熱式空調システム　計画と設計"がその前身"蓄熱式空調システム　基礎と応用"を改訂し，発刊されてから約10年経過している．その中で特に近年は民生用エネルギーを取り巻く事情も大きく変化してきたといえる．

　2011年の東日本大震災をきっかけにエネルギー使用の合理化，電力の需要の平準化などが強く求められ，また日本の最終エネルギー消費の約35％を占める，民生用のエネルギー消費を合理化するため，2015年に"建築物のエネルギー消費性能の向上に関する法律（建築物省エネ法）"が制定された．また，2015年のCOP21における"パリ協定"においては，世界共通の長期目標として"世界の気温上昇を2度未満に抑えることを目標にすること，同時に1.5度未満を目指し努力すること"が明記された．そして，これらに対して日本の温室効果ガス削減目標は民生用部門の大きな貢献がベースになっている．また，ZEB（ネットゼロエネルギービルディング）の普及に関してもエネルギー基本計画にロードマップが示され，空気調和・衛生工学会でも空気調和設備委員会ZEB定義検討小委員会を立ち上げ，2015年に"ZEBの定義と評価"を発表している．さらに，エネルギー業界においては自由化が進み，この動静はいまだ明確になっていないところもあるが，関係する多方面においてその対応とエネルギー使用の合理化に向かって議論がなされているところである．

　今回の改訂にあたっては，上記のような状況に対応すべく，まずエネルギーマネジメントというキーワードを掲げた．このエネルギーマネジメントには，省エネルギー，システムのロバスト性，デマンドレスポンス，ZEB普及による再生可能エネルギーの受け皿としてのポジワット，そしてBCP（Business Continuity Plan）などである．そして，デシジョンメーカーに蓄熱式空調を正しくアピールできることを意図して，"蓄熱式空調システムが実現するエネルギーマネジメント"という章を立てた．同時に，初版から本書の担ってきた，蓄熱式空調システムの正しい設計・施工・運用の普及という役割は，このシステムのポテンシャルを十分に発揮するためには必須のものであり，前版と同様に"蓄熱式空調システム計画上の要点"，"蓄熱式空調システムの設計"，"蓄熱槽の設計と蓄熱式空調システムの施工"，"蓄熱式空調システムの運転・保守管理"という章は確保し，それぞれにおいては従前の情報は見直す，また計画から設計まではスムーズになされるような流れになっているかを確認する，そして実務において実際に適用可能なものとする，ということを留意して改訂を行った．また，既存蓄熱式空調システムの改修・運転変更によって，多くの蓄熱槽ストックを特に負荷形態の変化に対する対応やデマンドレスポンス対応で復活させ，冒頭に記した社会情勢やニーズに応えることも意識している．

　このような改訂方針に従って再編した本書の内容をさらに把握していただくために，前版では独立していなかった"蓄熱式空調システムの事例"を充実させ，蓄熱式空調システムを活用したエネルギーマネジメントについて紹介させていただいた．また，"蓄熱式空調システムによるエネル

ギーマネジメントのケーススタディー"として,蓄熱式空調システムの最重要ミッションである省エネルギー・ピークカットをはじめとして,デマンドレスポンス,BCP(熱利用・水利用),ポジワットなどについても,現段階でわかる範囲ではあるが示させていただいた.

　本書の改訂に当たっては,初版,第2版をベースにしている部分も少なくない.これらの執筆者各位,今回の改訂小委員会委員各位,執筆者各位に感謝の意を表すとともに,読者の皆様の役に立つことを願っている.

2017年3月

出版委員会蓄熱式空調システム改訂小委員会
主査　奥宮　正哉

出版委員会蓄熱式空調システム改訂小委員会

主　査	奥宮　正哉	名古屋大学			
幹　事	田中　英紀	名古屋大学			
委　員	河野　匡志	(株)日建設計総合研究所	田中　勝彦[*2]	東京電力ホールディングス(株)
	熊谷　雅彦	日本ファシリティ・ソリューション(株)	藤原　裕之	東京パワーテクノロジー(株)
	合田　和泰	(株)蒼設備設計	百田　真史	東京電機大学
	佐々木正信[*1]	東京電力エナジーパートナー(株)	渡邊　幸芳[*1]	東京電力エナジーパートナー(株)
	高田　修	(株)三菱地所設計		
専門委員	射場本忠彦	東京電機大学	南島　正範	(一財)ヒートポンプ・蓄熱センター
	坪田　祐二	東海大学	柳原　隆司	東京電機大学

[*1] 平成28年度　[*2] 平成27年度

執　筆　者

市丸　隼人	日本ファシリティ・ソリューション(株)	第8章 (3)	
奥宮　正哉	(前出)	第1章	
		第2章	
		第8章 (5)	
加藤　伯彦	中部電力 (株)	第8章 (10)	
河野　匡志	(前出)	第7章 7.1, 7.1.2, 7.2	
熊谷　雅彦	(前出)	第6章 6.1	
合田　和泰	(前出)	第1章	
		第3章	
		第4章	
佐々木正信	(前出)	第6章 6.4	
佐溝　直輝	日本ファシリティ・ソリューション(株)	第8章 (6)	
高瀬　知章	(株)三菱地所設計	第4章	
高田　修	(前出)	第7章 7.1.1	
田中　勝彦	(前出)	第8章 (2)	
田中　宏昌	(株)日建設計	第8章 (11)	
坪田　祐二	(前出)	第1章	
成田　千里	(株)日本設計	第4章	
西川　雅弥	日本ファシリティ・ソリューション(株)	第8章 (7)	
野村　太郎	日本ファシリティ・ソリューション(株)	第8章 (8)	
花崎　広隆	東京電力エナジーパートナー(株)	第8章 (1)	
濱　興治	(株)前川建築設計事務所	第8章 (9)	
藤原　裕之	(前出)	第5章	

古田　康衛	鹿島建設(株)	第6章
百田　真史	（前出）	第6章 6.2
		第8章（4）
森野　仁夫	京葉ガス(株)	第2章コラム（共著）
山本　裕治	清水建設(株)	第2章コラム（共著）
柳原　隆司	（前出）	第1章
湯澤　秀樹	(株)日建設計総合研究所	第5章
渡邊　幸芳	（前出）	第6章 6.3

本書の記載事項は，作成時点において可能な限り精査しております．ただし，その正確性，最新性，継続性などを，本学会が保証するものではありません．

また，本書の記載事項に起因して障害が生じた場合，本学会は責任を負いません．

目 次

第1章 蓄熱式空調システムとは（蓄熱式空調システムの基礎）

1.1 蓄熱式空調システムの基本的な考え方 ……………………………………… 2
　1.1.1 蓄熱式空調システムの原理 ………………………………………………… 2
　1.1.2 蓄熱媒体 ……………………………………………………………………… 2
　1.1.3 蓄熱槽の分類と特徴 ………………………………………………………… 4
1.2 蓄熱槽の熱特性 ………………………………………………………………… 17
　1.2.1 蓄熱効率 ……………………………………………………………………… 17
　1.2.2 蓄熱槽効率 …………………………………………………………………… 26
　1.2.3 蓄熱槽効率の試算例 ………………………………………………………… 27
1.3 温度成層型蓄熱槽 ……………………………………………………………… 27
　1.3.1 温度成層型蓄熱槽とは ……………………………………………………… 27
　1.3.2 温度成層化の原理 …………………………………………………………… 27
1.4 氷蓄熱式空調システムの設計に際しての留意点 …………………………… 29
　1.4.1 蓄熱槽から取り出す冷水温度の安定化 …………………………………… 29
　1.4.2 蓄熱槽から取り出す冷水温度の維持時間 ………………………………… 29
　1.4.3 追掛け運転への対応 ………………………………………………………… 30
　1.4.4 槽内かくはん効果 …………………………………………………………… 30
　1.4.5 暖房への対応 ………………………………………………………………… 30
　1.4.6 氷スラリー …………………………………………………………………… 31
　1.4.7 低温送水システムとの併用 ………………………………………………… 32

第2章 蓄熱式空調システムが実現するエネルギーマネジメント

2.1 エネルギー事情(社会情勢)の変化と蓄熱の役割 …………………………… 34
　2.1.1 民生用最終エネルギー消費とピーク電力 ………………………………… 34
　2.1.2 COP21 約束草案 ……………………………………………………………… 35
　2.1.3 近年の省エネルギー政策 …………………………………………………… 35
2.2 蓄熱式空調システムのポテンシャル ………………………………………… 37
　2.2.1 電力負荷平準化 ……………………………………………………………… 37
　2.2.2 設備の冗長性・高度化 ……………………………………………………… 37
　2.2.3 事業継続(Business Continuity Plan)への活用 …………………………… 37

2.2.4 変動要因に対する受け皿としての蓄熱(地域インフラストラクチュアの負荷軽減) … 38
2.2.5 既存蓄熱システム活用によるエネルギーマネジメント ……………………………… 39
コラム：蓄熱システムによる受電点電力制御の事例 ……………………………………………… 40

第3章　蓄熱式空調システム計画上の要点

3.1 蓄熱量と熱源容量のバランスの考え方 ……………………………………………………… 44
   3.1.1 基本的な配管回路構成 …………………………………………………………………… 44
   3.1.2 熱源機容量と蓄熱量のバランスの考え方 …………………………………………… 44
   3.1.3 蓄熱バランス図の作成 ………………………………………………………………… 45
   3.1.4 基本計画段階で、の水蓄熱方式の蓄熱バランス図作成手順 ……………………… 45
   3.1.5 基本計画段階での氷蓄熱方式の蓄熱バランス図作成手順 ………………………… 48
3.2 蓄熱バランス図による蓄熱量と熱源容量の決定 …………………………………………… 55
3.3 年間運転の考え方 ……………………………………………………………………………… 57
   3.3.1 蓄熱バランス図と年間運転 …………………………………………………………… 57
   3.3.2 年間熱負荷と降順ソート ……………………………………………………………… 58
   3.3.3 年間熱負荷と熱源機の運転効率（COP：成績係数）……………………………… 58
   3.3.4 年間消費エネルギー量の算出 ………………………………………………………… 58
   3.3.5 年間運転の簡易検証法 ………………………………………………………………… 61
3.4 二次側空調システムの計画 …………………………………………………………………… 65
   3.4.1 二次側空調システムの大温度差化 …………………………………………………… 65
   3.4.2 変流量制御の採用 ……………………………………………………………………… 65
   3.4.3 ポンプ系の変流量制御 ………………………………………………………………… 65
   3.4.4 変流量制御方式 ………………………………………………………………………… 66
   3.4.5 立上がり時などの二方弁の過大流量の防止 ………………………………………… 66
   3.4.6 空調機とファンコイル ………………………………………………………………… 66
   3.4.7 バイパス回路 …………………………………………………………………………… 66
   3.4.8 ファン発停と二方弁のインタロック ………………………………………………… 66
   3.4.9 風速スイッチの不採用 ………………………………………………………………… 67
   3.4.10 大温度差空調システムと空調機コイル特性 ………………………………………… 67
   3.4.11 実際の空調機器の利用温度差 ………………………………………………………… 67
3.5 BCPへ対応した蓄熱式空調システムの構成 ………………………………………………… 69
   3.5.1 蓄熱槽水の生活用水への活用 ………………………………………………………… 69
   3.5.2 空調配管システム ……………………………………………………………………… 71
   3.5.3 蓄熱槽水の消防用水への活用 ………………………………………………………… 71

第4章　蓄熱式空調システムの設計

- 4.1　蓄熱式空調システムの設計手順 …………………………………………………………… 76
- 4.2　熱負荷計算 …………………………………………………………………………………… 76
  - 4.2.1　時刻別負荷計算 ………………………………………………………………………… 76
  - 4.2.2　日積算熱負荷 …………………………………………………………………………… 76
- 4.3　熱源機器および蓄熱槽の容量 ……………………………………………………………… 78
  - 4.3.1　熱源機運転時間の決定 ………………………………………………………………… 78
  - 4.3.2　蓄熱槽利用温度条件の決定 …………………………………………………………… 78
  - 4.3.3　熱源機容量の仮決定 …………………………………………………………………… 78
  - 4.3.4　時刻別熱源機能力の算定 ……………………………………………………………… 78
  - 4.3.5　熱収支計算 ……………………………………………………………………………… 79
  - 4.3.6　蓄熱槽容量の算出 ……………………………………………………………………… 82
  - 4.3.7　熱源機容量および蓄熱槽容量の検証 ………………………………………………… 83
  - 4.3.8　温度成層型蓄熱槽の設計 ……………………………………………………………… 87
  - 4.3.9　氷蓄熱式空調システム設計時の条件整理と検討項目 ……………………………… 91
  - 4.3.10　熱源機設計上の留意事項 ……………………………………………………………… 93
- 4.4　二次側機器の設計 …………………………………………………………………………… 95
  - 4.4.1　二次側機器の構成 ……………………………………………………………………… 95
  - 4.4.2　空　調　機 ……………………………………………………………………………… 95
  - 4.4.3　ファンコイル …………………………………………………………………………… 95
- 4.5　配管システムの設計 ………………………………………………………………………… 97
  - 4.5.1　落　水　防　止 ………………………………………………………………………… 97
  - 4.5.2　熱交換器以降の二次側配管設計 ……………………………………………………… 98
  - 4.5.3　ポンプの設置位置 ……………………………………………………………………… 98
- 4.6　熱源一次ポンプの設計 ……………………………………………………………………… 100
  - 4.6.1　概　　　要 ……………………………………………………………………………… 100
  - 4.6.2　冷温水量の算定 ………………………………………………………………………… 100
  - 4.6.3　揚程の算定 ……………………………………………………………………………… 100
  - 4.6.4　ポンプの選定 …………………………………………………………………………… 100
- 4.7　二次側ポンプの設計 ………………………………………………………………………… 101
  - 4.7.1　熱交換器一次側ポンプシステム ……………………………………………………… 101
  - 4.7.2　熱交換器二次側ポンプシステム ……………………………………………………… 101
  - 4.7.3　熱交換器一次側・二次側の変流量制御 ……………………………………………… 101
- 4.8　制御・計測システムの設計 ………………………………………………………………… 103
  - 4.8.1　蓄熱式空調システムの制御の要点 …………………………………………………… 103
  - 4.8.2　制御システムの機能 …………………………………………………………………… 103

- 4.8.3 蓄熱コントローラ ... 104
- 4.8.4 一次側システムの制御 ... 105
- 4.8.5 二次側システムの制御 ... 107
- 4.8.6 蓄熱システムにおける協調設定 ... 108
- 4.8.7 設計用チェックシート ... 108
- 4.9 計測システム ... 111
  - 4.9.1 蓄熱式空調システムの評価指標 ... 111

第5章　蓄熱槽の設計と蓄熱式空調システムの施工

- 5.1 連結完全混合型蓄熱槽の設計 ... 120
  - 5.1.1 槽の配置 ... 120
  - 5.1.2 蓄熱槽の水位 ... 120
  - 5.1.3 連通管 ... 120
  - 5.1.4 通気管 ... 123
  - 5.1.5 槽間排水管 ... 123
  - 5.1.6 マンホール ... 123
  - 5.1.7 給水装置 ... 123
  - 5.1.8 くみ上げ管・還り管 ... 123
  - 5.1.9 水位警報 ... 124
  - 5.1.10 排水装置 ... 125
  - 5.1.11 断熱・防水 ... 125
  - 5.1.12 蓄熱槽からの熱損失 ... 129
  - 5.1.13 蓄熱槽の断熱と結露 ... 130
- 5.2 蓄熱式空調システムの施工 ... 132
  - 5.2.1 設計図書の確認 ... 132
  - 5.2.2 施工計画および施工要領 ... 133
  - 5.2.3 設備機器発注 ... 135
  - 5.2.4 水質管理（水張り初期） ... 136
  - 5.2.5 試運転調整 ... 137
  - 5.2.6 引渡し ... 139

第6章　蓄熱式空調システムの運転・保守管理

- 6.1 運転・保守管理の概要 ... 164
  - 6.1.1 運転・保守の概要 ... 164
  - 6.1.2 主な構成機器の運転・保守 ... 164
  - 6.1.3 必要図書類の整備 ... 165

6.2 エネルギー管理 ……………………………………………………………………… 167
　6.2.1 日常のデータ管理 …………………………………………………………… 167
　6.2.2 BEMSデータによる性能管理 ……………………………………………… 170
6.3 運転管理 ………………………………………………………………………… 174
　6.3.1 蓄熱式空調システムの運転パターン（運転制御の基本的な考え方）…… 174
　6.3.2 蓄熱式空調システムの運転制御 …………………………………………… 174
　6.3.3 運転管理のチェックポイント ……………………………………………… 179
　6.3.4 効率的な冷暖房切替え方法 ………………………………………………… 180
　6.3.5 運転状況から判断した熱源機制御の変更方法 …………………………… 180
6.4 保守管理 ………………………………………………………………………… 181
　6.4.1 蓄熱槽，機器，配管系の管理 ……………………………………………… 181
　6.4.2 運転日誌 ……………………………………………………………………… 182
　6.4.3 水質管理 ……………………………………………………………………… 182

第7章　蓄熱式空調システムによるエネルギーマネジメントのケーススタディー

7.1 蓄熱式空調システムを活用した省エネルギー，ピークカットに関する適用事例 ……… 186
　7.1.1 大阪エネルギーサービス　第2プラント ………………………………… 186
　7.1.2 東京都市サービス　晴海アイランドトリトンスクエア ………………… 191
7.2 BCP（熱利用，水利用）………………………………………………………… 194
　7.2.1 BCPに関する事例 …………………………………………………………… 194
　7.2.2 デマンドレスポンスに関する検討事例 …………………………………… 195

第8章　蓄熱式空調システムの事例

8.1 ソニーシティにおける大規模温度成層型水蓄熱槽の採用事例 ……………… 198
8.2 飯野ビルディングにおける成層型蓄熱槽の事例 ……………………………… 200
8.3 総合病院土浦協同病院における大規模温度成層型水蓄熱槽の新築事例 …… 202
8.4 東京電機大学　東京千住キャンパス …………………………………………… 204
8.5 名古屋大学　研究所共同館I …………………………………………………… 206
8.6 トレッサ横浜 ……………………………………………………………………… 208
8.7 新宿西口駅本屋ビルにおける連結型蓄熱槽の改修事例 ……………………… 212
8.8 群馬県立自然史博物館における温度成層型水蓄熱槽の導入例 ……………… 215
8.9 東京都美術館のリニューアル …………………………………………………… 217
8.10 中部電力(株)熱田ビル …………………………………………………………… 220
8.11 関西電力病院 ……………………………………………………………………… 223

索　　引 ……………………………………………………………………………………… 227

第 1 章

蓄熱式空調システムとは
(蓄熱式空調システムの基礎)

1.1 蓄熱式空調システムの基本的な考え方

1.1.1 蓄熱式空調システムの原理

一般の空調システム（非蓄熱式空調システム）は，冷凍機やボイラなどの熱源機器と空調機器とが配管により直結されており，クローズ回路を形成しているので，熱の生産と消費とが同時に行われる（図1・1）．

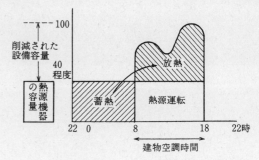

図1・2 蓄熱式空調システムの場合（部分蓄熱運転）

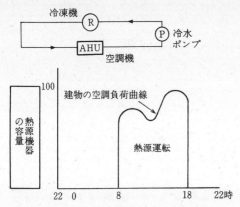

図1・1 非蓄熱式空調システムの場合

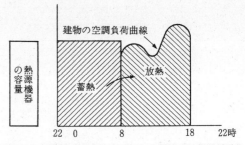

図1・3 蓄熱式空調システムの場合（全蓄熱運転）

これに対して蓄熱式空調システムは，蓄熱槽を介しており，熱源機器と空調機器が切り離されたオープン回路となっているため，熱の生産と消費はある期間（通常は1日単位）での合計値が等しくなりさえすれば，別々に行うことができる．

このように，熱の生産と消費を別々に行うことにより，蓄熱式空調システムは，次のような運転が可能となる．

1.1.1.1 部分蓄熱運転

熱源機器を空調時間帯だけでなく夜間へも延長して運転し，熱源機器容量を削減するとともに夜間電力を利用する方法である（図1・2）．

1.1.1.2 全蓄熱運転

空調時間以外の夜間の時間帯で熱源を運転する方法である（図1・3）．

実際の蓄熱式空調システムにおいては，目的に応じて，さらにいろいろなバリエーションが考えられる．

1.1.2 蓄熱媒体

エネルギーを熱の形で蓄える方法，つまり蓄熱には，①顕熱を利用する方法と②潜熱を利用する方法がある．顕熱はさらに液体と固体の温度変化に，潜熱は相変化と転移に分けられる（図1・4）．

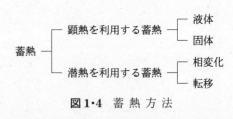

図1・4 蓄熱方法

地球上には種々の物質が存在するが，冷暖房に利用できる蓄熱媒体は図1・5に示すような条件を備えている必要があり，その種類はかなり限定されたものとなる．現在のところ，考えられている蓄熱媒体を以下に示す．

1.1 蓄熱式空調システムの基本的な考え方

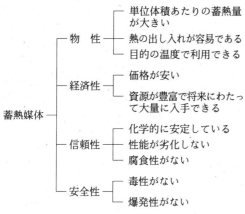

図1·5 蓄熱媒体が具備すべき条件

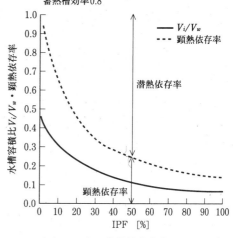

図1·6 氷充てん率と蓄熱槽容積比および顕熱依存率[1]

1.1.2.1 水蓄熱

熱容量の大きな水を蓄熱媒体とするものである．建物地下部の二重スラブ内に水を蓄え，蓄熱する方法が一般的である．ほかの方式に比べて最も実績が多く，大きなものでは10 000 m³以上の水槽を設ける場合もある．

1.1.2.2 氷蓄熱

冷熱を氷にして蓄える方式である．氷蓄熱は水の温度差（顕熱：4.186kJ/(kgK)）蓄熱に，水氷の融解潜熱(334.88kJkg)を付加し，高密度に蓄熱することで蓄熱槽容積の小型化を意図した方式である．同じ熱量を蓄える場合の水蓄熱槽と氷蓄熱槽の容積を比較すると，図1·6に示すように氷充てん率〔蓄熱槽の水量に対する氷量（解氷時の水量換算）の割合：IPF(Ice Packing Factor)〕が高いほど槽の容積が減少する．

建築で扱う氷蓄熱は，水蓄熱と完全結氷の中間に位置する"氷＋水"状態の蓄熱を意味している．図1·6に示すようにIPFが15％程度までの氷蓄熱では，顕熱分への依存割合が高いので水蓄熱との共通部分が多く，蓄熱槽も温度成層型を指向する例が多い．逆にIPFが大きいケースでは，水の密度が4℃で最大になるという特性から，槽内水の自然対流が氷の存在する冷熱取出しの終盤まで卓越するので，完全混合型蓄熱槽を指向することとなる．

また，水を冷却する場合に比べ，製氷では冷凍機の冷媒蒸発温度の低下が必然となるため，冷凍機の成績係数の低下は熱力学的宿命である．同時に，蒸発温度の低下は冷媒比容積の増大→冷媒循環量の低下によって，冷凍機能力の低下を招く．この成績係数，能力の低下をリカバリーするために，1.4.7で述べる低温送風システムとの併用が必要である．

1.1.2.3 潜熱蓄熱

物質の融解凝固の相変化に伴う潜熱を利用して蓄熱を行う方法で，氷蓄熱もこの方法の一つである．潜熱蓄熱の特徴は，容積あたりの蓄熱量が大きいことと，一定温度の熱が取り出せることである．また，最近実施例が出てきたクラスレート蓄熱も，潜熱蓄熱の一つと考えることができる．

1.1.2.4 躯体蓄熱

建物のコンクリート躯体などを利用して冷熱あるいは温熱を蓄熱する方法である．アクティブな氷蓄熱などと併用して採用される例もある．

1.1.2.5 土壌蓄熱

地中蓄熱，あるいは土中蓄熱とも呼ばれている．大地自身のもつ地中温度に加え，土壌の断熱性と蓄熱性を利用し冷暖房に供する方法である．住宅などで太陽熱暖房システムに組み入れて用いる例が多いが，寒冷地では，ビルや住宅の暖房用熱源として用いる場合もある．

1.1.3 蓄熱槽の分類と特徴

1.1.3.1 蓄熱槽の構成

蓄熱槽は，蓄える水の温度レベルと年間の使い勝手により，冷水槽，温水槽，冷温水槽が考えられる．実際の建物では，熱負荷の発生などの状況から5種類の蓄熱槽に大別される．

〔1〕**冷 水 槽**（図1・7）

年間にわたり冷水を蓄え，冷房負荷のみを処理するために用いる．寒冷地以外では，一般的に，年間にわたり発生する冷房負荷のピーク時間負荷も期間積算値も，暖房負荷のそれに比較して極めて大きい．そのために，蓄熱式空調システムの対象を冷房のみとし，暖房に関しては簡易な暖房用熱源で対処する場合もある．

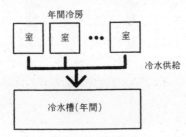

図1・7 年間冷水槽における熱の流れの概念図

〔2〕**温 水 槽**（図1・8）

一般に，年間にわたって温水蓄熱のみの建物は極めて少ない．ソーラーシステムの蓄熱槽，工場などプロセス用の蓄熱槽などがその例である．

〔3〕**冷 温 水 槽**（図1・9）

同一の蓄熱槽に夏期は冷水，冬期は温水を蓄え，季節により切り替えて使用する蓄熱槽である．従来の中規模の事務所ビルは，ほとんどこの形式を採用している．しかし，中間期などで頻繁に冷房と暖房が交互に頻繁に必要となる場合には，対応できないため，必要なケースもある．

〔4〕**冷温水槽＋冷水槽**

夏期のみでなく冬期にも冷房負荷が発生する建物に対しては，年間にわたる冷水槽と，夏期は冷水，冬期は温水を蓄える冷温水槽を組み合

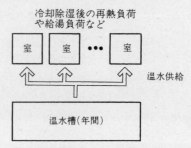

図1・8 年間温水層における熱の流れの概念図

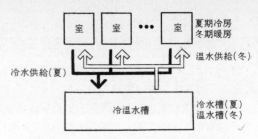

図1・9 冷温水槽による冷暖房の概念図

わせて対応することができる．〔3〕の冷温水槽とともに蓄熱式空調システムの主流となっているが，〔3〕よりも大規模な建物に採用される傾向にある．上記の各蓄熱槽形式と同様，夜間電力を利用することはもちろんではあるが，ヒートポンプチラーにより冷水を生産するかたわら，温水を生産する，いわゆる熱回収運転を行うことができるために，冬期に大幅な省エネルギーを図ることができる．ただし，冷温水槽の冷水・温水の切替え時期などについては運用上の留意が必要である．

〔5〕**冷水槽＋温水槽**（図1・10）

冷水槽と温水槽とを別々に設け，年間にわたり使用する形式である．〔4〕同様，冬期でも冷水が必要となるような比較的大規模な建築物で採用される場合が多い．熱回収運転を行うことができるために，冬期に大幅な省エネルギーを図ることができる．また，夏期にも給湯負荷や再熱負荷などの加熱負荷が存在する建物に向いている．〔3〕，〔4〕のように，蓄熱槽を冷水と温水とで切り替えて使用することがないために，蓄熱槽周りの配管と切替えのためのバルブなどが簡素化できる．一方，冷水および温水蓄熱槽の容積は，一般に〔3〕，〔4〕と比べて

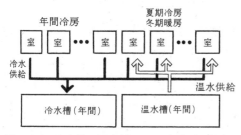

図1・10 冷水槽＋温水槽による冷暖房の概念図

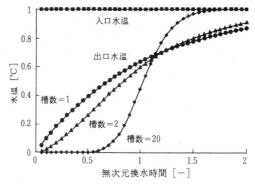

図1・11 完全混合型蓄熱槽出口水温のステップ応答

大きくなるため，システムの計画時に年間の熱負荷の発生状況を把握し，その選択を検討する必要がある．

1.1.3.2 蓄熱槽の形式
〔1〕水蓄熱槽の形式

一般に，蓄熱槽内の温度が異なる水の混合の度合いにより蓄熱槽を分類すると，完全混合型蓄熱槽と温度成層型蓄熱槽とに分かれる．蓄熱槽の望ましい基本的な特性の一つとして，極力温度の異なる水が混合しないことがあげられる．この目的に対して，まったく異なる二つの方法として，連結完全混合型蓄熱槽と温度成層型蓄熱槽がある．

a. 連結完全混合型蓄熱槽

連結完全混合型蓄熱槽は，一つ一つの蓄熱槽（単槽）内の水は完全に混合させるが，蓄熱槽（単槽）相互を直列に数多くつなげることにより，蓄熱槽全体としては，水の混合を抑制することをそのねらいとしている．

図1・11 には，完全混合型の単槽を直列につないだ蓄熱槽において，単槽内がすべて0℃の初期状態の蓄熱槽に1℃の水がステップ状に流入するときの蓄熱槽の出口水温の応答の計算値を示す．槽数が1の場合は流入水温の影響をすぐに受け，出口水温が昇温するのに対し，槽数が増えるに従い出口水温の上昇が時間的に遅くなり，無次元換水時間が1に近づくにつれ（この値が1のとき，ちょうど槽内の水が見かけ上1回入れ代わることを示している）急激に上昇することがわかる．これは槽数が増えるに従い，蓄熱槽全体では混合が抑制されていくことを示している．おおざっぱにいえば，槽数がおよそ20槽以上であればかなり混合が抑制されており，次に述べる温度成層型蓄熱槽と同等の特性を有することとなる．

b. 温度成層型蓄熱槽

温度成層型蓄熱槽は，槽内水の温度の違いによる密度差を利用し，槽内上部に温度が高い（密度の小さい）水塊が，一方，槽内下部に温度の低い（密度の大きい）水塊が位置するよう安定な状態の層（境界層）を形成して，一つ一つの蓄熱槽（単槽）内の水の混合を抑えるように配慮されており，その熱特性は，隣接する槽の数の多少にほとんど影響されない．

つまり，蓄熱槽全体の熱特性は単槽の熱特性により決定されるため，温度成層型蓄熱槽は直列につながる単槽の数が少ない場合に効力を発揮するもので，槽数が多くなると，前述した混合型の蓄熱槽でも十分な性能を持つことになる．

以下に，温度成層型蓄熱槽の具体例を紹介する．温度成層型蓄熱槽を大別すると平型と立て型になり，平型を主として水の流れ方によりさらに分類すると以下のようになる．

平型とは，原則として地下二重スラブ内空間を蓄熱槽として用いるもので，地中ばり（梁）で区切られた蓄熱槽をいう．立て型は，**図1・12** に示すように筒状の形状をした蓄熱槽で，建築構造体から独立した鋼板製のものや，階段室や設備シャフトに隣接して建築壁体を利用したもの（**図1・13**）などがある．

（1）平型の直列式

平型の直列式は，連結完全混合型蓄熱槽として最も一般的なものであるが，温度成層型蓄熱槽としてもこの型が多い．**図1・14** はその代表

的なもので「もぐりぜき型」と呼ばれている．隣接する蓄熱槽の隔壁（通常地中ばり）の水中に2種類のせき（もぐりぜき，あふれぜき）を設けて，それぞれの蓄熱槽を温度成層型とするものである．防水層との収まりなどが，やや複雑になる場合が多い．また，水抜き水張り時のせきの倒壊防止などの，強度的対応も必要である．

図1・15は，せきに変わる形状として，地中ばりの連通管部分にパイプ状の整流装置を設けたものである．もぐりぜき型の防水層との収まりを改良しており，近年多く用いられている．塩化ビニル製の連通管および防水材との接続のなじみから，整流装置の材質は同じく塩化ビニル製が望ましい．しかし，塩化ビニル製パイプは600 mmまでが標準サイズであるため，それ以上の口径に対しては，特注あるいはほかの材料により製造する必要があり割高となる．連通管の数を増やすなどして，口径を抑えることも必要となる．

図1・16は，**図1・15**の整流装置の水面近傍の開口部に，頂部に浮子を有する可動の外筒管

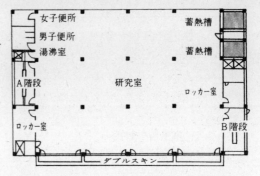

〔出典〕 田中辰明ほか：大林組技術研究所報 No. 30, 1985

図1・13 A社技術研究所本館基準階平面図

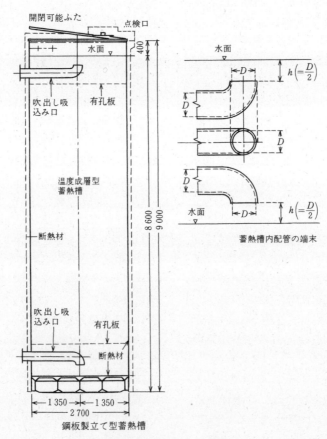

〔出典〕 相楽典泰ほか：実規模円筒状蓄熱槽の性能，空気調和・衛生工学会学術論文集(1981.10)

図1・12 鋼板製立て型蓄熱槽

1.1 蓄熱式空調システムの基本的な考え方

を設けたものである．蓄熱槽内の水がポンプにより流れるとき，水位はその流量と向きにより変動する．この装置は，浮子を設けているため，常に水面直下に開口部が位置することとなり，安定した流れによる温度成層が槽内に形成されることをねらっている．連通管の口径が大きくできない場合で，槽間の水位が大きく変動する蓄熱槽などに適している．

（2） 平型並列式

平型の並列式は，**図1・17**のように蓄熱槽内にヘッダを設ける内部ヘッダ式と，**図1・18**に示す外に設ける外部ヘッダ式とに分かれる．

ⅰ）内部ヘッダ式：**図1・17**に示すように，

図1・16 平型の温度成層型蓄熱槽の浮子式整流装置

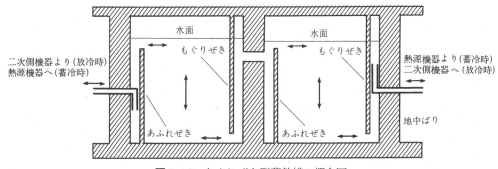

図1・14 もぐりぜき型蓄熱槽の概念図

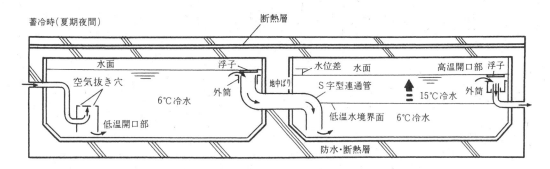

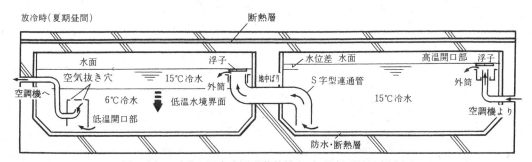

図1・15 平型の温度成層型蓄熱槽（S字型連通管）の概念図

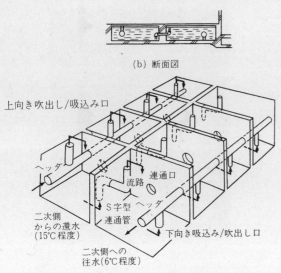

図1・17 並列式内部ヘッダ式蓄熱槽の概念図

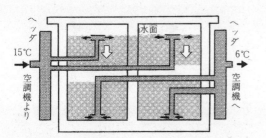

図1・18 並列式ヘッダ式蓄熱槽の概念図(放熱時,夏期昼間)

上部と下部に蓄熱槽を横切るようにヘッダを通し,それぞれに上向きおよび下向きの開口部を設けたものである.例えば,放熱時に二次側機器から戻ってくる昇温された冷水は,上向き吹出し口を通して蓄熱槽上部へ静かに放流される.放流された冷水は未使用の低温の冷水との混合が抑えられ,いわゆる温度成層を形成した状態を維持しながら下降する.やがて,槽底部へ達すると隣接する槽上部へ整流装置を通り放流される.隣接した槽内部での水は,同様に混合が抑えられたまま下降する.そのために,下向き吸込み口では低温の冷水が長時間維持されることとなる.

このように,並列式の水流の場合,整流装置を流れる水量は直列式に比べ少なくなるために,各単槽間の水位差が小さくなる.また,整流装置のサイズも小さくなる.一方,複数の開口部の水量を均等にすることが必要であり,ヘッダの設計が重要となる.このようにしたうえで,なお残る各単槽間の水量差を吸収するために,隔壁に連通口を設ける必要がある.この種の蓄熱槽は平面形状が比較的単純な矩形の場合で,地中ばりが多く,しかも蓄熱槽水面上の空間が極めて小さくて,大きな水位の変動を許容できない場合に採用すると効果がある.

ⅱ) 外部ヘッダ式:**図1・18**に示すように,蓄熱槽の外部にヘッダを設けてそこから各蓄熱槽内へ送り返りの配管を延ばし,その先端に槽内の水の混合を抑える開口部を設けたものである.これは,蓄熱槽をまとめて大きな蓄熱槽とすることができる場合に有効な手法である.まとめることにより,蓄熱槽の断熱防水工事が簡単になること,直列式と比較して整流装置の数が少なくなること,また蓄熱槽の水をそれぞれ単独で抜くことができることから,保守と運転が同時にできることなどの特徴を有している.

一方,蓄熱槽外部のヘッダと配管類が増加するため,採用には総合的な評価をすることが必要である.

ⅲ) バランス式:平型並列式または立て型蓄熱槽で用いられ,従来の二次側機器からの還水温度の不安定さによる弊害を改善するものである.

図1・19,20はバランス式蓄熱槽の例を示したものであり,図に示すように蓄熱槽の外部に立て型ヘッダを設け,これと蓄熱槽を複数の連通管によって結ぶものである.

この構造的な工夫によって,変温入力に対して蓄熱槽の温度成層特性を保つことを目的としている.すなわち,蓄熱槽への入力が,その温度に対応した槽内の部分に上,中,下部の連通管より選択的に導入され,温度成層が保たれるのである.

(3) 平型複流式

平型の特殊例として複流式がある.これは**図1・21**に示すように,地中ばりに大きな開口部を設け,複数の蓄熱槽があたかも大きな1槽と同じような熱的効果を得られることをねらったものである.地中ばりに大きな開口部を設ける

1.1 蓄熱式空調システムの基本的な考え方

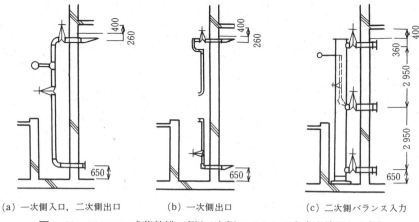

(a) 一次側入口，二次側出口　　(b) 一次側出口　　(c) 二次側バランス入力

図1・19　バランス式蓄熱槽の例（二次側にバランス入力を適用した例）

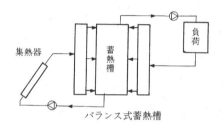

〔出典〕　ヒートポンプによる冷暖房，電力空調研究会

図1・20　バランス式蓄熱槽をソーラーシステムに適用した例

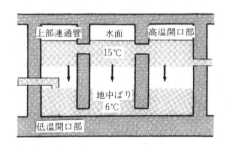

図1・21　複流式温度成層型蓄熱槽の概念図（夏期昼間）

ことができる場合には，コスト面で効果がある．
　蓄熱槽の構成とその特徴を**表1・1**に，温度成層型蓄熱槽の分類とその特徴を**表1・2**に，整理して示す．

〔2〕**氷蓄熱空調システムの方式**
　氷蓄熱式空調システムは数十種類が公表され，それぞれの開発目的や対象が異なるので，一概に分類することは難しいが，氷蓄熱式空調システムを①熱源方式，②製氷方式，③二次側への熱搬送方式，④暖房への対応，⑤氷蓄熱式空調システムの提供形態，の観点からまとめると以下のようになる．

a. 熱源方式
　熱源方式は，**図1・22，1・23**に示すように，冷凍機で冷却した不凍液を製氷部に送る不凍液循環型と，フロンなどの冷媒を製氷部に直接送る直接膨張型（以下直膨型と呼ぶ）に大別される．さらに直膨型には，製氷用熱交換器の出口で冷媒が完全にガス化している乾式と，液冷媒を製氷用熱交換器に送る液循環式に分かれる．

（1）**不凍液循環型**
　不凍液循環型は，はん用チラーを軽微な変更で利用できること，施工管理や冷凍システムの制御および運転管理が，従来方式と同程度であるという特徴がある．

（2）**直　膨　型**
　直膨型は，熱交換過程が一段階省略できる点を特徴とするが，冷媒配管に対する施工上の信頼度や法規上の煩わしさ（とりわけ現場施工型の場合）は避けられない．乾式の場合，冷媒搬送は圧縮機の圧力に依拠するので冷媒ポンプは不要であるが，冷媒循環経路が長距離になると圧力損失や油戻りの問題が発生するので，並列的に経路を配置するなど，適切な冷媒分配の工夫が試されている．

b. 製氷方式
　製氷方式を分類し，**図1・24，1・25**に示す．製氷部は製氷用熱交換器を介して製氷する間接冷却方式が主流であり，主に製氷用熱交換器の

第1章 蓄熱式空調システムとは（蓄熱式空調システムの基礎）

表 1・1 蓄熱槽の構成とその特徴

構 成	システムの概要	システムの特徴	建物の熱特性	適した建物の規模	蓄熱槽の配慮事項
冷水槽	・冷房に対してのみ蓄熱を行う ・暖房に対しては簡易なボイラ（電熱）などにて対処する	・蓄熱槽は年間にわたり冷水槽として用いるために，その断熱は簡便になる ・温水槽を用いないために，腐食などに関してシステムの信頼性が高くなる	・年間の冷房負荷 ・先鋭的な瞬時冷房負荷	大規模事務所ビル（延べ床面積約20 000 m² 以上），放送スタジオ，新聞社の印刷工場（輪転機の稼働がある），地域冷房など	
温水槽	・年間にわたり温水蓄熱槽として使用する ・冷房には別の手段にて対応する	・一般に暖房または給湯用として用いる ・ソーラーシステムの温水槽として用いる	・暖房負荷が大きい ・給湯負荷が大きい ・排熱が存在する	・温水槽単独で用いられる場合は少ない ・太陽熱を利用する建物（住宅，寮など）	蓄熱槽周壁をすべて断熱する
冷温水槽	蓄熱槽を夏期は冷水槽，冬期は温水槽として切り替えて使用する	・最も一般的なシステムである ・一般に年2回，蓄熱槽の冷水と温水の切替えが必要 ・一般に冷暖房を同時に行うことができない	・夏期に冷房負荷，冬期に暖房負荷が発生する通常の建物 ・年間の冷房負荷と暖房負荷がほぼ等しい建物	中小規模事務所ビル（延べ床面積約8 000 m² 以下）	・蓄熱槽の切替え時の熱損失防止のために，蓄熱槽を使用しない（使いきる）期間を設ける必要がある ・蓄熱槽周壁をすべて断熱する
冷水槽＋冷温水槽	・夏期は蓄熱槽全体を冷水槽として使用するのが一般的である ・冬期は冷水槽の一部を温水槽に切り替えて利用する	・年間にわたり同時冷暖房が可能 ・冷水槽と温水槽を有する蓄熱システムのうち，槽容積を最も小さくすることが可能 ・冬期の排熱回収が可能である	・夏期はもちろん冬期にも冷房負荷が発生する建物 ・夏期には加熱負荷がほとんど発生しない建物	大規模事務所ビル（延べ床面積約20 000 m² 以上），大規模複合用途ビル，放送スタジオ，デパートなど	・冷水槽として使用する蓄熱槽は蓄熱槽周壁をすべて断熱する ・熱応力の低減のために，冷水槽と温水槽は地中ばりなどを挟んで直接接しないように配置する（空ピットなどを介して設置する）
冷水槽＋温水槽	年間にわたり冷水，温水それぞれの蓄熱槽を設け，冷房，暖房を独立して行う	・冷暖房の切替えが必要なく，蓄熱槽周りの配管系が簡略できる ・冬期の排熱回収が可能である	・基本的には年間にわたり冷熱源と加熱源（夏期：給湯負荷など）が必要な建物 ・年間の冷房負荷が暖房負荷よりかなり大きい建物	大規模事務所ビル（延べ床面積約20 000 m² 以上），大規模複合用途ビル，放送スタジオ，デパートなど	熱応力の低減のために，冷水槽と温水槽は地中ばりなどを挟んで直接接しないように配置する（空ピットなどを介して設置する）

表1・2 温度成層型蓄熱槽の分類とその特徴

名称		方式(流路)	吹出し/吸込み口の形状	地中ばり開口部の形状	特徴
平型	直列式	地中ばりに設けられた連通管などを経由して複数の蓄熱槽内を直列に水が流れる	もぐりぜき型	もぐりぜき型	よく知られた温度成層型蓄熱槽であるが，防水にやや難がある．槽数が多いと不利
			・円盤状帯状開口部 ・浮子式開口部など	S字型連通管など	もぐりぜき型と比較して断熱防水に関して有利，槽数が多いと不利
	並列式 内部ヘッダ式	蓄熱槽内に吹出しと吸込み用の2本のヘッダを設け，ヘッダに設けた複数の開口部から水を出入りさせることにより，複数の蓄熱槽内を並列に水が流れる	蓄熱槽内横引きヘッダと付属開口部	・もぐりぜき型 ・S字型連通管など	・蓄熱槽が単純な平面形状の場合に有効 ・蓄熱槽容量に対して通過流量が大きい場合に，吹出し口/吸込み口のサイズを小さくできる
	並列式 外部ヘッダ式	蓄熱槽の外部(二重スラブ内空ピットなど)に吹出しと吸込み用のヘッダを設け，ヘッダから各蓄熱槽へは単独に配管により連結する	・円盤状帯状開口部 ・テーパ管など	一般に直列槽として使用しないため必要なし	・蓄熱槽の数を少なくできるときに有効 ・独立に個々の蓄熱槽の水抜きが可能．保守点検が容易 ・水位の変動が少ないため，蓄熱槽内水面上空間が狭いとき有利
	複流式	蓄熱槽の地中ばりに大きな開口部を設けることにより，地中ばりがあるにもかかわらず水が槽内をあたかも1槽とほぼ同様に流れるようにする	円盤状帯状開口部	一般に地中ばり開口部には整流装置は設けない	・地中ばりに大きな開口を有することができればコスト的に有利 ・地中ばりが多くなると不利
バランス型		蓄熱槽の外部に立て型のヘッダ(バランスヘッダと称す)を設け，これと蓄熱槽を複数の連通管で連結し槽内水温と入力水温とのバランスによる温度選択的入力によって成層型蓄熱を維持する	水平円孔	一般に単槽として設けるために地中ばり開口部には整流装置は設けない	ソーラーシステムの集熱配管系のように，蓄熱槽への入力水温の変動が激しい場合に効果的
立て型		建物内に立てシャフトを設け，その中に鋼板などを製作した水深のある蓄熱槽を設置するか，立てシャフトそのものを断熱防水し蓄熱槽として用いる場合がある	・水面と底面近傍に円盤状帯状開口部などを設置 ・水面と底面近傍に有孔板を設置しチャンバを形成する	一般に単槽として用いるために蓄熱槽間には整流装置は設けない	建物内部のデッドスペースなどが利用できれば有利

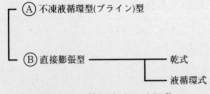

図1・22 熱源方式の分類[2]

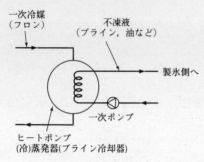

(a) 不凍液循環型

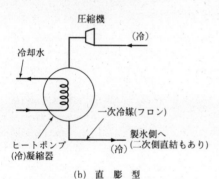

(b) 直膨型

図1・23 熱源方式の概念図

表面に生成した氷をそのまま静かに成長させ，氷厚を継続的に増大させる静止(スタティック)型である．**図1・25**(a)～(b)に示すように，蓄熱槽内の製氷用熱交換器表面と接する水(大半の製氷用熱交換器は水中埋設であるが，水面上で滴下浸潤する方式もある)を，熱交換器壁面を通じ間接的に冷却し氷として成長させるもので，熱交換器の仕様に応じて氷の成長方向とその形状が定まってくる．融解時は生成時と逆方向に氷がやせていく外融式〔**図1・25**(a)〕と，氷生成時と同一方向に氷の融解が進行する内融式〔**図1・25**(b)〕がある．大半の方式は冷却に伴い円筒状に氷が着氷する形式〔**図1・25**(a)〕で，成長した氷同士が接触(ブリッジング)することのないように，製氷パイプ同士の離隔距離を定めている．

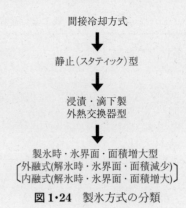

図1・24 製氷方式の分類

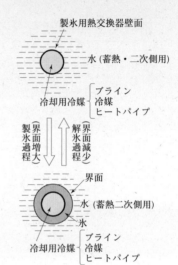

図1・25(a) 外融式・界面増大タイプ[2]

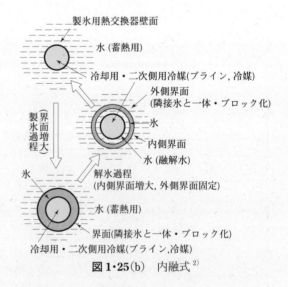

図1・25(b) 内融式[2]

製氷用熱交換器は，銅アルミ鉄ポリエチレン製などのパイプを蛇管状らせん状蚊取り線香状はしご状平行直管群などに加工したものが大半

― 12 ―

である．ヒートパイプを用いたものもある．

いずれの方式も，氷成長に伴う氷厚の増大によって，氷そのものの熱伝導抵抗の増加は避けられない．したがって，製氷用熱交換器の材質や形状を工夫して伝熱性能の低下を極力抑えるとともに，耐食性施工性経済性などを兼ね備えさせることが，設計者やメーカーなどのノウハウとなっている．なお，氷の成長につれ，製氷用熱交換器の熱伝導性能を氷自身の熱抵抗の増加が隠ぺいするので，熱交換器材質の熱伝導率よりも耐久性や価格面などを重視して，ポリエチレン製の製氷用熱交換器を用いる例も多い．

また，氷が円筒状に成長する方式〔**図1・25**(a)〕の場合，氷の成長に伴って氷と水との界面の表面積が増大するので，氷厚の増大とは逆に，熱抵抗を下降させる管径と熱抵抗値の組合せが存在することに注意すべきである．

そのほかに，冷却製氷時の熱伝達の向上および氷の成長と融解を均一化するために，アジテータによる槽内水のかくはんや，ブロアによるエアレーションを行っている方式もある．

c. 二次側への熱搬送方式

氷蓄熱槽から二次側への熱搬送方式を分類し，**図1・26**，**1・27**に示す．蓄熱材でもあり熱搬送媒体でもある水あるいは不凍液を，直接二次側にも循環させる方式（A群），製氷解氷した水は静止させたままブラインが一次側も二次側も循環する方式（B群）に大別される．それらを複合的に配し，負荷に応じて使い分ける方式もある．一般に，開放配管系統を形成するA群に対し，B群は密閉配管系統を形成できるので，ポンプ動力の低減を図ることが可能となるが，熱交換用温度アプローチ分に応じて利用温度差が小さくなる．

また，氷搬送の観点から見ると，固体（ソリッドアイス），液状（リキッドアイス）に分類され，それぞれ搬送効率を上げる工夫を行っている．

（1）蓄熱材としての水を二次側へも循環させる方式

蓄熱槽内で，蓄熱時には製氷され，空調時には解氷された水を二次側へも循環させるもので，不凍液循環型や直膨型を問わず，スタティック型の外融式（**図1・27**①）で用いられている．

（2）製氷用のブラインや冷媒を二次側にも循環させる方式

図1・27②に示すように，冷凍機の蒸発器で冷却され製氷用（氷水は静止したまま）に作動したブラインを，二次側の熱搬送媒体にも共用する方式が，不凍液循環型や直膨型を問わずスタティック型の内融式で用いられている．不凍液循環型において，ブライン用膨張タンクを屋上に設置できる場合は，**図1・27**②において，B1→蓄熱槽→B2→空調機→B1の半密閉回路の形成が容易となり，搬送動力の低減が図れる．

なお，追掛け運転時はB1からのブラインの一部がA2→熱源→A1を経由し，残りは蓄熱槽を経由し冷却された後に合流してB2から空調機側へと送られる方式など，幾つかのパターンが考えられる．

d. 暖房への対応

氷蓄熱式空調システムを冷房専用とするか暖房も兼用とするか，暖房兼用の場合にも蓄熱とするか，その場合は氷蓄熱槽を温水槽に兼用するかなどで，システム構成や器材の材質〔耐熱と防せい（錆）対策〕の選択が異なってくる．蓄熱槽を兼用する場合，氷蓄熱による槽の小型化は，暖房用温水蓄熱量とトレードオフの関係になる．

暖房時の蓄熱方法は，加熱された熱媒を製氷用熱交換器内に循環させ，外表面に接した槽内水を間接的に加熱する方式と，通常の水蓄熱同様に，槽内水をヒートポンプチラーに循環させ，直接加熱する方式とに大別できる．

e. 氷蓄熱式空調システムの提供形態

氷蓄熱式空調システムは，**図1・28**に示すようにその提供の形態によって，現場施工型と工場生産に二分される．主として大型建物向けの現場施工型は，建物の底部にある基礎ばり空間内を転用した蓄熱槽内に製氷用熱交換器を設置し冷凍機と接続するなど，建物ごとに設計仕様が異なる特注品である．"水蓄熱では容量が不足するので氷蓄熱を用いる"といった，次善策として導入される例が一般に多いことから，IPFはあまり大きくはない．

一方，主として中小建物向けのユニット

型，個別分散型は，あらかじめ工場で冷凍機や氷蓄熱槽などを一体化して生産し，性能検査（JIS B8625）まで実施した型式認定品として出荷される．こちらは小型化優先の立場から，一般に大きな IPF が採用される．

1.1.3.3 槽内混合性状と蓄熱量

完全混合型にせよ温度成層型にせよ，なぜ全体として蓄熱槽内の水の混合を抑えることが必要となるのであろうか．**図 1·29** に，槽内混合の激しい蓄熱槽と穏やかな蓄熱槽の槽全体の水温分布を示す．

各図の縦軸の上端が蓄熱槽の高温端部，下端が低温端部を表し，軸の途中をその間の位置とする．縦軸で示す蓄熱槽内各位置における水温を横軸で表す．図中複数の点線は，時刻別に表した水温分布である．

蓄熱完了時の水温は，左右の図ともほぼ同一である．槽内混合が抑えられた蓄熱槽を表す右図では，空調が開始されると二次側機器から戻る高温(15℃程度)の冷水により，図中の上部から水温が上昇する．しかし，左図では槽内の混

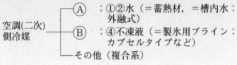

図 1·26 二次側への熱搬送方式の分類

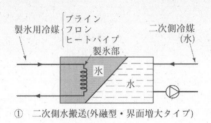

① 二次側水搬送(外融型・界面増大タイプ)

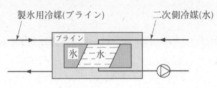

② 二次側水搬送(外融型・界面減少タイプ)

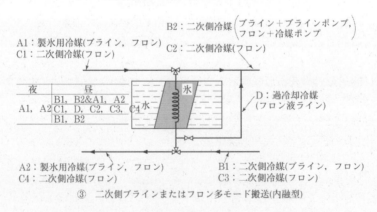

③ 二次側ブラインまたはフロン多モード搬送(内融型)

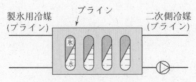

④ 二次側ブライン搬送(カプセルタイプ)

図 1·27 二次側への熱搬送方式の概念図[2]

1.1 蓄熱式空調システムの基本的な考え方

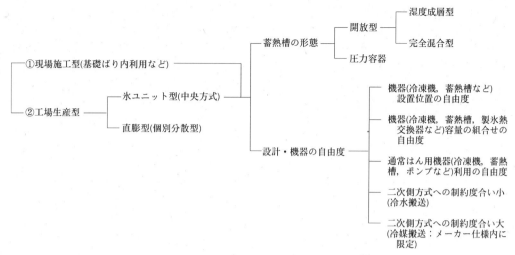

図 1・28 氷蓄熱空調システムの提供形態[2]

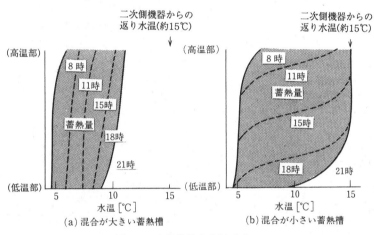

図 1・29 蓄熱槽内水温分布

合が激しいために，槽内水温は一様に上昇し，上部だけが極端に上昇する現象は発生しない．放熱が完了する時刻の水温分布は，低温端部の水温が同一(9℃)でも，左右の水温分布は大きく異なる．図中網かけ部分が有効に熱負荷の処理に使用された蓄熱量を表しているので，右図は左図に比べ蓄熱量が多くなることとなる．

このことから，同一熱量を蓄熱しようとすれば，混合を抑えた蓄熱槽のほうが槽容量は小さくてすむこととなる．これが，蓄熱槽内の水の混合を抑えなければならない最大の理由である．

1.1.3.4 蓄熱槽からの熱損失と断熱
〔1〕 蓄熱槽からの熱損失

蓄熱槽からの熱損失には，大きく二つの形態が存在する．一つは，冷房モードあるいは暖房モードにおける，蓄熱槽と外界との温湿度差に起因した純粋な熱損失で，壁体からの貫流熱および槽上部空間の空気漏えいに基づく熱損失である．もう一つは，冷房暖房モード切替えに起因した熱損失である(**図 1・30**)．

a． 温度差・湿度差に起因した熱損失

冷房モードあるいは暖房モードの，ある長期の一定期間に蓄熱槽に投入した熱量のうち，蓄熱槽から取り出し利用した熱量の割合が蓄熱効率(有効熱利用率)である．その蓄熱効率が100％に満たない差分が熱損失であり，蓄熱槽の断熱および気密性に依存している．

b． 冷房と暖房モードの切替えに起因した

熱損失

　同一の蓄熱槽を冷房用と暖房用に切り替えて利用する冷温水切替え式蓄熱槽の場合，シーズン切替えに伴って槽内水を所定温度とするために，直接，冷房や暖房に供しえない熱量が必要となる．シーズン終盤には，設計水温を超えさせた放熱運転を行うなどして，蓄熱残量を使い切ることが肝要となる．

〔2〕 **蓄熱槽の断熱**

　温度差がある限り蓄熱槽からの熱損失（熱取得）は避けられないが，建物基礎部の二重スラブを利用した蓄熱槽の場合，冷房期の貫流熱損失はそう大きくない．しかし一般に，結露防止の観点から，室内空気と接する蓄熱槽上面スラブ（蓄熱槽の天井部＝床スラブ）を断熱することが行われている．また，蓄熱槽内から床スラブを貫通し立ち上がる柱型も熱橋となるので，断熱するほうが望ましい（**図1・31**）．

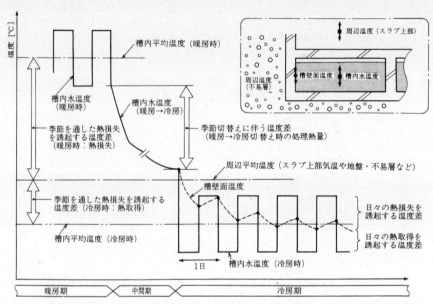

図1・30 蓄熱槽からの貫流熱損失と冷房/暖房モードに起因した熱損失の概念図

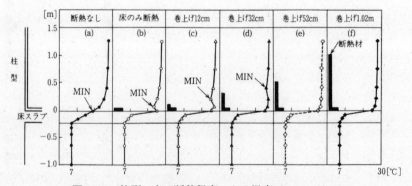

図1・31 柱型・床の断熱程度による温度プロファイル

1.2 蓄熱槽の熱特性

蓄熱槽の利用度や効果を評価しようとする場合，一般に，蓄熱効率と蓄熱槽効率の二つの指標が使われている．両者は語感が似ていることから，しばしば混用されている場合も見受けられるので注意が必要である．以下に両者を整理し解説する．

1.2.1 蓄熱効率

蓄熱効率は，蓄熱槽へ投入した熱量のうち，どれだけの熱量が有効に使われたかを示すものである．熱源機器から蓄熱槽に投入したエネルギーに対して，熱負荷を処理するために，蓄熱槽から取り出して利用したエネルギーの比率をもって表す．有効熱利用率と呼ばれることもある．運転が正常に行われていれば，効率が100％に満たない差分は熱エネルギーの損失を意味し，長期的にみれば蓄熱槽の断熱特性そのものに依存している．

蓄熱効率は，建設後の消費エネルギー量調査などの際に，蓄熱量の利用状態や断熱の程度を把握する一つの評価指標として，よく用いられる．

蓄熱効率[％]＝(ある一定期間に蓄熱槽から取り出して利用した熱量ある一定期間に蓄熱槽に投入した熱量)×100

(1・1)

1.2.2 蓄熱槽効率

蓄熱槽効率は，蓄熱槽に存在する水の容積から定まる"本来蓄熱できるはずの熱量"に対して，実質どれだけの熱量が蓄熱され利用されるかという観点に立つもので，エネルギーの損失を意味するものではなく，蓄熱槽設置空間の有効利用度を表す指標である．

蓄熱槽効率は，蓄熱槽の設計時において，槽の構造や形状などから受ける影響を勘案し，槽の容量を決定する場合に用いられる．したがって，建築設備の実務技術者が設計時や建設時にまず必要となる情報は，実運転の良否や断熱特性の差を把握する指標としての蓄熱効率ではなく，蓄熱槽の容量を決定するための指標となる蓄熱槽効率のほうを指していると考えてよい．

蓄熱槽効率は以下の式で表される．

蓄熱槽効率 η [％]＝(蓄熱槽に実際に蓄えられ，利用できる熱量蓄熱槽に理論的に蓄えられ，利用できる熱量)×100

(1・2)

$$\eta[\%] = (H_{so}/c_p V \cdot \Delta\theta) \times 100 \quad (1\cdot3)$$
$$= (P \cdot \Sigma(V_n \cdot \Delta\theta_n)/V \cdot \Delta\theta) \times 100$$

(1・4)

ただし，

η ：蓄熱槽効率[％]
H_{so}：蓄熱槽に実際に蓄えられ，利用できる熱量[MJ]
c_p ：水の容積比熱[4 186 kJ/m³·℃]
V ：蓄熱槽全水量(ΣV_n)[m³]
$\Delta\theta$：利用温度差の設定値[℃]
P ：有効容積率(後述)[－]
Z ：槽数[－]
n ：第n番目の槽
V_n ：第n番目の槽の水量[m³]
$\Delta\theta_n$：第n番目の槽の利用温度差[℃]
Σ ：第1番目の槽～第Z番目の槽までの累計

以下に，連結完全混合型蓄熱槽の冷房運転を例にとって，蓄熱量と蓄熱槽効率および効率向上の工夫について説明を行うが，異なった解釈も散見されるため，前段として，蓄熱槽からの水のくみ上げと熱(温度)の混合の様相を段階的に〔1.2.2.1〕～〔1.2.2.4〕で整理しておく．なお，ここでは冷房を対象とするとともに，冷凍機からの出口冷水温度と空調機器への入口冷水温度は等しく，また，空調機器からの返り冷水温度と冷凍機への入口冷水温度は等しいものと仮定して説明する．

1.2.2.1 理想的蓄熱量(くみ換え方式)

通常の蓄熱式空調システムでは，蓄熱槽(容器)からくみ上げられ空調機器へ送られた冷水

は，空調機で送風空気と熱交換されて温度が上昇した後に，再び自分自身（蓄熱槽）に戻される．すなわち，空調機器へ水を送り出す槽と，空調機器から水が戻ってくる槽が同一の容器（槽）である．

槽の体積や設置スペース，コストの問題からしても容器（槽）を一つですますことはやむを得ないことではあるが，この送り水と返り水が共通の容器（槽）を用いていることが，蓄熱槽内水の熱挙動にさまざまな問題を引き起こす原因となっている．問題解決の根本的な方法は，図1・32に示すようにくみ上げる側と返る側の容器を二つ用意し，二つの槽をくみ換える方式とすることに尽きるが，前述の理由から現実的でないので，一つの容器ですますのが通常の蓄熱式空調システムである．

したがって，一つの容器内で温度の異なる二つの水塊が，極力混ざり合わないようにするためにさまざまな工夫がなされており，それは温度成層型蓄熱槽と連結完全混合型蓄熱槽の二つの手法に大別できる．

温度成層型の代表は電気温水器と同じ原理の立て型蓄熱槽で，水塊の温度差による比重の差を利用して高温側を上部に低温側を下部に位置させることで，水塊の混合を抑えようと意図した方式である．

一方，連結完全混合型蓄熱槽は，語感からしても水が混じり合うイメージを払拭できない恨みが残るが，実は，これも温度成層化を目指した方式であって，建物の二重スラブを転用し，平面的に広がった形状の蓄熱槽の蓄熱槽効率を向上させる方式の一つである．すなわち，蓄熱槽を構成する（間仕切りで仕切られた）個々の小さな水槽（単槽）のそれぞれの内部を完全に混合させることによって，蓄熱槽全体で眺めると，結果として温度成層化と同等の水塊分離の効果が生み出され，空調機器へくみ上げる冷水温度が長時間にわたり安定することを意図した方式である．簡単には，蓄熱槽内に存在する水のうちで流れから取り残され，温度変化に関与しない，いわゆる"死に水"部分を，かき混ぜることによって温度変化に関与する"役立つ水"として生き返らせ，蓄熱槽効率を向上させようと意図したものである．

1.2.2.2　理想的蓄熱量（ピストンフロー）

図1・32で示した二槽くみ換え方式で考えると明快なように，蓄熱槽が蓄熱した状態とは，槽内の水温が熱源機器の冷却運転により吐水

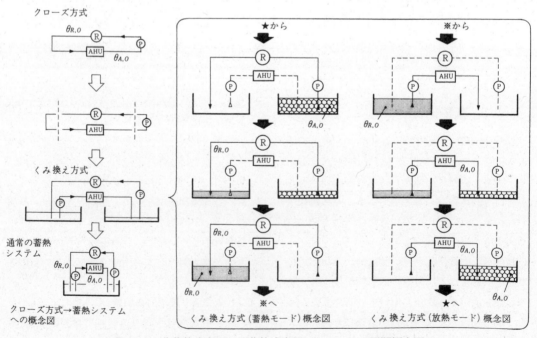

図1・32　非蓄熱式空調から蓄熱式空調システムへの展開概念図

された水温 $\theta_{R,0}$([℃],ここでは一定と仮定)となっている状態である.また,蓄熱槽が放熱した状態とは,槽内の水温が二次側空調機器の還水温度 $\theta_{A,0}$([℃],ここでは一定と仮定)になっている状態である.したがって,この二つの状態の水温差が蓄熱槽にとっての最大利用温度差で,これに蓄熱媒体の熱容量,すなわち,水量と比熱を乗じた値が理論的に蓄えられる蓄熱量となる.

この状態を,建物の二重スラブを転用し平面的に広がったタイプの蓄熱槽に置き換えて理想化し,蓄熱時と放熱時の水の流れと温度の変化を図1・33で図解する.蓄熱槽の横方向には水量に比熱を乗じた蓄熱槽の熱容量,すなわち,第 Z 槽までの水量の積算値(≒水槽の位置)をとっている.図中,槽と槽の間仕切り壁は省略してあるが,左端側が蓄熱槽の低温側で,一次側の冷凍機からの吐水が流入する位置でもあり,二次側機器への冷水供給がなされる位置でもあるため,始端槽(以下の説明では第1槽に相当)ともいう.右端側は蓄熱槽の高温側で,二次側機器からの返り水が流入する位置でもあり,一次側の冷凍機へ槽内水を送り込む位置でもあるため,終端槽(以下の説明では第 Z 槽に相当)ともいう.一方,縦(水位)方向には蓄熱槽の水温をとっている.

図1・33〔a〕は理想的な蓄熱量の状態を表したもので,水の流れを理想化し,冷温水塊の境界に断熱隔離膜を仮想して,冷温水塊が混ざり合うことなく移動するピストンフローを想定した状態である.最初,槽内水はすべて $\theta_{A,0}$[℃]であったとする.蓄熱運転開始に伴い,冷水が流入する第1番目の槽から冷凍機の出口水温 $\theta_{R,0}$[℃]に置き換わり,時間の経過とともに,槽内は水温 $\theta_{R,0}$[℃]の範囲が拡大し,図1・33〔a〕(2)を経て,蓄熱完了時には第 Z 番目の槽も $\theta_{R,0}$[℃]に置換される.

逆に放熱時は,槽内水はすべて $\theta_{R,0}$[℃]からスタートする.放熱開始に伴い,第 Z 番目の槽から空調の役目を果たし,水温が $\theta_{A,0}$[℃]に上昇した蓄熱槽への返り水に置き換わり,時間の経過とともに槽内は水温 $\theta_{A,0}$[℃]の範囲が拡大し,図1・33〔a〕(5)を経て,放熱完了時には第1番目の槽も $\theta_{A,0}$[℃]に置換される.この場合も,空調機器からの還水温度 $\theta_{A,0}$[℃]と冷凍機からの出口水温 $\theta_{R,0}$[℃]の差が蓄熱槽にとっての最大利用温度差で,蓄熱媒体の熱容量,すなわち,水量と比熱を乗じた値が理論的に利用できる蓄熱量となる.

1.2.2.3 半現実的蓄熱量

図1・33〔a〕(2)において,水温 $\theta_{A,0}$[℃]と水温 $\theta_{R,0}$[℃]の境界部は,隔離膜を仮想して垂直の温度プロフィルで示した.しかし現実には,両者の温度境界面となる第 n 槽内に隔離膜が存在するわけではなく,第 n 槽内では水が混合して $\theta_{A,0}$[℃]と $\theta_{R,0}$[℃]の中間の温度となり,温度プロフィルも両温度を結んだ曲線を示すこととなる.

その結果,蓄熱完了時は図1・33〔b〕(3)の第 Z 槽に,放熱完了時は図1・33〔b〕(6)の第1槽に,温度が $\theta_{R,0}$[℃]または $\theta_{A,0}$[℃]とならない部分が取り残される.この部分は,蓄熱槽にとっては利用できない温度差で,槽内水の容積すべてが蓄熱放熱に関与できないことを意味するものである.

1.2.2.4 現実的蓄熱量

図1・33〔b〕(2)~(5)においては,温度境界部となる第 n 槽内を除いた槽内水は,$\theta_{A,0}$[℃],または $\theta_{R,0}$[℃]になっていると仮定した.しかもこれは,槽内水すべてが $\theta_{A,0}$[℃]からスタートしたとし,蓄熱放熱の動作を一動作だけ行った状態を示したものである.また,冷凍機の出口水温 $\theta_{R,0}$[℃]も,空調機器からの返り水温 $\theta_{A,0}$[℃]も常に一定であると仮定した.

しかし,蓄熱過程はともかく,放熱過程も含め現実的には以下に示すような要因がさまざまに作用し合って,第1槽~第 n 槽~第 Z 槽すべての槽内水温は等温にならないのが現実である.

1) 放熱過程では,空調機器のみが単独で運転される時間よりは,冷凍機も同時に運転され蓄熱過程と放熱過程が同時に進行する状態のほうが長時間にわたること.
2) 蓄熱放熱が日々繰り返されるので,槽内水すべてが $\theta_{A,0}$[℃]からスタートするわけ

第1章 蓄熱式空調システムとは（蓄熱式空調システムの基礎）

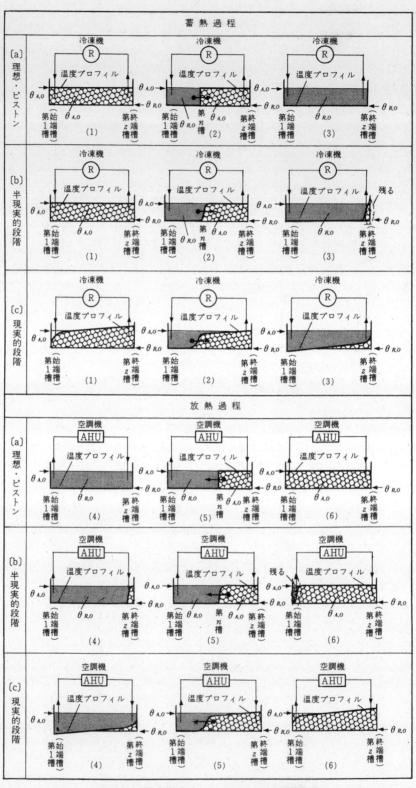

図1・33 槽内温度プロファイルの展開概念図

ではないこと．
3) 熱負荷の変動に起因して，空調機器からの返り水温の変動→冷凍機の入口水温の変動→冷凍機からの出口水温の変動と水温変動が連鎖すること．
4) 冷凍機や空調機器，ポンプやバルブ類の制御状況によって，水温や流量も相互に影響し合うこと．

したがって，蓄熱槽にとっての利用温度差とは，蓄熱完了時の温度プロフィルと放熱完了時の温度プロフィルに挟まれた温度差を意味し，各槽ごとにその温度差と水の熱容量を乗じた値の累積値が，蓄熱槽で実際に蓄え利用できる熱量ということになる．

通常，運転が正常に行われていれば，日々繰り返される蓄熱放熱に伴い，温度プロフィルの傾向は類型化される．（本例のシステム配置では）蓄熱完了時は**図1·33**〔c〕(3)のように低温側の第1槽から第Z槽への右上がりで下に凸の曲線で，また，放熱完了時は，**図1·33**〔c〕(6)のように低温側の第1槽から第Z槽への右上がりで，上に凸の曲線で温度プロフィルが表される．

しかもこの場合，**図1·34**に示すように，蓄熱完了時の温度プロフィルは，理想的蓄熱量（ピストンフロー）のところの説明で用いた冷凍機の出口水温 $\theta_{R,0}$〔℃〕よりも，第1槽で $\Delta\alpha$〔℃〕だけ低温に，第Z槽では $\Delta\delta$〔℃〕だけ高温となる．

一方，放熱完了時の温度プロフィルも，空調機器からの返り水温 $\theta_{A,0}$〔℃〕よりも，第1槽で $\Delta\gamma$〔℃〕だけ低温に，第Z槽で $\Delta\delta$〔℃〕だけ高温となっている．これは，蓄熱過程のスタート時は，第Z槽から $\theta_{A,0}$〔℃〕より $\Delta\delta$〔℃〕だけ高温の冷水が冷凍機に送られるので，第1槽には，$\theta_{R,0}$〔℃〕よりもおおむね $\Delta\delta$〔℃〕だけ高温の冷水として冷凍機から吐き出され蓄熱槽に返るが，時間（流れ）の進行につれ槽内の温度プロフィルは右側へ移行し，冷凍機へ送られる冷水温度が $(\theta_{A,0}+\Delta\delta) \to \theta_{A,0} \to (\theta_{A,0}-\Delta\gamma)$〔℃〕と低下するので，蓄熱過程の完了時の第1槽は $(\theta_{R,0}-\Delta\alpha)$〔℃〕となるからである．

同様にして，放熱過程の時間の進行につれ，空調機器へ送られる冷水温度が $(\theta_{R,0}-\Delta\alpha) \to (\theta_{R,0}) \to (\theta_{R,0}+\Delta\beta)$〔℃〕と上昇するので，放熱過程の完了時の第Z槽は $(\theta_{R,0}+\Delta\delta)$〔℃〕となる．$\Delta\alpha$，$\Delta\beta$，$\Delta\gamma$，$\Delta\delta$〔℃〕についてと，これらが蓄熱槽効率に及ぼす影響の試算例は後述する．

1.2.2.5 蓄熱過程の循環水量

〔1.2.2.2〕～〔1.2.2.4〕では，説明の簡便さか

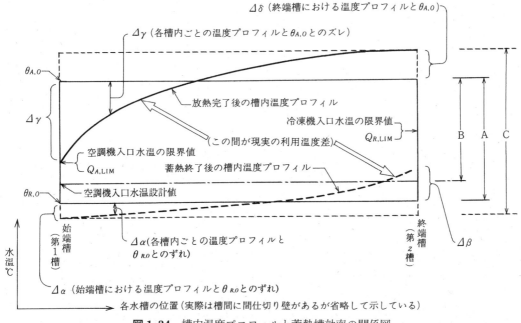

図1·34 槽内温度プロフィルと蓄熱槽効率の関係図

ら，非蓄熱式空調システムと同様に，冷凍機の出口冷水温度と空調機器の入口冷水温度は等しく，また，空調機器からの返り冷水温度と冷凍機の入口冷水温度は等しいものとして説明してきた．

しかし，蓄熱量を確保するといった目的からは，蓄熱完了時刻に槽内水温が目標温度として（現実には温度分布あり）に至っていればよいのであって，途中の冷却プロセスについては何も限定していない．例えば，$\theta_{A,0}$[℃]で冷凍機に入った冷水を目標温度 $\theta_{R,0}$[℃]に1回で冷却して蓄熱槽に吐出してもよいし，あるいは，$\theta_{A,0}$[℃]で冷凍機に入った冷水をいったん中間温度$(\theta_{R,0}-\varDelta\theta)$[℃]まで冷却して蓄熱槽に戻し，次のサイクルで$(\theta_{A,0}-\varDelta\theta)$[℃]の槽内水を冷凍機に導いて $\theta_{R,0}$[℃]に冷却して蓄熱槽に吐出しても，槽内水温を $\theta_{R,0}$[℃]（目標温度）にする蓄熱過程の目的は果たすことができる．

この場合，前者は蓄熱時間を通じて蓄熱槽内の水が1巡だけ冷凍機を通過し $\theta_{R,0}$[℃]に冷却されるが，後者は槽内水が冷凍機を2巡〔$\varDelta\theta=(\theta_{A,0}-\theta_{R,0})$[℃]/2として〕して $\theta_{R,0}$[℃]に冷却されることになる．それぞれのシステムに見合ったポンプ流量と，冷凍機の熱交換機能力を計画すればよい．

4章で勧める基本タイプの蓄熱式空調システムもそうであるが，蓄熱槽内の水を1巡だけ冷凍機を通過させ，1回で $\theta_{A,0}$[℃]→$\theta_{R,0}$[℃]に冷却することは，冷凍機の熱交換機コストや冷凍性能の低下の問題を残すのでこれまで多くは用いられていないし，蓄熱槽内水が2回換水する冷凍機二巡方式も，温度プロファイルの形成面（温度差が小）からは好ましくない．

そこで従来からは，両者それぞれの長所を引き出す方法として，三方弁による冷凍機入口温度制御方法が一般的とされている．すなわち，図1・35(a)に示すような配管により，冷凍機への冷水入口温度を一定に制御するように，第1槽と第Z槽からくみ上げた冷水を三方弁で混合し，冷凍機の冷却温度幅（圧縮機の圧縮比）を狭めて，冷凍機のコスト増や性能低下を抑える方法である．しかも，冷凍機の通過水量は，見

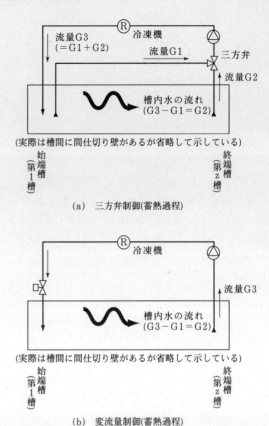

(a) 三方弁制御(蓄熱過程)

(b) 変流量制御(蓄熱過程)

図1・35 冷凍機および槽内の水の流れ(蓄熱過程)

かけ上は二巡方式と同等であっても槽内水は1回しか換水しないので，槽内の良好な水温プロファイル形成に貢献する．したがって，蓄熱槽にとっての利用温度差（蓄熱完了時の温度プロファイルと放熱完了時の温度プロファイルで挟まれた面積に比例）が拡大し，蓄熱槽効率の向上に寄与することとなる．

また，この三方弁による冷凍機入(出)口温度制御で，入口温度制御では出口温度が外気温度に影響され，出口温度制御ではセンサ位置ならびに三方弁との距離が離れると，どうしても時間遅れが発生するため，いずれにしても運転段階でこの三方弁の調整が必要であった．近年，これを冷凍機を変流量対応型として冷凍機出口温度を一定とするよう，一次側を変流量化する方式（時間遅れがなく制御性が高い）が主流となってきている〔図1・35(b)〕．本書では以降，一次側変流量方式として解説している．

1.2.2.6 放熱過程の循環水量と返り冷水温度

放熱過程では，空調機器のみが単独運転される時間が長くないことを前述した．この場合に限っても，空調機器（単純にするために定風量方式とする）は熱負荷変動に応じた冷却能力の調整を二方弁で行うことになるから，低負荷時は蓄熱槽へ返る冷水の温度が（制御方式に応じて）$\theta_{A,0}$［℃］と異なったり，冷水流量が絞られたりする．まして，冷凍機による冷却と放熱過程が併行する多くの運転時間中は，槽内の流れが複雑になる．

蓄熱槽優先の立場（形成される温度プロフィルの観点）からすると，負荷変動および返り冷水流量にかかわらず，常に$\theta_{A,0}$［℃］の冷水が蓄熱槽へ返ることが好ましいので，その目的の制御方法が幾つか提案されている．

蓄熱槽の性能は，式(1・3)からもわかるように，利用温度差と蓄熱槽効率から決定され，これらは槽内の温度プロフィルに現れてくる．結局は，蓄熱完了時のプロフィルと放熱完了時のプロフィルに囲まれた部分を大きくすることが蓄熱槽の性能を高めることにつながることから，蓄熱過程に加えて，特に放熱過程の制御に大きく影響される．

1.2.2.7 送水限界温度

図1・32に示したように，非蓄熱式空調システムであれば，冷凍機の出口冷水温度と空調機器の入口冷水温度は等しく，また，空調機器からの返り冷水温度と冷凍機の入口冷水温度は等しい．しかし，蓄熱式空調システムの場合は，冷凍機と空調機器の間の配管は蓄熱槽内でいったん切り離されている．その位置が（蓄熱過程の立場から見て）始端槽と終端槽である．

放熱過程では，始端槽（第1槽）において（設計条件によるが，ここでは負荷の約半分を受け持つ）冷凍機から吐出された$\theta_{R,0}$［℃］の冷水と，（残りの負荷の分を受け持つ）第2槽から第1槽へ流入した槽内の冷水が合流して空調機器へ送られる．この時，$\theta_{R,0}$［℃］で安定して空調機器へ送られることが望ましいが，現実には槽内温度プロフィルが存在することや，冷凍機側の運転状況の変動も避けられないので，$(\theta_{R,0}\pm\Delta\alpha)$［℃］の変動を伴って冷水は空調機器へ送られ，$(\theta_{A,0}\pm\Delta\gamma)$［℃］の変動をもって蓄熱槽へ返される．

放熱過程の終盤で，冷水がこれ以上高温となったら，空調機器は所定の負荷処理ができなくなる限界の送水温度$(\theta_{A,0}\pm\Delta\gamma)$［℃］が存在し，これを二次側送水限界温度$\theta_{A,LIM}$［℃］と呼んでいる．この値が高いほど，放熱完了時の槽内温度プロフィルが高温側で水平となるので，蓄熱槽効率は向上する．

一方，蓄熱過程では，前述したように，第Z槽からくみ上げられた冷水が冷凍機に送られ冷却された後に，始端槽（第1槽）から蓄熱が始まる．

もちろん，終端槽（第Z槽）からくみ上げられる流量が多いので，蓄熱過程が完了するまでの間，第1槽→第n槽→第Z槽へと槽内水の一巡の流れが存在する．この時，冷凍機から$\theta_{R,0}$［℃］で安定して吐出され，第1槽から$\theta_{R,0}$［℃］で蓄熱されることが望ましいが，現実には，熱負荷変動や槽内温度プロフィルの存在などが手伝って，冷水は$(\theta_{R,0}\pm\Delta\alpha)$［℃］の変動を伴い，冷凍機から槽内へと吐出される．

蓄熱過程の終盤では，吸込み冷水がこれ以上低温になったら，冷凍機が運転不可能となる限界の吸込み冷水温度$(\theta_{R,0}+\Delta\beta)$［℃］が存在し，これを熱源入口限界温度$\theta_{R,LIM}$［℃］と呼んでいる．この値が低いほど蓄熱完了時の槽内温度プロフィルが低温側で水平となるので，蓄熱槽効率は向上する．

このように，冷凍機から始端槽へ吐き出される冷水温度にも，空調機器から終端槽へ返る冷水温度にも温度変動要因が付随し，始端槽〜第n槽〜終端槽の各所に温度変動が連鎖する．蓄熱および放熱過程における$\Delta\gamma$，$\Delta\beta$の変化が大きいほど，温度プロフィル曲線の滑らかさが崩れてくる．なかでも，傾きが逆転する最悪の状態（利用できない冷水が槽内に取り残された，いわゆる中だるみ状態）は回避する必要がある．

蓄熱および放熱が完了した時点では，設計値$\theta_{R,0}$と$\theta_{A,0}$からのズレとして$\Delta\alpha$，$\Delta\beta$，$\Delta\gamma$，$\Delta\delta$が始端槽と終端槽に残される．蓄熱槽効率を向上させるためには$\Delta\gamma$，$\Delta\beta$を小さく抑え，より高温な冷水状態で放熱完了まで空調機器

の運転ができること，および，より低温な冷水状態で蓄熱完了まで冷凍機の運転ができることであるが，これは，空調機器にとっては冷温水コイルの熱交換面積の増大を，冷凍機にとっては運転効率の低下（低負荷運転）を招くというトレードオフの関係となる．

いずれにせよ，蓄熱槽単体の熱特性ばかりでなく，1.2.2.4 の（1～4）に述べたシステム側の諸要因が槽内温度プロフィル，すなわち蓄熱槽効率（蓄熱槽の容量）を左右することに留意すべきである．

1.2.2.8 蓄熱槽効率の基準温度

くみ換え式やピストンフローを扱った第1段階では，槽内温度プロフィルを理想化し，冷凍機出口水温 $\theta_{R,0}$ [℃]と空調機器からの還水温度 $\theta_{A,0}$ [℃]を利用温度差にとり，また，次の現実の蓄熱量を示した段階では，蓄熱完了時と放熱完了時の槽内温度プロフィルで挟まれた部分を利用温度差にとって蓄熱槽効率〔式（1・2）の分子〕を考えてきた．この根底には，まず冷凍機出口水温 $\theta_{R,0}$ と空調機器からの還水温度 $\theta_{A,0}$ がベースにあり，そこからの温度ずれを $\Delta\alpha$, $\Delta\beta$, $\Delta\gamma$, $\Delta\delta$ として槽内温度プロフィルをとらえる考え方であった．

したがって，式（1・2）の分母，すなわち，理論的に蓄えられ利用できる熱量に対する温度差は，図1・34中のAに示す $(\theta_{A,0}-\theta_{R,0})$ [℃]である．これを，理想温度差基準の蓄熱槽効率と仮称する．

しかしながら，空調設計の流れからすると，建物側の最大設計負荷を賄う空調機器の選定，すなわち，空調機器出入口の冷水温度差（一定値）が優先して決定されるので，設計手順に従うと，式（1・2）の分母の温度差を空調機器出入口の冷水温度差（図1・34中のB）とする発想が生まれる．これを二次側温度差基準の蓄熱槽効率と仮称する．

これ以外に，蓄熱完了時の槽内温度プロフィルの最低温度（$\theta_{R,0}-\Delta\alpha$ [℃]）と，放熱完了時の槽内温度プロフィルの最高温度（$\theta_{A,0}+\Delta\delta$ [℃]）を基準に，蓄熱槽効率をとらえる考え方もある（図1・34中のC）．

このように，考え方の相違から式（1・2）の分母のとらえ方が複数あるので，蓄熱槽効率の理解に混乱を招いている．そのうえ，二次側温度差基準の場合，蓄熱槽効率が100％を超える状況が発生するので，誤解が生じていることも否めない．

したがって，蓄熱槽効率から式（1・4）を用いて蓄熱槽の水量（体積）を逆算する場合，用いる蓄熱槽効率の基準温度差が何であるかを確認する必要がある．本書では，空調設計の流れに従い，一貫して空調機の出入口冷水温度差Bを基準に蓄熱槽効率を表現している．

1.2.2.9 有効容積率

蓄熱槽内に存在する水のなかで，蓄熱にも放熱にも関与しない水の部分を死水域と呼んでいる．図1・36 に概念図を示すが，蓄熱槽に満たした水の全容積に占める死水域の容積割合を死域率といい，逆に，蓄放熱に役に立つ水の容積割合を有効容積率と呼んでいる．

一般に死域率を D で，有効容積率を P で記号化しており，$D+P=1$ の関係にある．有効容積率 P が1以下ということは，槽内にある水の容積を有効に使っていない，すなわち式（1・4）にあるように，蓄熱槽効率が低下するという意味になる．

なお，本来は第 n 番目の槽ごとの有効容積率 P_n, 水の容積 V_n, および利用温度差 $\Delta\theta_n$ から，

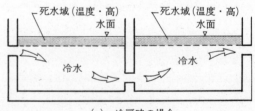

(a) 冷房時の場合

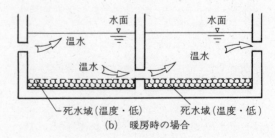

(b) 暖房時の場合

図1・36 死水域の概念図

1.2 蓄熱槽の熱特性

表1·3 連結完全混合型蓄熱槽における条件設定の違いによる効率・能力の差の例(冷房運転)

例		負荷運転	熱源運転	設定条件 定流量系の比 全系 (FCU)	蓄熱槽数	一次側運転 設計条件	一次側運転 許容限界	二次側運転 設計条件	二次側運転 許容限界	蓄熱槽効率 η_V [%]	二次側温度差 $\Delta\theta$ [℃]	蓄熱槽の利用温度差 $\eta_V \times \Delta\theta$	槽容量比 $\left(\begin{array}{c}基準例\\を100\\として\end{array}\right)$	槽の水温プロフィル	解 説
(1)	基準例	8時→18時	22時→18時	0.20	15	11℃—6℃	10℃——	14℃—7℃	——8℃	91	7.0	6.37	100		定流量(FCU)系を極力減らした蓄熱システムの一般的な設定例。
(2)	蓄熱システムの特性を生かしていない運転条件例	8時→18時	22時→18時	0.20	15	12℃—7℃	12℃——	12℃—7℃	——7℃	14	5.0	0.70	1012		ハード的には良質な蓄熱システムが造られていても、ソフトである運転条件の設定が蓄熱システムの特性を生かしたものでなければ効率は極端に低下する。
(3)	蓄熱槽数を増やした例	8時→18時	22時→18時	0.20	30	11℃—6℃	10℃——	14℃—7℃	——8℃	99	7.0	6.93	87		流れをピストンフローさせるためには槽数は多いほどよく、15槽以上が望ましい。15槽以上では槽数が増えるほど効率は向上するが、その値は減るので、さらなる増槽にはこだわることはない。
(4)	一次側冷凍機の出入口温度差を小さくした例	8時→18時	22時→18時	0.20	15	9℃—6℃	9℃——	14℃—7℃	——8℃	94	7.0	6.58	97		水温プロフィル下部の傾きを小さくして、プロフィルの面積(蓄熱量)を増やそうとする試み。基準例で、すでにピストン・フロー化しているため、効率向上の効果は微増。
(5)	一次側冷凍機の出入口温度の設定を下げた例	8時→18時	22時→18時	0.20	15	10℃—5℃	9℃——	14℃—7℃	——8℃	101	7.0	7.07	90		水温プロフィル下辺を下げて、プロフィルの面積(蓄熱量)を下げようとする試み。冷凍機入口許容温度を下げているため不可であるが、効果は大。
(6)	二次側でFCUなど定流量系が多くを占める例	8時→18時	22時→18時	0.30	15	11℃—6℃	10℃——	14℃—7℃	——8℃	70	7.0	4.90	141		蓄熱槽にとって理想的な二次側還水の状態は高温域で一定の温水であるる。三方弁を用いている二次側定流量制御は、還水温度が一定せず、低負荷時には放熱昇温しないで返ってくるので、蓄熱システムには不向きな制御法である。
(7)	二次側の流量制御がすべて変流量制御で行われる例	8時→18時	22時→18時	0.00	15	11℃—6℃	10℃——	14℃—7℃	——8℃	108	7.0	7.56	84		低負荷時にも高温域還水が可能な二次側変流量システムに適した制御法である。その効果は蓄熱槽効率に顕著に表れている。
(8)	二次側の往還温度差を大きくとった例	8時→18時	22時→18時	0.20	15	11℃—6℃	10℃——	17℃—7℃	——8℃	91	10.0	9.10	70		二次側空調機器の処理能力を見直し、設定温度差を大きくすると、蓄熱槽効率そのものの差は見られないが、放熱に利用できる温度差が増え、拡大するため蓄熱量は増える。蓄熱密度が高くなるので、所要の蓄熱槽の槽容量は縮小する。
(9)	一次側・二次側の運転条件を緩和した例	8時→18時	22時→18時	0.20	15	11℃—6℃	9℃——	14℃—7℃	——9℃	107	7.0	7.49	87		通常の運転条件は同じでも、ある限界条件を加えると、格段に効率は向上する。ただし、冷凍機の凍結限界温度と二次側空調機の処理能力の確認は必要。
(10)	諸々の能力向上策を図った例	8時→18時	22時→18時	0.00	30	10℃—5℃	9℃——	17℃—7℃	——9℃	127	10.0	12.70	50		基準例に、さらに諸々の向上策を示したものであるが、ある,べき現実的な蓄熱システムに至る。このレベルでは、所要の蓄熱槽容量は半分までに至り、蓄熱密度は温度成層型蓄熱槽や水蓄熱槽と比肩する。

積和 $\Sigma(P_n \times V_n \times \Delta\theta_n)$ を計算し，式(1·4)の分子に用いるべきところを，槽全体に対する有効容積率 P で代用した $P \times \Sigma(V_n \times \Delta\theta_n)$ が一般に慣用されている．これは，P_n はもちろんのこと，有効容積率 P 自体すら，非線形の不確定な数値であることからの便法である．

1.2.3 蓄熱槽効率の試算例

蓄熱槽単体のみならず，システム側の諸要因が槽内温度プロフィル，すなわち，蓄熱槽効率を左右することを前述したが，その理解を深める目的で，いくつかの入力条件の数値を変化させた場合の蓄熱槽効率(空調機器の出入口冷水温度差基準)を，非定常蓄熱槽シミュレーションによって試算した．

槽内温度プロフィルの時間変動と併せて**表1·3**に整理するが，蓄熱槽効率が一次側および二次側の運転のいかんに大きく左右されることがわかる．ただ，式(1·3)からわかるように，蓄熱槽効率が高ければすべてよしというわけではない．目的は，熱負荷を処理するのに，いかに蓄熱槽容量(槽内水の容積)を小さくできるかにある．式(1·3)を展開し，蓄熱槽容量を左辺にとると式(1·5)となる．

$$V[\mathrm{m}^3] = (H_{SO}/C_p \cdot \eta \cdot \Delta\theta) \times 100 \quad (1·5)$$

C_p は常数，H_{SO} は与条件であるので，分母の $\eta \cdot \Delta\theta$ を大きくすることが蓄熱槽容量を縮小させることとなる．本試算例の $\Delta\theta$ の値と槽容量の比を**表1·3**中に併記する．蓄熱槽効率 η のみに着目した場合と，順番が入れ替わるケースがみてとれる．

蓄熱槽効率を向上させるのは，蓄熱過程完了時の槽内温度プロフィルと，放熱過程完了時の槽内温度プロフィルで囲まれる面積を大きくすることに帰着する．槽数の増大は槽間の温度成層化の促進を，二次側機器の入口水温の限界値の高温化は放熱完了時の槽内温度プロフィルの高温水平化を，冷凍機入口水温の限界値の低温化は蓄熱完了時の槽内温度プロフィルの低温水平化を誘起する．同時に，二次側機器の出入口温度差は式(1·3)の分母を直接動かし，蓄熱槽効率の値を左右する．また，二次側機器からの定流量(FCU)系統の削減は，中だるみをなくし，槽内温度プロフィルの高温化をもたらすこととなる．

1.3 温度成層型蓄熱槽

1.3.1 温度成層型蓄熱槽とは

温度の違いにより異なる水の密度差を利用して,温度が高く密度の小さい水と,温度が低く密度の大きい水とを極力混合させずに蓄える蓄熱槽を,温度成層型蓄熱槽という.

夜間にヒートポンプチラーなどにより生産された低温度(およそ4〜6℃)の冷水は,蓄熱槽の底部に近い部分に設けられた開口部から静かに槽内へ放流されると,すでに空調に使用された高温度(およそ12〜16℃)の冷水をゆっくり押し上げるように移動する.この温度の異なる2種類の水は,密度の差から高温度の冷水は上部に,低温度の冷水は下部に分かれたまま流れる.急激に水温が変わる,高温度と低温度の冷水の境界を温度成層という.

1.2.2.2〜1.2.2.7では連結完全混合型蓄熱槽を例として,槽間の間仕切りを省略し模式化して,温度プロファイルの変動を説明した.この背景には,個々の小さな槽内は完全混合であっても,小さな槽が直列に連結され槽数が多い場合,1槽と第Z槽に着目すれば,熱的には温度成層型蓄熱槽と同様の振舞いを見せるとの前提があった.

図1・37は,温度成層型蓄熱槽の代表である立て型蓄熱槽の場合の温度プロファイルである.これは**図1・34**を90°回転させた場合に相当する.このことからも,連結完全混合型蓄熱槽が,温度成層化を指向した方式であることが理解できる.

1.3.2 温度成層化の原理

過去の数多くの実験および理論解析から,槽内の温度成層の形成の程度は,蓄熱槽への吹出し口における無次元数であるフルード数F_rまたは,アルキメデス数 Ar に依存することが知られている[1].

$$F_r = U\sqrt{H \cdot g \cdot \Delta\rho / \rho_0} \quad (1\cdot6)$$
$$A_r = 1/(F_r)2 \quad (1\cdot7)$$

ここに,
- U:吹出し口における平均水速[ms]
- H:吹出し口の代表長[m]

どの寸法を代表長にするかは,吹出し口の形状により異なる.円形吹出し口の場合は直径,帯状吹出し口(スロット型)の場合は,吹出し開口部の鉛直寸法または開口部面積の等価直径などがとられる.つまり,代表長とは,蓄熱槽内の水の混合に最も関係する寸法を採用すべきであ

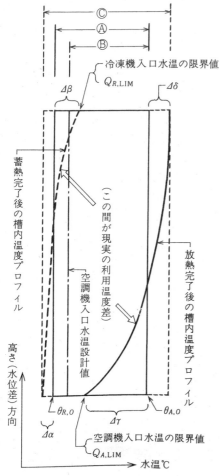

図1・37 槽内温度プロファイルと蓄熱槽効率の関連図(温度成層型)

り，吹出し口にからむ寸法を採用するのが一般的である．通常の蓄熱槽の形状の範囲内では，水深または水平方向の長さなどを代表長とすることは少ない．

g：重力加速度[ms^2]

$\Delta\rho：|\rho_s-\rho_0|$　　　　　　　　　(1・8)

ρ_s：二次側機器から蓄熱槽へ供給される水の密度[kg/m^3]

通常，二次側機器の設計時の同機器の出口水温から求める．空調機(AHU)とファンコイルユニット(FCU)など出口水温が異なる場合は，それらの流量による加重平均水温から比重量を求める．

：蓄熱完了時の蓄熱槽内平均水温の密度　通常，熱源機器の設計用出口水温から求める．

ここで，F_rの分母は，流体の密度差による浮力を表し，分子は流体の吹出し速度に伴う慣性力を表す．そのため，吹出し速度が大きくなれば慣性力が増し，F_rは大きくなり，蓄熱槽内は混合しやすくなる．また，蓄熱槽への供給水温と槽内の平均水温との差が大きくなれば浮力が増し，F_rは小さくなり，蓄熱槽内での混合は難しくなる（**図1・38**）．

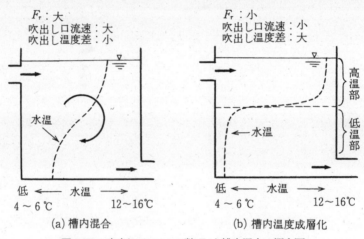

(a) 槽内混合　　　(b) 槽内温度成層化

図1・38 吹出し口フルード数 F_r と槽内混合の概念図

1.4 氷蓄熱式空調システムの設計に際しての留意点

1.4.1 蓄熱槽から取り出す冷水温度の安定化

氷蓄熱では，蓄熱槽から取り出して空調に利用する熱量の多くを潜熱分に負うため（**図1・6**），4℃で最大の密度を持つ水の特性により，蓄熱槽からは0～4℃の安定した冷水を長時間取り出すことが容易となる．蓄熱槽内に氷が残っている間は，二次側空調機器からの返り冷水（4℃以上）も，自然対流の卓越した流れに取り込まれて混合してしまう．すなわち，IPFが大きくなるほど，蓄熱槽からの送り冷水温度や二次側空調機器からの返り冷水温度が，蓄熱槽効率に与える影響力を薄めることになる．したがって，IPFが大きく，必要冷却量を賄える解氷速度を有するなら，二次側からの返り冷水の温度変動に対応する蓄熱槽からの送り冷水の温度変動は，氷蓄熱槽が自己制御してくれるので，システムの電子機械的制御方法への依存度が低減されることとなる．

逆に，最大密度が4℃である水の性質によって，溶けた水（水）が最大密度4℃となって蓄熱槽下部の冷水取出し口付近に滞留するため，氷蓄熱といえども，常に0℃近辺の冷水を取り出せると考えることはできない．この温度上昇の特性は，IPFの大きさ，槽内かくはんの有無，流入熱量などによって変動する．

1.4.2 蓄熱槽から取り出す冷水温度の維持時間

氷蓄熱でIPFが大きい場合や短時間で放冷する場合は，潜熱を使用した後，急激に槽内水温が上昇する可能性がある．そこで，氷蓄熱槽から二次側への送水温度を示したものが取出し水温特性である．

1.4.2.1 完全混合型氷蓄熱槽の取出し水温特性

図1・39は，外融式氷蓄熱システムの10時間融解と，ピーク時間調整契約対策としての3

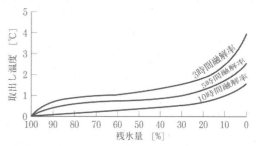

〔出典〕日本BAC：氷蓄熱システム設計（E14φJ-D），p.8
図1・39 外融式の取出し水温特性例

時間融解の取出し水温特性の例を示したものである．急激な負荷変動や大負荷に対する追従性は高いが，夏期における3時間のピーク時間調整契約（各電力会社の料金体系参照）に対応する場合，取出し温度は4℃を超える温度となることを考慮する必要がある．

また，外融式をベースとして内融式を併用する形式にすると，ピーク時間帯に追掛け運転の冷凍機を停止しても，内融式の併用により氷の伝熱面積が増大するので，低温冷風システムや大温度差冷水システムとしての，1～2℃の取出し温度を十分に確保することができる．

なお，これらの取出し水温特性は，製氷方法や槽の構造，水の流し方によって異なるので，採用するメーカーの設計資料を入念に検討しておく必要がある．

1.4.2.2 内融式アイスオンコイルの取出し水温特性

図1・40は，内融式氷蓄熱システムにおける8

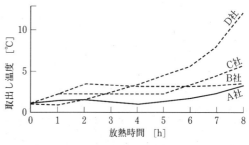

〔出典〕日本BAC：氷蓄熱システム設計（E14φJ-D），p.10
図1・40 内融式の取出し水温特性例

時間融解特性を比較したものであり，外融式でも述べたように，メーカーによって取出し温度に差が生じていることに留意する必要がある．

1.4.3 追掛け運転への対応

蓄熱式空調システムでは，全蓄熱の場合を除き，昼間の冷凍機追掛け運転が必要である．氷蓄熱式空調システムにおいて，蓄熱槽内に氷が残っている状態で昼間の追掛け運転を行う場合には，蓄熱槽内の冷水を直接冷凍機に送水すると，冷水温度が低いため，保護回路が働き冷凍機が冷却できなくなる．したがって，以下の2方式での対応となる．

1.4.3.1 製氷モードで追掛け運転をする

製氷用熱交換器を介して冷却運転を行うため，ブライン温度が製氷時と同等まで低下する．また，外気温度が製氷時より高くなるため，それに伴ってCOPも低下する．回路構成は図1・41(a)に示すようにシンプルである．

1.4.3.2 空調機からの返り冷水を予冷する

図1・41(b)のように空調機の返り配管にブライン－水熱交換器を設け，返り冷水を予冷することで追掛け運転を行う．空調機の返り冷水は15℃程度であるのでブライン温度が高くなり，冷凍機のCOPが向上する．回路構成はやや複雑になる．また，図1・41(c)に示すように，冷凍機に製氷用と冷水冷却用の2種類の水側熱交換器を持たせ，空調機の返り冷水を直接予冷する方式もある．最も効率よく運転する方式である．配管系統が長いので，ポンプは揚程に注意して選定する必要がある．

1.4.4 槽内かくはん効果

氷蓄熱では，しばしば槽内のかくはんが行われる．かくはんの有無は，ユニット式の場合はその製品特性に従うが，現場施工型ではいろいろなバリエーションがあるので，その機能の意味を十分理解し，設計運転管理に活用することが望ましい．一般に，解氷時にかくはんを行うと解氷が促進され，槽内の温度分布が均一化する．したがって，IPFの小さいシステムで温度成層による蓄熱槽効率の向上を目差すのであれば，かくはんは行わないほうがよいといえる．一方，内融式のように解氷時に製氷用熱交換器と氷の間に水が存在する場合は，熱交換促進のためかくはんを行ったほうがよいといえる．

かくはんにエアレーションを用いる場合は，なるべく低温の空気を用いることで，氷の融解を抑制することが望ましい．

1.4.5 暖房への対応

氷蓄熱式空調システムで暖房に対応する場合，ユニット式ではその製品のシステムに従うが，現場施工型では以下のような方式が考えられる．

1.4.5.1 製氷用熱交換器を使用した間接加熱〔図1・42(a)参照〕

製氷用熱交換器の伝熱性能がよい場合（薄い，金属製など）には可能である．構成はシンプルである．

1.4.5.2 ブライン－水熱交換器を使用する〔図1・42(b)参照〕

不凍液循環回路にブライン－水熱交換器を設け，槽内水を加熱する方式．蓄熱を行わずに，加熱した温水を密閉回路で二次側へ供給することも可能である．

1.4.5.3 冷凍機に水加熱用の熱交換器を持たせる方式〔図1・42(c)参照〕

冷凍機に加熱用の水側熱交換器を設け，蓄熱槽内水を加熱する方式．追掛け運転の冷水予冷熱交換器を加熱用に兼用することも可能である．

1.4.5.4 ブライン－水切替え方式〔図1・42(d)参照〕

冷凍機のブライン熱交換器を加熱用に使用する方式で，暖房時は製氷用熱交換器を回路から切り離し，直接，蓄熱槽内の水をブライン熱交換器で加熱する．切替え時に熱交換器内のブラインを清掃する必要がある．

1.4 氷蓄熱式空調システムの設計に際しての留意点

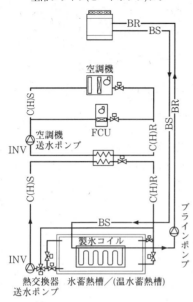

(a) 予冷回路のない方式

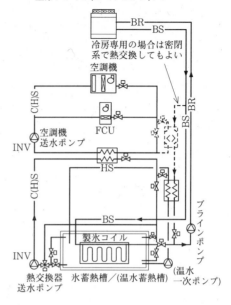

(b) ブライン-水熱交換器による予冷回路方式

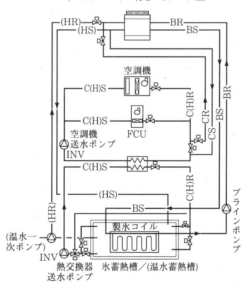

(c) ブラインコイル付き(ヒートポンプ)チラーによる予冷回路方式

図1・41 配管システム参考図[1]

1.4.6 氷スラリー

蓄熱槽内に蓄えられた氷を積極的に二次側配管に送り込む氷スラリー搬送は，配管設備とポンプ動力の大幅な削減に結びつく可能性を有している．理論的には，配管中に10%の氷を混ぜることで水量は1/3程度になる．まだ，実験段階であるので，計画設計にあたっては，最新情報を収集，理解して実施する必要がある．

1.4.7 低温送水システムとの併用

低温送風空調システムとは，13℃以下の冷風を室内に送風することで従来の16℃送風よりも送風量を減少させ，搬送効率の向上を図る方式である．低温の冷風を供給するためには，低温の冷水が必要であり，0～4℃の冷水を安定して供給できる氷蓄熱は，その熱源として最適である．低温送風空調システムの効果には以下のような点があり，その設計に際しては次の1)～6)を参照していただきたい．

1) 空調機，ファンおよびダクトなど設備の機器容量が縮小できる
2) ダクトサイズ縮小に伴う階高の圧縮
3) ファン動力の低減
4) ダクトサイズ縮小による，天井裏の設備計画のフレキシビリティ向上
5) 改修時の冷熱供給量の増大による既存設備の活用
6) 除湿能力の向上による室内の快適化

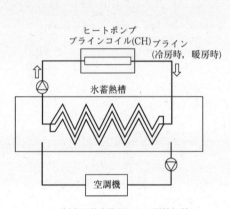
(a) 製氷用熱交換器による間接加熱

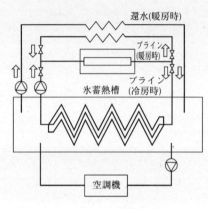
(b) ブライン‐水熱交換方式

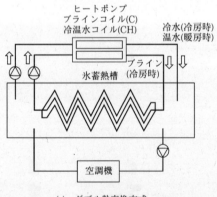
(c) ダブル熱交換方式

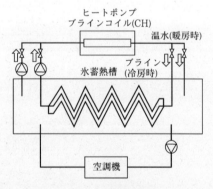
(d) シングル熱交換方式
　　（ブライン‐水切替え方式）

図1・42 システムの構成例

第 2 章

蓄熱式空調システムが実現するエネルギーマネジメント

2.1 エネルギー事情(社会情勢)の変化と蓄熱の役割

2.1.1 民生用最終エネルギー消費とピーク電力

図 2・1 は日本の最終エネルギー消費の推移を示したものである[1]．COP3 の基準年である 1990 年を基準に各部門の最終エネルギー消費の変化を見ると，2012 年には産業部門で約 13%減，民生部門では約 34% 増(家庭部門約 24%，業務部門約 42%)，運輸部門で約 3%増となっており，民生部門特に業務部門の増加が著しい．さらに，2008 年度から 2009 年度にかけては，景気悪化によって製造業・鉱業の生産量が低下したことに伴い，産業部門のエネルギー消費が大幅に減少したことなどにより，最終エネルギー消費は減少し，その後 2010 年度は，景気回復や気温による影響を受け，最終エネルギー消費は大幅に増加した．しかし，2011 年度の東日本大震災以降は再び減少傾向となった．

図 2・2 は最大電力発生日における 1 日の電気の使われ方の推移を示したものである[2]．2010 年の 8 月 23 日のピーク電力は約 180GW であり，2011 年の夏(8 月 10 日)のピーク電力は 160GW である．また 2011 年の年間電力負荷率は約 68%となっており，最低であった 1995 年ころの約 55%に比べるとかなり向上しているが，蓄熱によるピークシフトは 2010 年におい

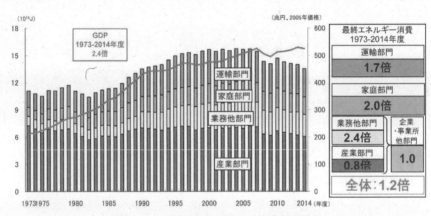

図 2・1 日本の最終エネルギー消費の推移

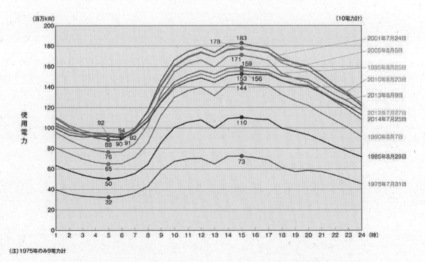

図 2・2 年間最大電力ピークを示した日の電力消費量の変化

て1.89 GW，2011年において1.91 GWと推定され，その量は約1%に過ぎない．

2.1.2 COP21約束草案

2015年12月，第21回国連気候変動枠組み条約締約国会議(COP21)は2020年以降の地球温暖化対策の新たな枠組みとなる"パリ協定"を採択した．ここでは"温室効果ガス排出削減"が国際的な枠組みになり，日本は2030年度に2013年比で温室効果ガスを26%削減する約束草案を提出しており，なかでも，業務その他部門，家庭部門の排出量については約40%の削減目標を掲げている．そして協定のなかには，"世界の気温上昇を2度未満に抑えることを目標にすること，同時に1.5度未満を目指し努力すること"が明記された．**表2・1**は，COP21に提出された日本の約束草案の目標値を示したものである．

2.1.3 近年の省エネルギー政策

図2・3は我が国のエネルギー政策の変遷を示す[3]．第一次，第二次オイルショックを契機に1979年にエネルギー使用の合理化などに関する法律(省エネ法)が制定され，産業，業務，家庭，運輸の各部門におけるエネルギー消費の効率向上を目指している．そしてその後何度かの改正を重ねている(**表2・2**)．また，1997年に気候変動枠組条約第3回締約国会議(COP3)が開催され京都議定書を採択し，これは2005年に発効した．さらに，2002年にはエネルギー政策基本法が成立し，2003年10月に初めて第一次エネルギー基本計画が策定され，2007年3月に第二次，2010年6月に第三次を経て，2014年4月11日に第四次エネルギー基本計画が閣議決定された．第四次エネルギー基本計画のなかには，ZEB・ZEHについて"建築物については，2020年までに新築公共建築物等で，2030年までに新築建築物の平均でZEB(ネット・ゼロ・エネルギー・ビル)を実現することを目指す．また，住宅については，2020年までに標準的な新築住宅で，2030年までに新築住宅の平均でZEH(ネット・ゼロ・エネルギー・ハウス)の実現を目指す．"とされている．ZEBの考え方のなかでは，ヒートポンプを再生可能エネルギーとするかどうかの議論は重要である．

2011年の東日本大震災以来，日本のエネルギー需給はひっ迫した状況となっている．一方で，建築物にかかわるエネルギー消費(民生部門のエネルギー消費)は，産業，運輸の他部門に比べると著しく増加しており，この部門のエネルギー消費量を削減，合理化することは喫緊の課題となっている．そこで，2015年7月に建築物のエネルギー消費性能の向上に関する法律(建築物省エネ法)が公布された．

表2・1 日本の約束草案の目標値

		排出量[百万t-CO_2]			削減率[%]	
		2030年度の各部門の排出量の目安	2013年度	2005年度	2013年度比	2005年度比
エネルギー起源CO_2		927	1235	1219	25	24
	産業部門	401	429	457	7	12
	業務その他部門	168	279	239	40	30
	家庭部門	122	201	180	39	32
	運輸部門	163	225	240	28	32
	エネルギー転換部門	73	101	104	28	30

第2章 蓄熱式空調システムが実現するエネルギーマネジメント

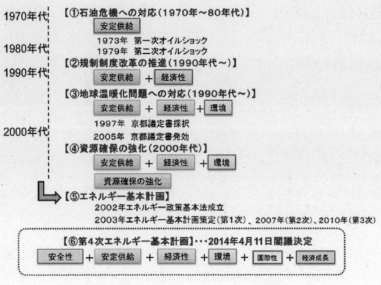

図2・3 我が国のエネルギー政策の変遷

表2・2 省エネルギー法 改正の歴史

年　月	制定・改正の内容
1979年 (昭和54年)	省エネルギー制定 エネルギー法として新たに電気が対象となる"判断の基準"が明確となる
1998年 (平成10年)	省エネルギー法改正 第1種エネルギー管理指定工場制度の新設，エネルギー管理員の選任，エネルギー使用状況等の記録義務 第1種エネルギー管理指定工場の中長期計画の提出義務
2002年 (平成14年)	省エネルギー法改正 民生業務部門等の省エネルギー対策の強化を目的として第1種エネルギー管理指定工場の対象業種限定の撤廃 第2種エネルギー管理指定工場に対し定期報告書の提出義務
2005年 8月1日 (平成17年)	省エネルギー法改正 2005年2月の京都議定書の発効を受けて 熱，電気一体管理の徹底 第1種エネルギー管理指定工場：原油換算　3 000 kL以上 第2種エネルギー管理指定工場：原油換算　1 500 kL以上～3 000 kL未満 エネルギー管理士(員)熱，電気一体管理に対応した制度に変更
2008年 8月1日 (平成20年)	省エネルギー法改正 業務部門における省エネルギー対策を強化するため事業所単位から事業者(会社全体)単位の規制強化
2013年 5月1日 (平成25年)	省エネルギー法一部改正 東日本大震災以降のエネルギー需給問題 電気の需要平準化への対応が重要な政策課題

2.2 蓄熱式空調システムのポテンシャル

2.2.1 電力負荷平準化

2011年の東日本大震災以来，日本のエネルギー需給はひっ迫した状況となっている．そこで，省エネルギー法では，従来からのエネルギーの使用の合理化に加えて，電力消費の総量のみではなく，ピークの抑制を含めたエネルギー管理を目指して，"工場等におけるエネルギーの使用の合理化に関する事業者の判断の基準"を見直し，新たな評価指標として電気需要平準化評価原単位を策定している(2016年施行)．

蓄熱式空調システムは，もともと電力負荷平準化による年間電力負荷率の向上による，エネルギーセキュリティの向上と省エネルギーを可能にするシステムであり，この評価にも十分に対応できるものである．

2.2.2 設備の冗長性・高度化

蓄熱式空調システムは停電時においても，また熱源の性能が若干低下した場合でも，直ちに空調システムを停止する必要はない．このような特徴は，もちろん事務所ビルのような用途の建物でも重要であるが，例えば美術館のような用途では不可欠のものである．この一例として，東京都美術館があげられる．本美術館は1975年に竣工し，開館以来35年が経過していたものであるが，建物・設備の老朽化などによる大規模改修工事を経て，2012年4月にリニューアルオープンした．設備的な側面，蓄熱に関する側面としては"氷蓄熱の導入による夜間電力の有効利用や高効率ヒートポンプモジュールチラーの採用により，省エネルギー性能とともに冗長性を確保した機器構成や運用"として評価されている．

2.2.3 事業継続(Business Continuity Plan)への活用[4]

2.2.3.1 熱源としての機能

蓄熱槽を有する施設では，大規模災害時の電力・ガスの途絶時に，槽内の冷水や温水を利用して，非常時優先業務などに必要な空調を行うことができる．特に，重要な情報通信機器の本体には無停電電源装置が設置されているが，業務への影響を最小限に食い止めるためには，空調装置(冷房)を継続させる必要がある．このようなシステムを有効に作動させるためには，空調に必要な搬送系(ポンプ，ファン)に非常用電源を対応させておくことが必要であり，また空調供給が必要な非常時優先業務を厳選しておくことが必要である．

2.2.3.2 水源としての利用

〔1〕 生活用水としての活用

蓄熱槽内の水は生活用水としての活用が考えられる．4建物で実施された蓄熱槽内の水質検査結果[5]を見ると，一般細菌で水道水質基準を超えているものがあるが，その他は基準以下である．しかしながら，蓄熱槽は地下にありコンクリート製であることから，災害時に汚染される可能性があり，また防腐剤が付加されている可能性もある．ゆえに，蓄熱槽の水はトイレ洗浄や手洗いにとどめ，飲用はさけるべきである．ただし，排水系統が十分に災害対応になっていることが有効利用の条件であり，また熱源利用と同様に必要なポンプ類が非常用電源の対象範囲になっていることが必要である．

〔2〕 消防用水としての活用

阪神・淡路大震災後に実施された12施設の調査では，建物の損傷の程度によらず，地下の蓄熱槽の破損はなかった[5]．1997年に消防庁から"空調用蓄熱槽水を消防用水として使用する場合の取扱いについて"[6]が各自治体に通知され，蓄熱槽内の水を消防用水として活用することが可能になった．この通達では，以下の項目

について基準や措置が定められている．
1) 空調用蓄熱槽水の温度および水質について
2) 空調用蓄熱槽水の水量について
3) 空調用蓄熱槽の設備について
4) 他の水源との共用について

2.2.4 変動要因に対する受け皿としての蓄熱(地域インフラの負担軽減)

2.2.4.1 エネルギー自由化(DR, ネガワット)

デマンドレスポンス(DR：Demand Response)とは，"卸市場価格の高騰時または系統信頼性の低下時において，電気料金価格の設定またはインセンティブの支払に応じて，需要家側が電力の使用を抑制するよう電力消費パターンを変化させること"を指す．そして，デマンドレスポンスには電気事業者が時間帯(または時間)別に料金を設定することで，需要家に自らの判断で，割高な料金が設定された高負荷時に需要抑制，割安な料金が設定された低負荷時に需要シフトを促す"電力料金ベース"の枠組みと，プログラム設置者(電気事業者，系統運用者)が需要家と契約を締結し，卸電力価格が高騰または電力需給がひっ迫した際に，負荷抑制・遮断を要請または実施する"インセンティブベース"の枠組みがある．ネガワット取引きと呼ばれる，需要家による需要削減量を供給量と見立て，市場などで取引きする事業形態もある．また，需要家側の創エネルギー設備，デマンドレスポンス(ネガワット)を一体的に最適運用するエネルギーリソースアグリゲーションビジネス(Energy Resource Aggregation Business)も検討されている．

上記の電力料金ベース，インセンティブベースいずれにしても，蓄熱槽を備えた空調システムであれば，必要な時間帯，または電力使用抑制に応じて熱源システムの制御を行うことができ，これによって，デマンドレスポンスを実施することができる．また，他の方法，例えば設定温度を緩和する，照明を消灯するなどでは，少しではあるが室内環境を犠牲にする(がまんする)ものとなるが，蓄熱式空調システムであれば，我慢しないデマンドレスポンスが達成できる．

2.2.4.2 ZEB普及による再生可能エネルギーの受け皿(ポジワット)

再生可能エネルギーの全量買取制度の普及は，電力網不安定化の要因となり，供給側だけでなく電圧変動が需要家側同士で影響し合う問題がある．電力の供給側は，再生可能エネルギーの受け入れのため，比較的郊外にある発電エリアと大量の電力消費地である都心部を結ぶ送電網の整備や，再生可能エネルギーの入出力を安定させるための大規模な蓄電池設備の採用または計画がある．

また，経済産業省"新エネルギー大量導入に伴う系統安定化対策等委員会"[7]では，需要家側の余剰電力対策として，蓄電池の設置などが検討されている．ZEB化建物では，電気の貯蔵や周囲建物への融通が柱になる．それができなければ，再生可能エネルギーによる発電量を調整する系統解列が必要となる．

"セルフデマンドレスポンス"とは，"ZEBのように，供給側と需要側が同一の場合に，自ら電力需給，空調や給湯のための熱需給あるいは熱電変換を最適にコントロールし，電力送電網に対しての負荷を最小限にし，エネルギーを自立に近い状態で運用する手段"であると定義できる[8]．"セルフデマンドレスポンス"とは，個々のZEB化建物の運用の最適化だけでなく，インフラ電力供給網の安定化のため，需給変動を抑制するポストZEB化時代の社会に貢献できる技術と考える．

図2・4に，セルフデマンドレスポンスの運転パターンの概要を示す．発電量から使用電力量

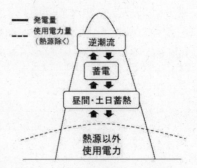

図2・4 セルフデマンドレスポンスの運転パターンの概要

(熱源以外)を差し引いた量がプラスである場合には，その電力を利用してヒートポンプなどの熱源を運転して蓄熱する．つまり，平日で熱負荷がある場合には放熱しながら蓄熱することになる．そして，まだ発電力があまる場合には，この余剰電力を蓄電池に充電し，さらに系統に逆潮流を行っていくというものである．

2.2.5 既存蓄熱システム活用によるエネルギーマネジメント

図2·5は，東京都心の蓄熱のポテンシャル(既存の蓄熱の能力)を示す．これらのポテンシャルを活用することにより，上記 2.2.1～2.2.4 に述べるエネルギーマネジメントへ対応することが十分に可能である．

図2·5 都心エリア蓄熱槽導入マップ

参 考 文 献

1) "平成27年度エネルギーに関する年次報告"(エネルギー白書2016)PDF版
2) 電気事業連合会ホームページ
3) "平成25年度エネルギーに関する年次報告"(エネルギー白書2014)HTML版
4) ヒートポンプ・蓄熱センター：ヒートポンプ・蓄熱システムの事業継続計画(BCP)活用に関する報告書(平成25年6月)
5) 空気調和・衛生工学会：平成14年11月"災害時の水利用－飲める水・使える水"
6) "空調用蓄熱槽水を消防用水として使用する場合の取扱いについて"消防庁予防課長(平成9年3月6日)
7) 経済産業省：新エネルギー大量導入に伴う系統安定化対策 資料
8) 原田　純・奥宮正哉・伊藤　剛・福田裕行・島岡宏秀：ZEB化建物のセルフデマンドレスポンスに関する研究(第1報)セルフデマンドレスポンスの概念と負荷平準化の検討，空気調和・衛生工学会大会学術講演論文集{2014-9.3～5(秋田)}

コラム

蓄熱システムによる受電点電力制御の事例

建物における受電点電力の潮流制御は，従来，ガスエンジン発電機や蓄電池などの電源のみで行うことが一般的であった．しかし，蓄熱槽を有する冷凍機をガスエンジン発電機の代替として利用できる可能性があることから，この機能について実証試験を行い制御性能を確認した．

［1］ 実証システムの概要

写真-1に実証試験サイトの全景，**図-1**に実証システムの構成と各電源の定格出力を示す．

既設建物（事務所ビル，延べ床面積7 000 m^2，3階建て）は従来，配電系統からの受電で負荷に対応していたが，BCP対応の自立運転を可能とするためマイクログリッド（MG）を新設した．MGには電源機器として，ガスエンジン発電機（GE），燃料電池（FC），蓄電池（Bat）と太陽光発電（PV）が設置されており，熱源機器としては，蓄熱槽と連結された空冷式冷凍機（Chiller）が設置されている．PV以外の電源機器と冷凍機は，BEMSからの指令で出力を制御することができる．

実証システムで導入した空冷式冷凍機とGEは，BEMSからの出力変動指令に対して同等程度の応答速度を有しており，GEの役割を冷凍機で代替することで，発電機を導入しない施設でも受電点電力制御の実施が可能となる．

空冷式冷凍機と蓄熱槽の仕様を**表-1**に示す．冷凍機は，アンモニア冷媒のレシプロ圧縮機2機と空冷ファン4機のうち，それぞれ1機ずつをインバータによる可変速制御とすることで，補機を含めた冷凍機の全電力消費量を下限30 kWから上限70 kWの範囲で連続的に変化させることができる．冷凍機は冷水入口温度が一定となるように三方弁制御をしている．このため，実証試験では頻繁に行われる容量制御が冷凍機の運転効率に与える影響と，製造される冷水温度の変化が蓄熱槽の温度成層に与える影響についても検討した．

写真-1 実証試験サイト

表-1 空冷式冷凍機と蓄熱槽の仕様

項目	仕様
冷却能力	70 USRT　冷媒：NH_3
設計冷水温度・流量	入口/出口=12℃/7℃，706 L/min
往復動圧縮機	50 HP×1，VFD（可変周波数制御） 50 HP×1，標準モータ
空冷ファン	2.2 kW×1，VFD（可変周波数制御） 2.2 kW×3，標準モータ
電力消費量	30〜70 kW
冷水蓄熱槽 温度成層型	直径3.66 m×高さ3.66 m 37.5 m^3×2基＝75 m^3
温水蓄熱槽 温度成層型	直径4.22 m×高さ4.02 m 55 m^3×2基＝110 m^3

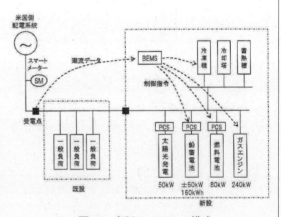

図-1 実証システムの構成

［2］ 冷凍機による受電点電力制御の結果

実証試験は事務所ビルの実負荷を用いて，冷凍機と各種電源の組合せで，**図-1**に示し

た受電点の電力を一定に制御する方法で実施した．

冷凍機と各種電源の組合せで実施した試験のなかから"全電源"と"蓄電池＋冷凍機"による試験の結果を図-2と図-3に示す．

各図において，主縦軸には各機器の電力，第2縦軸には受電点電力を示している．これらの試験において各種の計測は1秒間隔で行った．

図-2の"全電源"による受電点電力一定制御では，PVの出力は40 kW一定で変動が見られないが，電力負荷の変動に対してFCが10分程度の長周期の変動，蓄電池が1秒以下の短周期の変動，GEがその中間の周期の変動に，それぞれの応答速度で対応し，受電点電力（PCC）を−80 kWに維持している様子がわかる．

図-3の"蓄電池＋冷凍機"による受電点電力一定制御では，電力負荷の変動とPV出力の緩やかな変動に対して，蓄電池と冷凍機がそれぞれの応答速度で反応し，受電点電力を170 kWに維持している．蓄電池以外の電源が稼働していないため，冷凍機がFCとGEの担当分の長・中周期の電力変動をカ

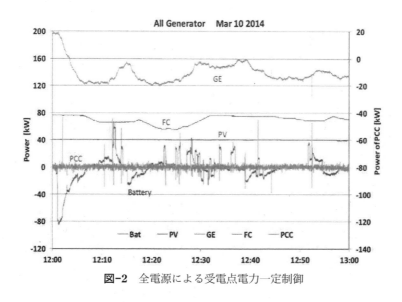

図-2　全電源による受電点電力一定制御

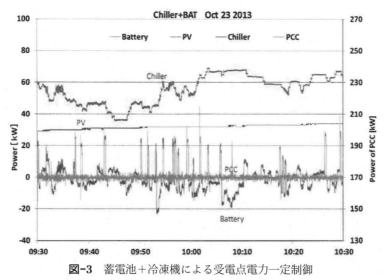

図-3　蓄電池＋冷凍機による受電点電力一定制御

バーしている.

上記試験の制御精度を,受電点電力PCCの標準偏差で評価した結果,"全電源","全電源+冷凍機"と"蓄電池+冷凍機"の場合の標準偏差は,それぞれ2.02 kW,2.03 kWと2.18 kWとなり,3ケースの制御精度は,ほぼ同等であるものと判断された.

[3] 冷凍機の運転状況

図-4には"蓄電池+冷凍機"による試験時の冷凍機の運転状況として,総合成績係数(TCOP),冷凍機出入口温度と冷水流量の変化を示す.冷凍機のTCOPは冷水入口温度の変化に伴って3.1~5.7程度で推移しており,高いTCOPを維持した運転が可能となっている.また,冷凍機の容量制御にもかかわらず,冷水入口温度と出口温度の温度差は運転期間中において4.3~6.1℃の範囲であり,比較的安定した温度差で運転されている.

これらの結果から,冷凍機の受電点電力一定制御のための運転が,冷凍機の運転効率に大きな影響を与えることがないこと,また,蓄熱槽の温度成層に与える影響も少なく,蓄熱効率にも大きな影響を与えることはないと判断できる.

[4] 結論

事務所ビルの実負荷を用いた実証試験において,"蓄電池+冷凍機"の組み合せで,冷凍機や蓄熱槽など,空調システムの運転に悪影響を及ぼすことのない範囲で,十分応答性と制御精度を持った受電点電力制御が可能なことを実証した.これにより,ガスエンジン発電機などの電源が設置されない施設においても,一定の条件下で冷凍機による受電点電力制御を実施することが可能になる.また,本技術は,受電点電力を任意に制御できることから負荷側電力を調整するDR制御にも適用可能である.

本実証試験は,2011年度から2014年度まで実施された"米国ニューメキシコ州における日米スマートグリッド実証"(NEDO事業)の実施項目の一部として行われたものである.

参考文献

1) 清水建設,ほか8社,平成22年度~25年度成果報告書米国ニューメキシコ州における日米スマートグリッド実証 アルバカーキ市における商業地域マイクログリッド実証,平成26年3月,NEDO

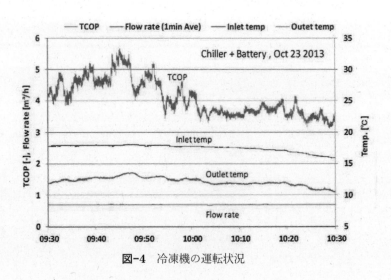

図-4 冷凍機の運転状況

第3章

蓄熱式空調システム計画上の要点

3.1 蓄熱量と熱源容量のバランスの考え方

3.1.1 基本的な配管回路構成

基本的な蓄熱式空調システム系統図を**図3・1**に示す．本書では熱源は基本的に空気熱源ヒートポンプチラーとして開放回路，二次側は熱交換器を介して熱交換器一次側と二次側閉回路で構成する．配管系の一次側はポンプサクション側に三方弁（二方弁×2でも可）を設置して定流量方式とし二次側は変流量方式とする．

なお，熱源が，最低流量，冷温水温度差（例：$\Delta\theta=5\sim16℃$），流量可変速度範囲（15%/分以下）などの一次側大温度差変流量仕様を満足する場合は，定流量三方弁のハンチング対策などとして一次側をインバータによる変流量方式としてもよい．この場合の詳細は，SHASE-M1002-2006[1]を参照されたい．

また，熱源がモジュール型の場合は各モジュールへの水量均一化のため，リバースリターン配管の採用や流量調整弁を設置する．

また，**図3・2**に示すように，ポンプはポンプピットを設けて一次側二次側ともにすべて蓄熱槽水面下に設置すれば，フート弁の設置が不要となり落水によるポンプの空転防止とともに，吸込み揚程もなく制御効果をより高めることができる．ただし，地下ピットを利用して蓄熱槽を設ける場合は必要なピット数が増加するため，基本計画段階では連通管やマンホールなど含めて建築計画へ反映しておくことが必要である．

3.1.2 熱源機容量と蓄熱量のバランスの考え方

蓄熱式空調システム計画の第一歩は，まず最大日積算熱負荷日の運転を決定し，そのシステムが年間を通してどのように運転するかを検証することである．

最大日積算熱負荷日の運転の仕方とは最大日積算熱負荷に対してどのくらいの熱源容量と蓄熱量で対応するかを決定することである．加え

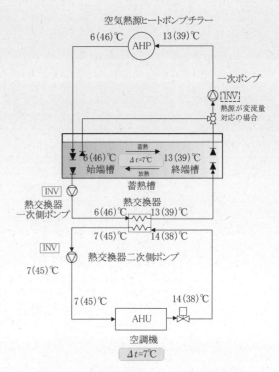

図3・1 蓄熱式空調システム基本構成図

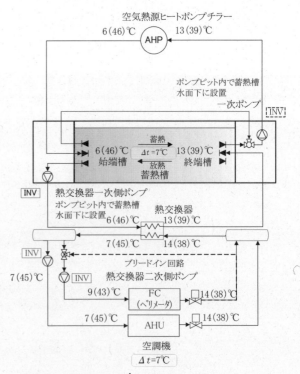

図3・2 蓄熱式空調システム構成図（オプション）

3.1 蓄熱量と熱源容量のバランスの考え方

て，この熱源容量と蓄熱量で，年間を通じてのエネルギー消費量を，環境性・エネルギー性・経済性・電力デマンド調整など基本計画段階の目的，評価指標に合わせて昼夜間別，時系・日系・月系列に算出することが蓄熱式空調システム計画の要点のひとつである．

3.1.3 蓄熱バランス図の作成

蓄熱式空調システムの設計性能検証には最大日積算負荷日の蓄熱バランス図の作成が有効である．蓄熱バランス図とは**図3・3**に示すように蓄熱式空調システムの運転を，x軸に時刻（22:00〜21:00），y軸に熱源機出力（一次側・生産熱量）と熱負荷（二次側・消費熱量）の推移を併せて示したものである．

図3・3では日積算熱負荷（▨）に対し熱源運転時間を24 hで対応している．

この場合の必要熱源機出力は**図3・3** y軸の↕で示された容量となり，必要な蓄熱量は蓄熱槽からの放熱量（▨）で，これは蓄熱槽への投入熱量（▨）と等しい．この蓄熱槽への投入量のうち，22:00〜8:00の投入熱量（▨）が電力会社の割引料金の対象となる夜間電力で対応する熱量となる．

水蓄熱式空調システムでは，熱源機と一次ポンプは起動・停止に若干の遅延を持たせるケースもあるものの，常に同時に運転されるものであり，熱源機・一次ポンプの発停情報は，基本計画段階のみを考慮すれば，基本計画・基本設計段階の蓄熱バランス図には必須ではない．

ただし，この蓄熱バランス図は設計段階では基本計画段階のものをベースとするものの，実施設計時の日積算最大熱負荷，熱源機出力は外気温湿度，冷温水出口温度条件を加味したより詳細な計算書（設計根拠）となり，さらに運転段階では熱負荷，熱源出力ともに実測値を用いて作成し，計画・設計段階のものと対比して運転検証の一助とするものでもある．

水蓄熱式空調システムの運転段階では，熱源機停止中も一次ポンプが運転されているなど，不適切な運転もしばしば見受けられ，また氷蓄熱式空調システムでは熱源機周りのポンプの運転はシステムごとに違いがある．これらと対比の意味も含めて，水蓄熱式空調システムでも実施設計段階では蓄熱バランス図に熱源機・一次ポンプの発停情報も併せて記載しておくことが望ましい（**図3・4**）．

3.1.4 基本計画段階での水蓄熱方式の蓄熱バランス図作成手順[2]

蓄熱式空調システムで冷暖房双方に対応する場合は，冷房暖房で最大日積算熱負荷の大きいほうを対象とする．寒冷地を除きほとんどが冷房負荷＞暖房負荷となることから，ここでは冷房負荷を対象に蓄熱バランス図を作成して，暖房時の運転を検証する．

3.1.4.1 最大日積算冷房負荷に対する蓄熱バランス図

基本計画段階での蓄熱バランス図の作成例（**図3・4**）とフローを以下に示す．蓄熱バランス

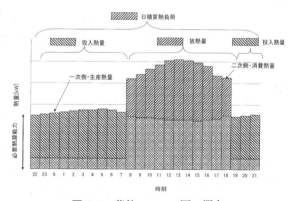

図3・3 蓄熱バランス図の概念

図の作成ではまず熱源機の運転時間の決定が必要である．運転時間は後述する表3・5, 3・6に示すように，目的に応じてさまざまなケースがあり，ここでは最も標準的な蓄熱式空調システムとして熱源の運転時間を20時間とした場合の蓄熱バランス図を示す．また，本例ではMICRO-PEAK2010などから各時刻別負荷を求め集計し，最大日積算冷房負荷＝5 076 kWh/日とした．

3.1.4.2 蓄熱バランス図の作成フロー

Step 1

熱源運転時間 T_{cp} を設定する

熱源運転時間帯を夜間（蓄熱運転22～8時）と昼間（追掛け8～22時）に分けて設定する．

$T_{cp}=20$ h/日（夜間時間帯10h＋昼間時間帯10h）

T_{cp}：熱源運転時間[h/日]

Step 2

必要熱源容量を式(3・1)より算定する

$$Q_{csa}=Q_{cd}/T_{cp} \quad (3\cdot1)$$

ここで，

Q_{csa}：必要熱源容量[kW]

Q_{cd}：最大日積算冷房負荷[kW・h/日]

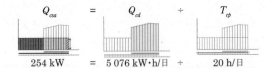

254 kW ＝ 5 076 kW・h/日 ÷ 20 h/日

Step 3

必要蓄熱量 Q_{cs} を式(3・2)から算定する．

$$Q_{cs}=Q_{cd}-Q_{cmd}$$
$$=Q_{cd}-(Q_{csa}\times T_{cpd}) \quad (3\cdot2)$$

ここで，

Q_{cs}：必要蓄熱量[kW・h/日]

Q_{cd}：最大日積算冷房負荷[kW・h/日]

Q_{cmd}：昼間運転熱量[kW・h/日]

Q_{csa}：必要熱源容量[kW]

T_{cpd}：昼間熱源運転時間[h/日]

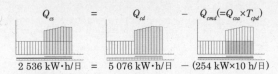

2 536 kW・h/日 ＝ 5 076 kW・h/日 －(254 kW×10 h/日)

Step 4

蓄熱槽効率 η と利用温度差 $\Delta\theta$ を仮設定する．

$\eta=0.85$（基本計画段階では目安として仮設定しておく）

$\Delta\theta=7$deg（蓄熱槽の利用温度差は6→13 K）

Step 5

蓄熱槽容量 V_{cs} を下式より決定する

$$V_{cs}=Q_{cs}/(\eta\times\Delta\theta\times c) \quad (3\cdot3)$$

ここで，

V_{cs}：蓄熱槽容量[m³]

Q_{cs}：必要蓄熱量[kW・h/日]

η：蓄熱槽効率

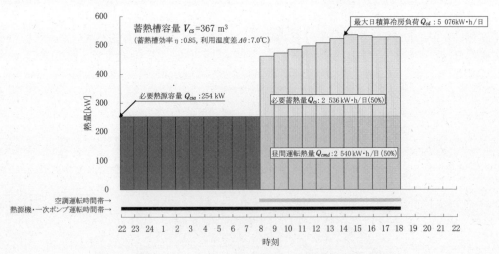

図3・4 蓄熱バランス図の作成例（冷房：熱源運転時間20h/日）

$\Delta\theta$：蓄熱槽利用温度差[K]
c：水の容積比熱：$1.16\ kW\cdot h/(m^3\cdot K)$

蓄熱槽容量 $V_{cs}=$

$$\frac{2\,536\ kW\cdot h/日}{0.85\times 7℃\times 1.16\ kW\cdot h/(m^3\cdot K)}$$

$=367\ m^3$

Step 6

熱源機を式(3・4)より決定する．

設置台数を決定したうえで熱源機の能力表(表3・1)より必要熱源容量 $Q_{csa}=254\ kW$（冷房）を満足する機器を選定する．本件では2基設置とする．

$$Q_{csam}=Q_{csa}/N \qquad (3\cdot 4)$$

ここで，
　Q_{csam}：熱源機容量[kW/基]
　Q_{csa}：必要熱源機容量[kW]
　N：設置台数[基]

選定熱源(50 HP)の冷却能力 $132\ kW>127\ kW$
$=254\ kW/2$ 基

3.1.4.3 蓄熱バランス図による暖房運転の検証

冷房負荷にて選定した熱源容量と蓄熱槽容量にて暖房運転の検証を行う．本例では最大日積算暖房負荷を $2\,220\ kW\cdot h$ とした（図3・5）．

3.1.4.4 暖房運転の蓄熱バランス図の作成フロー

Step 1

暖房時の加熱能力 Q_{hsa} を選定した熱源機の加熱能力 Q_{hsam} から式(3・5)により確認する．

$$Q_{hsa}=Q_{hsam}\times N \qquad (3\cdot 5)$$

ここで，
　Q_{hsa}：熱源機の加熱能力[kW]
　Q_{hsam}：1基あたり熱源機の加熱能力[kW]
　N：設置台数[基]

熱源機加熱能力 $Q_{hsa}=150\ kW\times 2$ 基$=300\ kW$

表3・1　空気熱源ヒートポンプチラーの能力表(例)

	[HP]	40	50	60	80	100
冷却能力	[kW]	106	132	160	212	265
加熱能力	[kW]	118	150	180	236	300
冷却時定格消費電力	[kW]	28.8	40.7	39.1	57.6	81.8
加熱時定格消費電力	[kW]	32.1	46.3	44.0	64.1	92.6

注1　冷水出口温度は7℃，温水出口温度は45℃(JIS 8613)
注2　外気条件は冷房時35℃(DB)，暖房時7℃(DB)，6℃(WB)(JIS 8613)

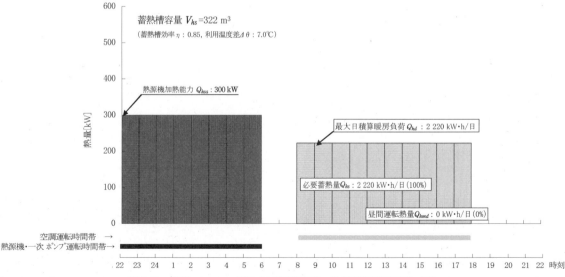

図3・5　蓄熱バランス図の作成例（暖房：熱源運転時間20h/日）

Step 2

熱源運転時間帯を式(3・6)に基づき，以下のように設定する．

$$T_{hp}=Q_{hd}/Q_{hsa} \quad (3\cdot6)$$

ここで，

T_{hp}：熱源運転時間[h/日]
Q_{hd}：最大日積算暖房負荷[kW・h/日]
Q_{hsa}：熱源機加熱能力[kW]

熱源運転時間帯は夜間を優先して設定し，昼間は蓄熱量では賄えない時間のみを運転する．本例では，夜間蓄熱運転のみで最大日積算暖房負荷をすべて賄えるため，昼間時間帯の運転は不要となる．

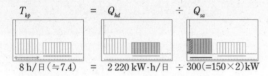

8 h/日(≒7.4) = 2 220 kW・h/日 ÷ 300(=150×2)kW

Step 3

必要蓄熱量 Q_{hs} を式(3・7)から算定する．

$$Q_{hs}=Q_{hd}-Q_{hmd}$$
$$=Q_{hd}-(Q_{hsa}\times T_{hpd}) \quad (3\cdot7)$$

ここで，

Q_{hs}：必要蓄熱量[kW・h/日]
Q_{hd}：最大日積算暖房負荷(暖房)[kW・h/日]
Q_{hmd}：昼間運転熱量[kW・h/日]
Q_{hsa}：熱源容量[kW]
T_{hpd}：昼間熱源運転時間[h/日]

本例では，$T_{hpd}=0$ で昼間運転熱量 $Q_{hmd}=$0kW・h/日のため $Q_{hs}=Q_{hd}$ となる．

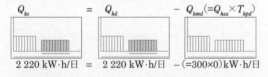

2 220 kW・h/日 = 2 220 kW・h/日 − (=300×0)kW・h/日

Step 4

蓄熱槽効率 η と利用温度差 $\Delta\theta$ を設定する．

$\eta=0.85$(基本計画段階では目安として仮設定しておく)
$\Delta\theta=7℃$(蓄熱槽の利用温度差は 46 → 39 ℃)

Step 5

暖房時の必要蓄熱槽容量を算定し冷房算定値で満足するか確認する．

式(3・8)より暖房の蓄熱槽容量を算定して冷房で決定した蓄熱槽容量で満足しているかを確認する．

$$V_{hs}=Q_{hs}/(\eta\times\Delta\theta\times c) \quad (3\cdot8)$$

ここで，

V_{hs}：蓄熱槽容量[m³]
Q_{hs}：必要蓄熱量[kW・h/日]
η：蓄熱槽効率
$\Delta\theta$：蓄熱槽利用温度差[℃]
c：水の容積比熱：1.16 kW・h/(m³・K)

蓄熱槽容量は

$$V_{hs}=\frac{2\,220\,\text{kW・h/日}}{0.85\times7℃\times1.16\,\text{kW・h}/(\text{m}^3\cdot\text{K})}$$
$$=322\text{m}^3$$

∴ 322 m³ < 367 m³

となり，冷房で算定した熱源容量と蓄熱槽容量で暖房運転も満足する．

3.1.5 基本計画段階での氷蓄熱方式の蓄熱バランス図作成手順[3]

水蓄熱式空調システムでは，設計者が設計意図に応じて，運転時間帯を定め，熱源容量と蓄熱槽容量を決定したのに対し，氷蓄熱ユニット方式では，日最大積算熱負荷と氷蓄熱ユニットの定格日量冷却能力から機種を選択し，この機器仕様(熱源機能力と蓄熱量)にて日最大積算熱負荷日にどのように運転されるかを蓄熱バランスを作成して検証する．

以下に，氷蓄熱ユニット方式での蓄熱バランス図の作成フローを示す．

なお，蓄熱式空調システム設計に必要な日最大積算熱負荷は水蓄熱システムではMICRO-PEAK 2010などによる時刻別ごとの集計としたが，ここでは，参考として，"建築設備設計基準 平成27年度版(国土交通省大臣官房官庁営繕部設備・環境課監修)"(以降"設備設計基準")(IPAC-MECH：平成27年度版)の算定方法に準じて，蓄熱式空調システムに必要な日積算熱負荷を算定する．

また，水蓄熱システムでは，使用した単位も熱源機能力などは技術資料にはkWで示されて

3.1 蓄熱量と熱源容量のバランスの考え方

いるため,実用性の点から熱量も kW·h を用いたが,氷蓄熱ユニットでは,機器能力は kW,蓄熱量は MJ 表示となっているため,ここでは kW·h, MJ を併用している.

3.1.5.1 最大熱負荷計算(冷房)

"設備設計基準"の最大熱負荷計算では,空調時間帯の 9, 12, 14, 16 時の熱負荷を算定する.これは空調システムとして,時間最大熱負荷から熱源容量を算定する非蓄熱式空調システムを想定しているためである(**図 3·6 参照**).

$$H_c(p)[\text{kW}] = H_c(14) = 675 \text{ kW}$$

ここで,

$H_c(p)$:最大熱負荷[kW]

p:ピーク発生時刻

3.1.5.2 最大日積算負荷(冷房)

〔1〕 時刻別最大熱負荷から最大日積算負荷の算出

一方,蓄熱式空調システム設計では最大日積算熱負荷の算定が必要で,"設備設計基準"に上記の 4 時間分の時刻別最大熱負荷から最大日積算熱負荷を求める算定式が示されている.

空調時間が 9 時から 17 時までで,予冷・予熱時間が 1 時間の場合は次式で求めてもよい.

夏期:$Q_{ds} = 2.87 q_{9時} + 2.50 q_{12時} + 2.00 q_{14時} + 1.50 q_{16時}$

Q_{ds}:夏期の最大日積算熱負荷[kW·h/日]

ただし,この算定式の空調時間は 8 時間+予冷 1 時間の合計 9 時間を想定しているため,本件では冷房熱負荷の 1 時間あたりの平均値を算出し空調時間の補正を行う(**図 3·7 参照**).

$$\begin{aligned}
H_c(a)' &= (2.87 H_c(8) + 2.50 H_c(12) + 2.00 H_c(14) \\
&\quad + 1.50 H_c(16)) \div 9 \text{ h/日} \\
&= (2.87 \times 582 \text{ kW} + 2.50 \times 641 \text{ kW} + \\
&\quad 2.00 \times 675 \text{ kW} + 1.50 \times 665 \text{ kW}) \div \\
&\quad 9 \text{ h/日} \\
&= 624 \text{ kW} \tag{3·9}
\end{aligned}$$

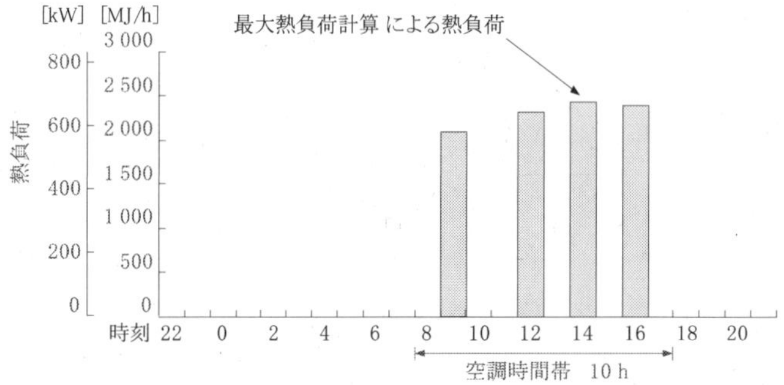

時刻	熱負荷[kW]	熱負荷[MJ/h]
8		
9	582	2 095
10		
11		
12	641	2 308
13		
14	675	2 430
15		
16	665	2 394
17		

図 3·6 最大熱負荷計算による時刻別熱負荷(冷房)

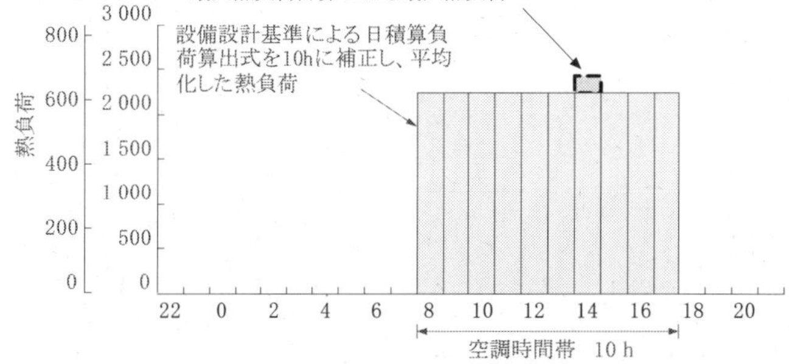

時刻	熱負荷[kW]	熱負荷[MJ/h]
8	624	2 246
9	624	2 246
10	624	2 246
11	624	2 246
12	624	2 246
13	624	2 246
14	624	2 246
15	624	2 246
16	624	2 246
17	624	2 246
合計日積算熱負荷	6 240 kW·h日	22 460 MJ/日

図 3·7 空調時間で平均した日積算熱負荷(冷房)

ここで，
  $H_c(a)'$：冷房熱負荷の平均値[kW]
  $H_c(n)$：n時における冷房熱負荷[kW]

〔2〕 [kW·h]→[MJ]単位の換算

$$H_c(a) = \frac{冷房熱負荷の平均値 H_c(a)'[kW] \times 3\,600}{1\,000}$$

$$= \frac{624\,kW \times 3\,600}{1\,000} = 2\,246\,MJ/h$$
(3・10)

ここで，
  $H_c(a)'$：冷房熱負荷の平均値[MJ/h]

〔3〕 日積算熱負荷の算定

Q_{cd}＝冷房熱負荷の平均値 $H_c(a)'$[MJ/h]×空調時間[h]

＝2 246 MJ/h×10 h/日＝22 460 MJ/日
(3・11)

ここで，
  Q_{cd}：冷房設計用日積算熱負荷[MJ/日]

〔4〕 最大熱負荷(冷房)と最大日積算熱負荷(冷房)

本例における日積算熱負荷(冷房)：Q_{cd} は 22 460 MJ/日，最大熱負荷(冷房)：$H_c(p)$ は 2 430 MJ/h，675 kW(14時)とする．

3.1.5.3 最大負荷計算(暖房)

暖房時の最大熱負荷計算は最大熱負荷として1時間のみを算定する．そのため，"最大熱負荷＝暖房時に最大熱負荷となる場合が多い空調開始時刻(8時)"と想定する．蓄熱式空調システムでも二次側空調機は最大熱負荷より算定するため，最大熱負荷の把握は必要である．

3.1.5.4 最大日積算負荷(暖房)

〔1〕 時刻別最大熱負荷から最大日積算負荷の算出

暖房時の日積算負荷については，"設備設計

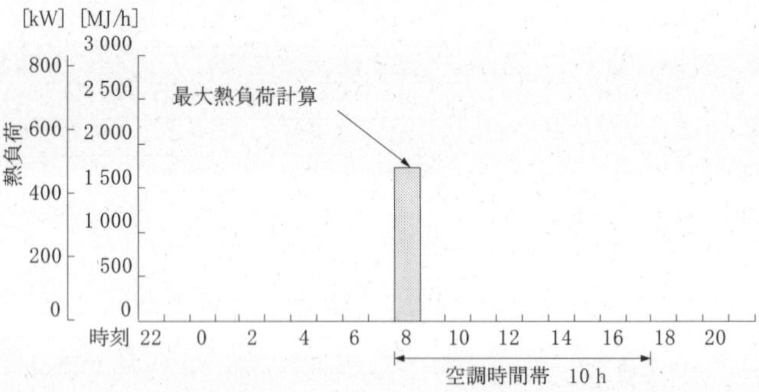

時刻	熱負荷[kW]	熱負荷[MJ/h]
8	483	1 739
9		
10		
11		
12		
13		
14		
15		
16		
17		

図3・8 最大熱負荷計算による時刻別熱負荷(暖房)

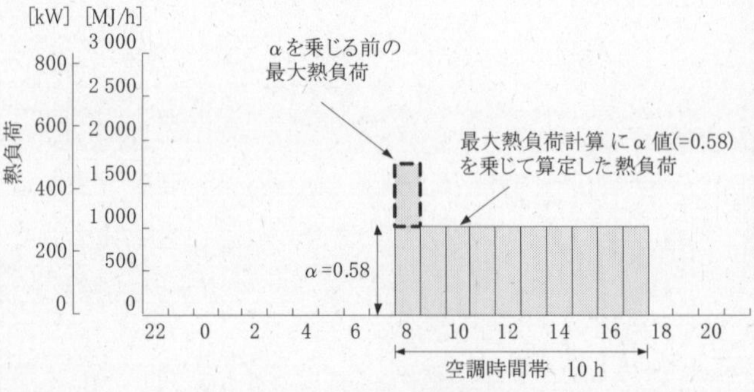

時刻	熱負荷[kW]	熱負荷[MJ/h]
8	280	1 008
9	280	1 008
10	280	1 008
11	280	1 008
12	280	1 008
13	280	1 008
14	280	1 008
15	280	1 008
16	280	1 008
17	280	1 008
合計 日積算熱負荷	2 800 kW·h日	10 080 MJ/日

図3・9 最大熱負荷計算とα値より算定した日積算熱負荷(暖房)

"基準"に外気温度による負荷変動を考慮した算定式と日負荷係数（α値）が表示されている．ただし，この算定式の空調時間は8時間＋予熱1時間の合計9時間を想定しているため，暖房熱負荷の平均値を算出し空調時間の補正を行う（表3・2）．

表3・2 日負荷係数

		α値[%]
札幌	単層ガラス	61
	複層ガラス	63
仙台		60
東京		58
大阪		57
福岡		57
鹿児島		56

※"設備設計基準"による日積算熱負荷の算出式は，以下のように記載されている．

空調時間が9時から17時までで，予冷・予熱時間が1時間の場合は次式で求めてもよい．

冬期：$Q_{dw}=9q_{9時}\times\alpha$

Q_{dw}：冬期の日熱負荷[kW・h/日]

$$H_h(a)=9\times H_h(p)\times\alpha\div 9\,\text{h/日}$$
$$=9\times 483\,\text{kW}\times 0.58\div 9\,\text{h/日}$$
$$=280\,\text{kW} \quad (3\cdot 12)$$

ここで，

$H_h(a)$：暖房熱負荷の平均値[kW]

$H_h(p)$：暖房最大熱負荷[kW]

α：日負荷係数（外気温度の日平均変動率などを考慮した係数）

〔2〕 [kWh]→[MJ]単位の換算

$$H_h(a)=\frac{\text{暖房熱負荷の平均値}H_h(a)'[\text{kW/h}]\times 3\,600}{1\,000}$$

$$=\frac{280\,\text{kW}\times 3\,600}{1\,000}=1\,008\,\text{MJ/h} \quad (3\cdot 13)$$

ここで，

$H_h(a)$：暖房熱負荷の平均値[MJ/h]

〔3〕 日積算負荷の算定

$$Q_{hd}=H_h(a)\times\text{空調時間}[\text{h}]$$
$$=1\,008\,\text{MJ/h}\times 10\text{h}=10\,080\,\text{MJ/日}$$
$$(3\cdot 14)$$

〔4〕 最大熱負荷（暖房）と最大日積算負荷（暖房）

本例における日積算熱負荷（暖房）：Q_{hd}は10 080 MJ/日，2 800 kW・h/日，最大熱負荷（暖房）：$H_h(p)$は1 739 MJ/h，983 kW・h/日とする．

3.1.5.5 最大日積算冷房算負荷に対する蓄熱バランス図

氷蓄熱ユニット方式の蓄熱バランス図は，まず最大日積算熱負荷を満足する機種・容量を選定し，同機の仕様，制御方式を鑑みて，熱源容量，蓄熱量，最大日積算熱負荷日の運転状態を検証する．

3.1.5.6 蓄熱バランス図（冷房）の作成フロー

Step 1

氷蓄熱ユニットを選定する．

① 日積算熱負荷Q_{cd}と最大熱負荷$H_c(p)$，台数より氷蓄熱ユニットの機種を選定する．

② 本件では1ユニットあたりの最大能力とバックアップを考慮して2基設置とする．

③ 表3・3により，定格日量冷却能力が最大日積算熱負荷（冷房）を満足するものを選定する．

日積算熱負荷 22 460 MJ/日÷2台
$=11\,230\,\text{MJ}/(\text{日・台})$
$<13\,857\,\text{MJ}/(\text{日・台})$（ピークシフト）
$>10\,953\,\text{MJ}/(\text{日・台})$（ピークカット）

本件では，｛ピークカットモード（7時間運転）｝は日量冷却能力が不足するため，ピークシフトモードで選定する．

④ 氷蓄熱ユニットの時間最大熱処理量を確認する．

氷蓄熱ユニットの
時間最大熱処理量[kW/台]＝日量冷却能力[kW・h/台]÷空調時間[h]＝3 849 kW・h/台÷10 h＝385 kW/台

最大熱負荷 675 kW÷2台＝338 kW/(h・台)＜385 kW/台

Step 2

蓄熱量を確認する．

表3・3の正味有効蓄熱量より蓄熱量Q_{cs}を確認する．

蓄熱量Q_{cs}[MJ/日]＝正味有効蓄熱量[MJ/(日・台)]×台数n[台] $\quad (3\cdot 15)$

第3章 蓄熱式空調システム計画上の要点

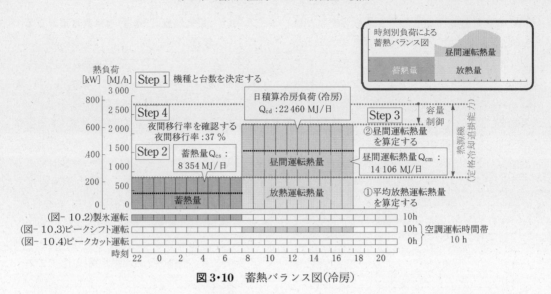

図3・10 蓄熱バランス図(冷房)

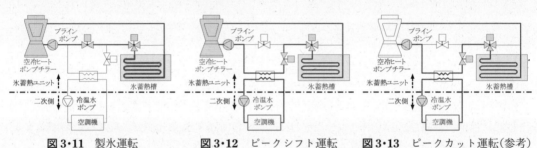

図3・11 製氷運転　　図3・12 ピークシフト運転　　図3・13 ピークカット運転(参考)

表3・3 氷蓄熱ユニットの仕様(T社：例)

冷房	正味有効蓄熱量	[MJ/日]	※1	4 177
	定格日量冷却能力(ピークシフト 10時間)	[MJ/日]	※2, 4	13 857 (3 849 kW·h)
	定格日量冷却能力(ピークカット 7時間)	[MJ/日]	※2, 5	10 953 (3 043 kW·h)
暖房	定格日量加熱能力	[MJ/日]	※6	9 965 (2 768 kW·h)
熱源機	冷却蓄熱能力	[kW]	※3	131 (472 MJ/h)
	冷却追掛け能力	[kW]	※2	269 (968 MJ/h)
	定格加熱能力	[kW]	※6	268 (965 MJ/h)
蓄熱槽	IPF(氷充てん率)	[%]		67
電気特性	冷却蓄熱消費電力	[kW]	※3, ※7	45.6
	冷却追掛け消費電力	[kW]	※2, ※7	67.7
	定格加熱消費電力	[kW]	※6, ※7	85.1

※1 蓄熱運転時：外気温度25℃B, 蓄熱運転10時間の積算能力
※2 冷房運転時：外気温度35℃B, 冷水出口温度：7℃
※3 蓄熱運転時：外気温度25℃B,
※4 冷房運転時：冷房運転10時間
※5 冷房運転時：冷房運転7時間
※6 暖房運転時：外気温度7℃B/6℃(WB), 温水出口温度：45℃
※7 ブラインポンプ消費電力も含む

・日量冷却能力(ピークシフト)＝正味有効蓄熱容量[MJ/日]＋昼間運転熱量{熱源機能力(追掛け時)[MJ/h]×運転時間10 h/日}
・日量冷却能力(ピークカット)＝正味有効蓄熱容量[MJ/日]＋昼間運転熱量{熱源機能力(追掛け時)[MJ/h]×運転時間7 h/日}
＊時間最大熱処理量は，定格日量冷能力を空調時間で割った時間平均値と同等である(メーカーヒアリングより).

= 4 177 MJ/(日・台)×2 台 = 8 354 MJ/日

蓄熱運転時の平均冷却能力

Q_{gcs}[MJ/h] = 蓄熱量 Q_{cs}[MJ/日] ÷ 製氷運転時間 T_{cs}[h/日] (3・16)

= 8 354 MJ/日 ÷ 10 h/日 = 835 MJ/h

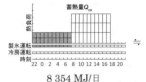

8 354 MJ/日

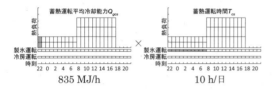

835 MJ/h   10 h/日

Step 3

昼間運転熱量を確認する(容量制御による運転パターンの場合)

① 追掛け運転時の容量制御を求めるため,平均放熱運転熱量を確認する.

放熱運転熱量は,空調時間で使い切れるように制御されるため平均放熱量は以下から求める.

平均放熱運転熱量

Q_{csr}[MJ/h] = 蓄熱量 Q_{cs}[MJ/日] ÷ 空調時間 (3・17)

= 8 354 MJ/日 ÷ 10 h/日 = 835 MJ/h

② 日積算熱負荷 Q_{cd} と蓄熱量 Q_{cs}(STEP 2)より昼間追掛け運転熱量 Q_{cm} を確認する.

昼間運転熱量

Q_{cm}[MJ/日] = 日積算熱負荷 Q_{cd}[MJ/日] − 蓄熱量(放熱量)Q_{cs}[MJ/日] (3・18)

= 22 460 MJ/日 − 8 354 MJ/日 = 14 106 MJ/日

追掛け時の冷却能力

Q_{cma}[MJ/h] = 昼間運転熱量 Q_{cm}[MJ/日] ÷ 空調時間 (3・19)

= 14 106 MJ/h ÷ 10 h/日 = 1 411 MJ/h

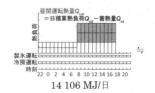

14 106 MJ/日

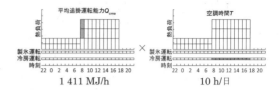

1 411 MJ/h   10 h/日

Step 4

最大熱負荷日の夜間移行率を確認する.

夜間移行率[%] =
蓄熱量 Q_{cs}[MJ/日] ÷ 日積算熱負荷 Q_{cd}[MJ/日] (3・20)

= 8 354 MJ/日 ÷ 22 460 MJ/日 × 100 ≒ 37%

3.1.5.7 蓄熱バランス図による暖房運転の検証

氷蓄熱ユニットの暖房運転は,蓄熱非利用である.冷房で選定した氷蓄熱ユニットにおける暖房能力を確認する.

Step 1

加熱能力を確認する.

氷蓄熱ユニットの加熱能力(□部) = 268 kW/台 ≒ 965 MJ/(h・台)×2 台 = 1 930 MJ/h

加熱能力 1 930 MJ/h > 暖房最大負荷 1 739 MJ/h より,暖房負荷も満足する.

第3章 蓄熱式空調システム計画上の要点

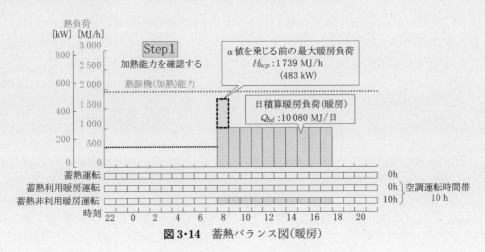

図3・14 蓄熱バランス図(暖房)

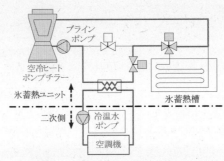

図3・15 暖房運転(蓄熱非利用)

表3・4 氷蓄熱ユニットの能力表(T社 再掲載)

冷房	正味有効蓄熱量	[MJ/日]	※1	4 177
	定格日量冷却能力(ピークシフト 10時間)	[MJ/日]	※2, 4	13 857 (3 849 kW・h)
	定格日量冷却能力(ピークカット 7時間)	[MJ/日]	※2, 5	10 953 (3 043 kW・h)
暖房	定格日量加熱能力	[MJ/日]	※6	9 965 (2 768 kW・h)
熱源機	冷却蓄熱能力	[kW]	※3	131 (472 MJ/h)
	冷却追掛け能力	[kW]	※2	269 (968 MJ/h)
	定格加熱能力	[kW]	※6	268 (965 MJ/h)
蓄熱槽	IPF(氷充てん率)	[%]		67
電気特性	冷却蓄熱消費電力	[kW]	※3, ※7	45.6
	冷却追掛け消費電力	[kW]	※2, ※7	67.7
	定格加熱消費電力	[kW]	※6, ※7	85.1

※1 蓄熱運転時:外気温度25℃B, 蓄熱運転10時間の積算能力
※2 冷房運転時:外気温度35℃B, 冷水出口温度:7℃
※3 蓄熱運転時:外気温度25℃B,
※4 冷房運転時:冷房運転10時間
※5 冷房運転時:冷房運転7時間
※6 暖房運転時:外気温度7℃B/6℃(WB), 温水出口温度:45℃
※7 ブラインポンプ消費電力も含む
・日量冷却能力(ピークシフト)=正味有効蓄熱容量[MJ/日]+昼間運転熱量{熱源機能力(追掛け時)[MJ/h]×運転時間10 h/日}
・日量冷却能力(ピークカット)=正味有効蓄熱容量[MJ/日]+昼間運転熱量{熱源機能力(追掛け時)[MJ/h]×運転時間7 h/日}

3.2 蓄熱バランス図による蓄熱量と熱源容量の決定

蓄熱式空調システム計画上の要点の一つは，熱源機容量の低減にあることから運転時間は基本的には①20 h/日程度に設定するが，さらに②機器容量を抑えるため24 h/日とすることがある．また，③ピーク電力対策も考えると①に加えて昼間コア時間帯(13：00〜16：00)の3時間程度のピーク対策を考慮して17 h/日程度とする場合や，④昼間(8：00〜22：00)は熱源を停止する(10 h/日)などが考えられる(**表3・5**)．基本的な考え方は以下のとおりである．

熱源の運転時間を長くするほど熱源容量は低減できるが，蓄熱槽容量は増大する．

適切な運用を行えば，ほとんどの場合に運用時の蓄熱槽利用温度差は計画・設計段階よりも拡大でき，No.1方式のケースでは，熱負荷が増加した場合でも運用の段階で18：00〜22：00を延長運転することで対応が可能となる(蓄熱システムの余裕分の活用)．

No.2は最も熱源容量を低減できるが，設計段階でNo.1のような余裕分はない．ただし，運用段階で設計負荷よりも軽熱負荷となる場合は，No.1, No.3のような運用が可能なケースもある．

No.3方式は8：00〜22：00のうち13：00〜16：00(運用に応じて可変)に熱源を停止するもので，熱源容量・蓄熱槽容量はやや増大するが，昼間の電力ピーク対策が必要な場合に考慮方式である．

No.4方式は夜間運転のみ(全蓄熱方式)で対応するものであり，昼間電力ピーク対策には最も有効なケースもあるが，建物全体では夜間に電力ピークが発生する場合も考えられる．熱源容量の低減効果はほとんどなく，かえって増大するケースもあり蓄熱槽容量も増大する．

蓄熱式空調システムの基本計画段階では，蓄熱の目的を明確にしたうえで，最大日積算熱負荷日の熱源運転時間を決定して，熱源・蓄熱槽容量を決定する．運転時間別の蓄熱バランスと運転パターンの特徴を**表3・6**に示す．本書では基本的に熱源運転時間は20 h/日(No.1方式)として解説している．

表3・5 蓄熱式空調システムにおける熱源運転時間

運転方式 No.	運転時間	運転時間帯		
		夜間	昼間	
No.1	20(10+10)	22:00〜8:00	8:00〜18:00	
No.2	24(10+14)	〃	8:00〜22:00	
No.3	17(10+7)	〃	8:00〜13:00*	16:00*〜18:00
No.4	10	〃	0	

注　空調時間帯は8:00〜22:00とする．
注　13:00*，16:00*は一例であり，必要に応じて可変する運用も考えられる．

第3章 蓄熱式空調システム計画上の要点

表3・6 熱源運転時間の違いによる蓄熱バランス[4]

運転方式No.	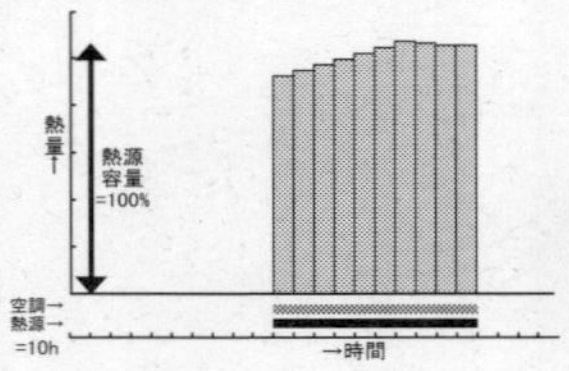 0	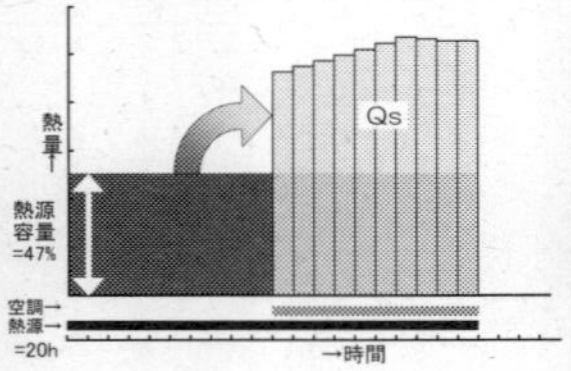 1	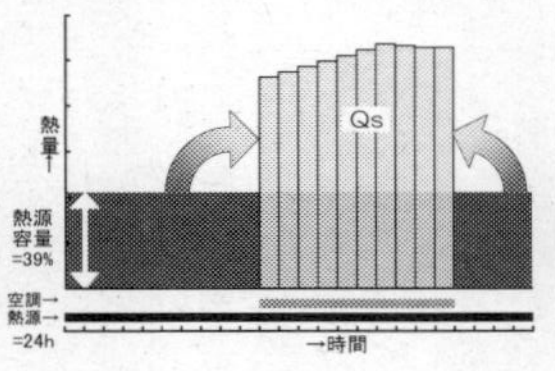 2	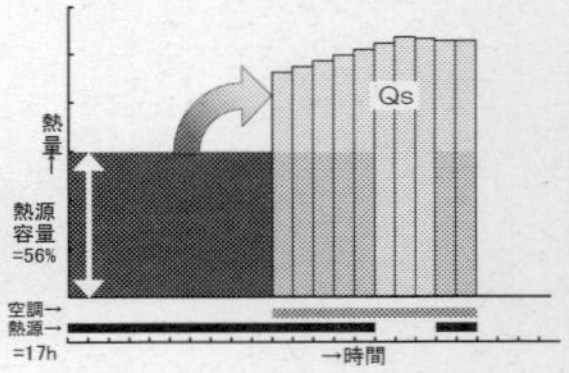 2	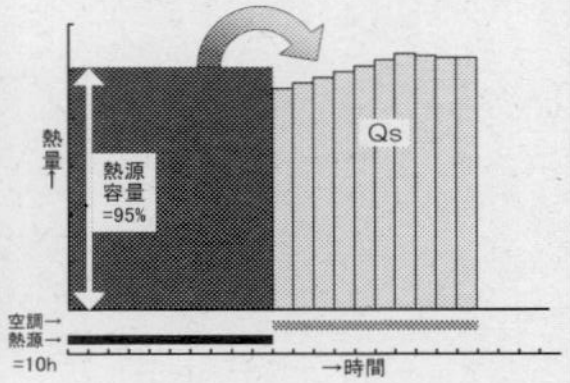 4
蓄熱方式	非蓄熱方式	ピークシフト	ピークシフト	ピークシフト+ピークカット	全蓄熱方式
熱源運転時間[h/日]	10 =（空調時間帯）	20	24	17	10
熱源運転時間帯	8:00〜18:00	22:00〜18:00	22:00〜22:00	22:00〜13:00* 16:00〜18:00	22:00〜8:00
必要熱源容量[%]	(100)	50	40	60	100
蓄熱槽容量	(0)	100	120	120	200
熱量夜間移行率*1	(0)	50	40(60)*3	60	100
熱量夜間移行率*2	(0)	75	70	90	100
		標準的な運転方式。夜間時間帯を利用して蓄熱を行い、熱源容量の低減とランニングコストの低減を図る。	運転時間を最長とすることで熱源容量を最も低減。ただし蓄熱槽容量はやや増大する。	No.1に対し昼間に必要に応じて電力ピーク対策として熱源を停止。熱源容量、蓄熱槽容量はNo.1に対し可変とするケースもある。	昼間電力ピーク対策には有効な場合もあるが、夜間にピークが発生したり、熱源容量は非蓄熱方式と同等（以上）で蓄熱槽容量は大幅に増大するケースもある。

*1：最大積算熱負荷日にににおける移行率。
*2：年間用熱負荷に対して（概算値）の移行年。
*3：夜間運転時間分。（ ）内は18:00から22:00の蓄熱量を含む。

3.3 年間運転の考え方

3.3.1 蓄熱バランス図と年間運転

基本計画段階での蓄熱バランス図は,基本的に最大日積算熱負荷を対象としたものである.しかし,竣工後の日常の運転はほとんどが部分負荷運転であるため,運転管理者は当日の運転検証を最大日積算熱負荷の蓄熱バランス図のみで行うのは困難なケースもある.そこで,基本計画段階では,図3・16(右欄)に示すように最大日積算熱負荷(100%)の蓄熱バランス図をもとに,部分負荷日(75・50・25%)の蓄熱バランス図を併せて操作説明書に示しておくと,日常の運転管理の指標として有効活用できる.

また,運用段階での熱負荷は設計段階での最大日積算熱負荷に対しピーク時でも75%程度であることが多く,こういった場合,設計最大日積算熱負荷に基づき選定した熱源容量と蓄熱槽容量では,昼間(8:00～18:00)のうち,5時

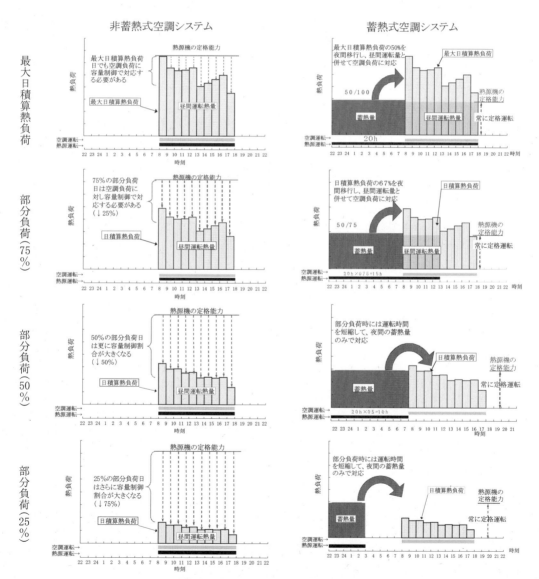

図3・16 熱負荷率別の非蓄熱方式と蓄熱方式の運転の対比

間以上は熱源を停止でき，ディマンドリスポンスにも対応可能なことがわかる〔図3・16・蓄熱式空調システム・部分負荷(75%)〕．

3.3.2 年間熱負荷と降順ソート[6]

図3・4で示した建物の年間熱負荷の推移を図3・18に示す．最大日積算負荷を示す日はごくわずかで，年間を通してそのほとんどが軽(部分)負荷で推移している．

こういった軽負荷に対して，非蓄熱方式では図3・16の左欄に示すように熱源機器は容量制御にて対応し，部分負荷運転となる．これに対し，蓄熱式空調システムでは基本的に同図右欄のように常に定格運転で夜間蓄熱運転を優先として運転時間を短縮して対応する．

図3・4の例では最大日積算熱負荷の約50%を蓄熱しているが，これを図3・19に示す年間の昼・夜間運転熱量でみると，年間冷房負荷ではそのほとんど(約8割)を夜間運転で対応することになり，暖房ではすべてを夜間蓄熱運転で対応できることがわかる．

図3・19は基本計画段階で作成しておけば，運用段階の実測と対比して運転検証の一助とすることができるが，計画値と実測値の同一日の熱負荷の差異，運転段階における夜間運転状態(率)によっては日順表示では判別が難しいことが多い．そのため，基本計画・運転段階ともに年間通して夜間運転の評価には，図3・20に示すように，日積算熱負荷を降順ソートしたものを作成すると理解が高まり，より実用的である．

3.3.3 年間熱負荷と熱源機の運転効率（COP：成績係数）

非蓄熱式空調システムでは，熱負荷の推移に応じて容量制御で対応するため，部分負荷運転となる(図3・16左欄)．各メーカーの冷凍機(ヒートポンプ)の部分負荷とCOPの関係を図3・21に示す．

まず，軽負荷になるにつれて，COPが低下する機種があるが，この機種の場合に，蓄熱式空調システムでは常に定格運転となることで容量制御が不要となりCOPの低下はない．熱負荷の変動に対しては，蓄熱槽からの放熱で対応し，加えて冷房時には外気温度が低下する夜間に運転が移行するため空冷機ではCOPが向上する(図3・22)．

図3・18～図3・20からもわかるように，年間を通しては熱負荷率50%以下が支配的であり，非蓄熱システムではCOPが定格値(負荷率100%)よりも低下してしまうことになる．

一方で，図3・21では軽負荷になるほどCOPが上昇する機種もあり，非蓄熱方式では部分負荷になるほどCOPは上昇する傾向となる．こういった機種では，蓄熱式空調システムでもこの特性を活かして蓄熱槽からの放熱を一定取り出しとして，熱負荷の変動に対しては熱源機の容量制御で対応し部分負荷運転とすることで熱源機のCOPの向上を図ることも可能である(図3・17 Ⅱ昼間・容量制御運転の場合)．

このように，熱源機の運転効率は年間を通してみれば，定格時よりもむしろ軽負荷時の運転効率に支配されることになる．この軽負荷時の運転効率を熱源機の部分負荷特性といい，熱源機のエネルギー消費形態を示す指標のひとつである．通常の技術資料では，図3・21に示すようなCOPの推移よりも，図3・23のように，負荷率－入力比で示されることが多い．

3.3.4 年間消費エネルギー量の算出[7]

蓄熱式空調システムに限らず，空調設備の基本計画でのシステム評価指標には，環境性，省エネルギー性，経済性などがあるが，いずれにしてもそのためには年間消費エネルギー量の算出が必要である．熱源計画での年間消費エネルギー量(E_y)は年間にわたって熱負荷(Q_y)と熱源(システム)の運転効率(成績係数：COP_{hp})から算出する〔式(3・21)〕．蓄熱式空調システムの基本計画ではシステム評価として非蓄熱式空調システムと対比することが多いが，ここでも非蓄熱式空調システムと対比しながら，年間消費エネルギー試算の基本的な考え方について述べる．

3.3 年間運転の考え方

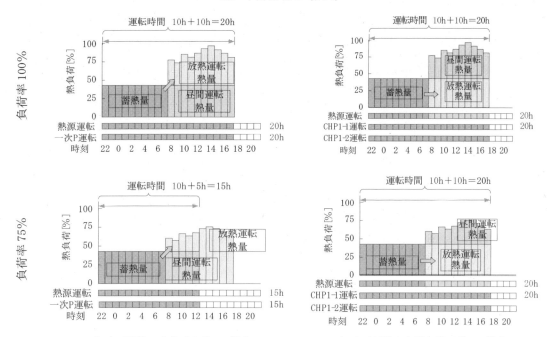

（Ⅰ）昼間・全負荷運転の場合　　　（Ⅱ）昼間・容量制御運転の場合

図3・17 昼間運転制御別蓄熱バランス図

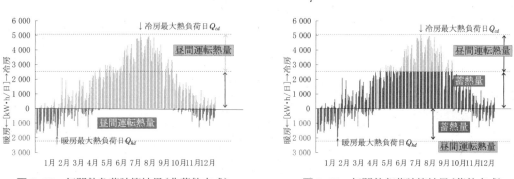

図3・18 年間熱負荷計算結果（非蓄熱方式）　　**図3・19** 年間熱負荷計算結果（蓄熱方式）

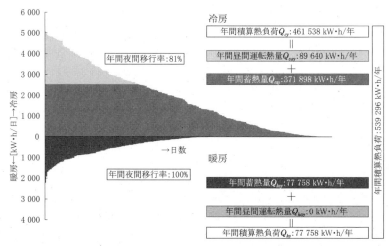

図3・20 年間熱負荷降順ソート（蓄熱方式）

図3・18～図3・20に示す年間熱負荷から式(3・21)に基づき算出した年間エネルギー消費量(降順ソート)を図3・24に示す．また，式(3・21)中の熱源(システム)運転効率COP_hpは外気温(湿)度，熱源機冷温水出口温度，部分負荷特性をパラメータとして刻々変化する．図3・24は年間に渡って1時間ごとにシミュレートした例であり，BEST[8]，TES_ECO[9]，LCEMツール[10]，WEBプログラム[11]といったエネルギーシミュレーションソフトも基本的な考え方は同じである．

なお，図3・24に示す年間消費エネルギー量算出にあたっての熱源機の部分負荷特性は図3・21のうち，負荷になるにつれてCOPが低下

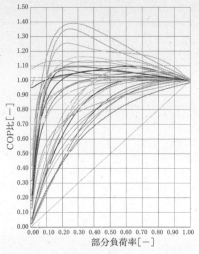

図3・21 冷凍機の負荷率とCOPの関係

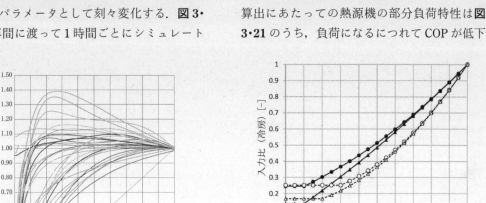

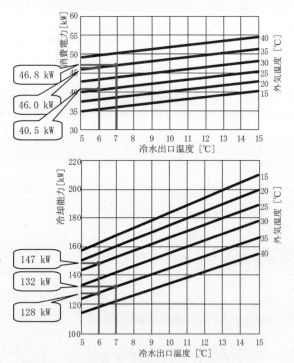

図3・22 外気温度，冷水出口温度と冷凍機の能力，消費電力の関係例

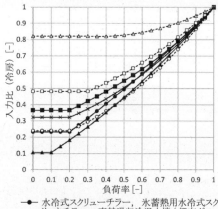

図3・23 WEBプログラムでの各種冷凍機の部分負荷特性(例)[xii]

3.3 年間運転の考え方

する機種でシミュレートしたものである．

この例では，非蓄熱方式の年間消費エネルギー量は蓄熱方式に対し約180%になり，蓄熱方式の熱量電力夜間移行率は80%となっている．

基本計画の評価で用いられる環境負荷(CO_2・NO_x・SO_x排出量)，一次エネルギー消費量，運転費などは，各原単位，料金単価にこの年間消費エネルギー量を乗じて算出するが，これらの原単位は昼・夜間別となっている場合もあり，蓄熱式空調システムでは年間熱負荷の算出の段階で昼・夜間別に算出することが不可欠である．特に，蓄熱式空調システムの電力料金算出にあたっては建物全体の電力需要によっては月，曜日，さらには時間帯別までさまざまであり，原則として年間を通して1時間ごとに消費エネルギー量を算出しておくことが望ましい．

実務上は電力従量料金は月，曜日，時間帯別よりも昼夜間差が大きいことから，昼夜間別の算出にとどめておくことも多い．

$$E_y = \Sigma(Q/COP_{hp}) \quad (3\cdot21)$$

ここで，

E_y：年間消費エネルギー量[kW・h/年]
Q：熱負荷[kW・h]
COP_{hp}：熱源(システム)運転効率

3.3.5 年間運転の簡易検証法[13]

図3・18～3・24に示した年間熱負荷計算から年間消費エネルギー量にいたるシミュレーションは検討対象の空調システムすべてに実施することが望ましい．しかし，基本計画の初期段階では，検討の対象となる空調システムは完全には絞りこめておらず，これら候補となるシステムのすべてに対し，精査なシミュレーションを実施するのは実務上からは難しい場合が多い．また，図3・23に示したような熱源機の部分負荷特性の資料に当該の機種が対応していない場合もある．

そこで，基本計画の初期段階では，年間熱負荷計算から年間消費エネルギー量の算出には以下①～③のように簡易に検証する方法もある．年間熱負荷，年間消費エネルギー量の算出，熱

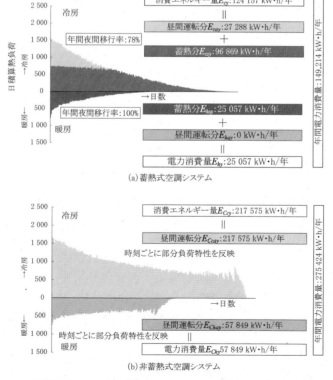

図3・24 年間消費エネルギー量のシミュレーション結果(日系列：降順ソート)

源機の部分負荷特性のモデリングの概念を**図3・25〜3・27**に示す．**図3・20，3・24**に示したシミュレーションと本簡易検証法では年間熱負荷や年間消費エネルギー量，夜間移行率自体には差異はあるものの，基本計画初期段階での非蓄熱式と蓄熱式空調システムとの対比等の相対比較を主眼とする空調システム検証には有効である．

なお，③の年間エネルギー消費算出において，熱源機の部分負荷特性は現在の汎用空気熱源ヒートポンプチラーの中から比較的優れているタイプをモデリングした**図3・26・①**を用いて解説している．併せて，**図3・27**には負荷率の低下に伴いCOPも低下する部分負荷特性**図3・26・②**でモデリングしたケースでの年間消費エネルギー量も示した．

① 年間冷暖房負荷（Q_{cy}・Q_{hy}）は蓄熱バランス図で用いた最大日積算負荷（Q_{cd}（冷房）・Q_{hd}（暖房））と空調日数（D_{cy}（冷房）・D_{hy}（暖房））から以下の式から算出する．

$$Q_{cy}=(Q_{cd}\times D_{cy})/2 \qquad (3\cdot22)$$

ここで，

Q_{cy}：年間冷房負荷[kW・h/年]

Q_{cd}：最大日積算熱負荷（冷房）[kW・h/日]

D_{cy}：冷房空調日数[日/年]

$$Q_{hy}=(Q_{hd}\times D_{hy})/2 \qquad (3\cdot23)$$

ここで，

Q_{hy}：年間暖房負荷[kW・h/年]

Q_{hd}：最大日積算熱負荷（暖房））[kW・h/日]

D_{hy}：暖房空調日数[日/年]

② 年間の夜間移行蓄熱量（Q_{csy}・Q_{hsy}）は最大熱負荷日の蓄熱量（Q_{cs}・Q_{hs}）（22：00〜8：00）を縦軸にカウントし，これを年間（横軸方向）へ展開して，年間蓄熱量と昼間

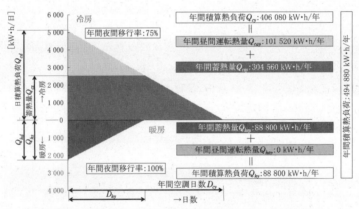

図3・25 蓄熱バランス図に基づく年間熱負荷計算（簡易法）

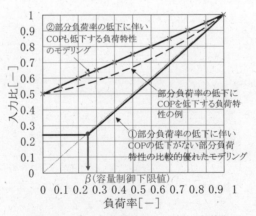

図3・26 部分負荷特性のモデリング（例）

3.3 年間運転の考え方

運転熱量を決定する．

1) 昼間蓄熱量

   (冷房：Q_{cdy}) ＝ ▰ (**図3・25**)

   $Q_{cdy} = Q_{cy} \times [(Q_{cd} - Q_{cs})/Q_{cd}]^2$ (3・24)

2) 蓄熱量

   (冷房 Q_{csy}：) ＝ ▰ (**図3・25**)

   $Q_{csy} = Q_{cy} - Q_{cdy}$ (3・25)

3) 年間蓄熱量

   (暖房：Q_{hsy}) ＝ ▰ (**図3・25**)

   $Q_{hsy} = Q_{hy}$ (3・26)

ここで，

Q_{cdy} ：冷房昼間運転熱量[kW・h/年]
Q_{cs} ：冷房必要蓄熱量[kW・h/日]
Q_{csy} ：冷房蓄熱量[kW・h/年]
Q_{hdy} ：暖房昼間運転熱量[kW・h/年]
Q_{hs} ：暖房必要蓄熱量[kW・h/年]
Q_{hsy} ：暖房蓄熱量[kW・h/年]

③ 年間エネルギー消費量は昼夜別に以下の式から算出する．また，非蓄熱方式の部分負荷特性による消費エネルギーの増加分は，部分負荷特性を**図3・26**のようにモデリングして算出する．

1) 蓄熱式空調システム

   a) 冷房運転

   $E_{cy} = E_{cdy} + E_{csy}$ (3・27)

   $E_{cdy} = Q_{cdy}/\text{COP}_{c\_hpd}$ (3・28)

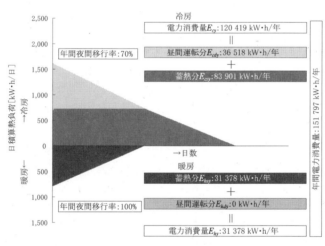

(a) 蓄熱式空調システム

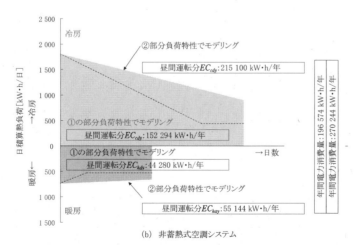

(b) 非蓄熱式空調システム

図3・27 同上年間熱負荷計算と部分負荷特性のモデリングによる年間消費エネルギーの算出結果

$$E_{csy} = Q_{csy}/\text{COP}_{c\_hps} \qquad (3\cdot29)$$

ここで，

E_{cy}：年間エネルギー消費量（冷房）[kW·h/年]

E_{cdy}：年間昼間エネルギー消費量（冷房）[kW·h/年]

E_{csy}：年間夜間エネルギー消費量（冷房）[kW·h/年]

COP_{c_hpd}：熱源機冷房昼間運転成績係数（**図3·22**より2.78）
  =128 kW / 46 kW（外気温度35℃，冷水出口温度6℃）

COP_{c_hps}：熱源機冷房夜間運転成績係数（**図3·22**より3.63）
  =147 kW / 40.5 kW（外気温度25℃，冷水出口温度6℃）

b) 暖房運転

$$E_{hy} = E_{hdy} + E_{hsy} \qquad (3\cdot30)$$
$$E_{hdy} = Q_{hdy}/\text{COP}_{h\_hpd} \qquad (3\cdot31)$$
$$E_{hsy} = Q_{hsy}/\text{COP}_{h\_hps} \qquad (3\cdot32)$$

ここで，

E_{hy}：年間エネルギー消費量（暖房）[kW·h]

E_{hdy}：年間昼間エネルギー消費量（暖房）[kW·h]

E_{hsy}：年間夜間エネルギー消費量（暖房）[kW·h]

COP_{h_hpd}：熱源機暖房昼間運転成績係数(3.01)冷房と同様に算定する(外気温度2℃，温水出口温度46℃).

COP_{h_hps}：熱源機暖房夜間運転成績係数(2.83)冷房と同様に算定する(外気温度−2℃，温水出口温度46℃).

2) 非蓄熱式空調システム

a) 冷房運転

$$E_{cy} = E_{cdy} + \Delta E_{cdy} \qquad (3\cdot33)$$
$$E_{cdy} = Q_{cdy}/\text{COP}_{c\_hpd} \qquad (3\cdot34)$$
$$\Delta E_{cd} = \Delta Q_{cdy}/\text{COP}_{c\_hpd} \qquad (3\cdot35)$$
$$\Delta Q_{cdy} = Q_{cdy} \times \beta^2$$

ここで，

ΔE_{cdy}：部分負荷運転による年間昼間エネルギー消費量の増加分（冷房）[kW·h/年]

ΔQ_{cdy}：部分負荷運転による年間冷房昼間運転熱量[kW·h]の補正（増）分

β：入力補正が必要となる部分負荷率のポイント（**図3·26**より0.24）

b) 暖房運転

$$E_{hy} = E_{hdy} + \Delta E_{hdy} \qquad (3\cdot36)$$
$$E_{hdy} = Q_{hdy}/\text{COP}_{h\_hpd} \qquad (3\cdot37)$$
$$\Delta E_{hdy} = \Delta Q_{hdy}/\text{COP}_{h\_hpd} \qquad (3\cdot38)$$
$$\Delta Q_{hdy} = Q_{hdy} \times [\beta/(Q_{hd}/Q_{cd})]^2 \qquad (3\cdot39)$$

ここで，

ΔE_{hdy}：部分負荷運転による年間昼間エネルギー消費量の増加分（暖房）[kW·h/年]

ΔQ_{hdy}：部分負荷運転による年間暖房昼間運転熱量[kW·h]の補正（増）分

β：入力補正が必要となる部分負荷率のポイント

3.4 二次側空調システムの計画

図3·1,図3·2では二次側は熱交換器を介して一次側,二次側回路が形成されている.蓄熱槽の利用温度差を支配するのは回路構成上では,熱交換器一次側のように見えるが,熱源機出口下限温度を考慮すれば熱交換器二次側の機器の往還温度差を確保して還側温度を高く(冷房時)保つことが不可欠であり,熱交換器二次側の大温度差化が蓄熱式空調システムの性能を大きく支配する.以下に熱交換器二次側の大温度差化に関する要点を示す.

3.4.1 二次側空調システムの大温度差化

蓄熱式空調システムは,熱源設備側からは蓄熱・放熱完了温度差を拡大することが蓄熱容量の増大につながり,運転効率を高めることになる.また,水側搬送設備側からは往還温度差を拡大することが搬送設備容量,搬送エネルギーの低減につながる.蓄熱式空調システムの運転性能の向上には,基本計画段階で二次側空調システムの水側大温度差化について考慮しておくことが重要である.

3.4.2 変流量制御の採用

二次側は原則として変流量制御とする.ただし,リニューアルなどの定流量制御で既設ファンコイル系統をそのまま流用する場合は,最大熱負荷時には変流量系が支配的であっても,軽負荷になるにつれて定流量系の影響が大きくなり(図3·29),二次側の還り温度差が確保できなくなる.こういった場合には,定流量系で還水温度が変動しても熱源機の定格運転に支障のない温度にして送水するか,変流量系の還り温度差を拡大して蓄熱系全体の水側温度差を確保する必要がある.

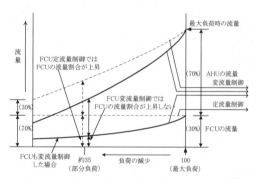

図3·29 定流量系と変流量系の混在の概念[17]

3.4.3 ポンプ系の変流量制御

変流量制御にはポンプ回転数制御,ポンプ台数制御,ポンプ回転数+台数制御,バイパス制御(ポンプは定流量)などがあるが,搬送動力低減の意味から基本的にポンプ系は変流量(台数+回転数制御)とする.

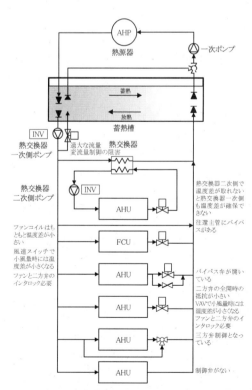

図3·28 二次側空調システム大温度差化の要点

3.4.4 変流量制御方式

ポンプ系の制御方式は，①吐出圧力一定制御，②末端圧一定制御，③推定末端圧制御方式が一般的であるが，①吐出圧一定制御はそれほどのポンプ動力の低減効果は望めないことが多い．基本的には，②末端圧一定制御，③推定末端圧制御方式を検討する．なお，②末端圧一定制御では配管系の末端部がどこになるかを確認することがポイントとなるため，特にリニューアル工事では基本計画段階での現地調査などで検証しておくことが必要である．

3.4.5 立上り時などの二方弁の過大流量の防止

空調運転開始時は，自動弁が全開に近い状態になることが多い．また，制御偏差が大きいときにも制御弁全開指令が出る．通常は弁の選定，ポンプの選定などに余裕があるため，開度が全開となると，必要な流量よりも過大な流量となり，二次側往還温度差を確保できなくなる．設計段階で定流量弁ないしは調節用の手動弁（玉型弁）を取り付けておくことが望ましい．

3.4.6 空調機とファンコイル

空調機は設計段階で冷温水往還温度（差）を意識して設計すれば，比較的大温度差を確保しやすいが，ファンコイルは十分な温度差が期待できない．大温度差タイプのものを採用して，計画・設計段階で系全体の冷温水温度差を検証しておくことが必要である．

また，ファンコイルをペリメータ処理として採用している場合は，顕熱処理のみでよいため，冷房時のファンコイルへの送水温度を必ずしも低く保持する（7℃）必要はない．そのため，図3・2に示すようにブリードイン回路を形成して送水温度を上げ，ファンコイル出口温度を高めることで蓄熱槽の大温度差利用を図ることも必ず実施せよ．

3.4.7 バイパス回路

配管計画上の留意すべきバイパス回路には，①主配管系，②二次側機器二方弁，③ポンプの変流量制御用の三つがある．

3.4.7.1 主配管系のバイパス回路

往管と還管間にバイパス管を設けることがあるが，この回路は定流量となる．配管全系統を変流量とすることが必要である．

3.4.7.2 二次側機器二方弁のバイパス回路

空調機など二次側機器周りの制御弁には，故障やメンテナンスのためにバイパス弁を設置する場合が多いが，調整やメンテナンス後の閉め忘れがあると，"すっぽぬけ"（定流量）の状態になる．設ける場合は，設計主旨書，操作説明書を通して運転管理者に運用管理の徹底を申し送っておくことが必要である．

3.4.7.3 ポンプ変流量制御用バイパス回路

ポンプの最低流量バイパス回路に制御弁を設けると，運転段階で変流量制御の不調の原因となっていることが極めて多い．締切運転防止など，ポンプ保護のため設ける場合には，小口径＋手動弁，過昇温防止オリフィス（手動弁付）として極力水量を抑制することが望ましい．制御弁とする際には，計画・設計の段階で初期圧力設定値を操作説明書に明示して運転管理者へ設計主旨，運用方法を伝えておく．なお，還管は始端槽でなく終端槽（ポンプ吸込み側）とすることが必要である．

3.4.8 ファン発停と二方弁のインタロック

設計・施工段階で空調機などのファンの停止時は，必ずインタロックによる二方弁全閉制御を行わなければならない．特に，リニューアルで蓄熱式空調システムを導入する際には，現場調査時に既設空調機の動作を確認しておくことが必要である．

3.4.9　風速スイッチの不採用

　ファンコイル制御で風量スイッチ（H-M-L）を使用すると，低風量時には熱交換能力が小さくなり，水側温度差が小さくなる．したがって，設計・施工段階でこのスイッチは最大風量に固定しておくことが望ましい．固定できない場合には，操作説明書を介して常に最大風量にするよう運転管理者へ徹底することが必要である．リニューアルで蓄熱式空調システムを導入する際の現地調査の要点の一つでもある．

3.4.10　大温度差空調システムと空調機コイル特性

　蓄熱式空調システムの性能は，水側利用温度差に大きく影響を受け，そのほとんどが空調機の設計仕様・運転状態で決定される．設備設計基準[14]でも熱源・空調機の送風温度・冷温水条件に関しては標準条件に加えて，大温度差空調システムがあげられている（**図 3・30**）．

　基本的には，水蓄熱空調システムでは標準大温度差，氷蓄熱では低温大温度差空調システムとすることが望ましい．

　また，蓄熱式空調システムにおける冷温水出入口温度差などに関する空調機のコイル特性（コイル列数－送風温度－冷温水入口温度）の要点（冷房運転の例）として以下 1）〜 6）があげられる．1）〜 5）の概念を**図 3・31**に示す．

1) コイル列数ごとの給気温度の限界温度を比較すると，コイル列数が多くなるにつれて給気限界温度が低くなる．
2) 同一給気温度ならコイル列数が多くなるにつれて，空調機冷水入口温度上限値が上昇する．
3) コイル列数が多くなるにつれて要求冷水量が少なくなり，冷水出入口温度差が拡大する．
4) 空調機コイル入口冷水温度を低くすると，コイル出入口温度差は拡大し小水量となる．
5) 吹出し空気温度を低温度化すると，冷却コイル出入口温度差は縮小し，冷水量は増加する．
6) 変風量システムを採用した場合は，低負荷になるにつれて水側温度差は拡大するものの定風量方式ほどの拡大は望まない．低風量化すると，冷水温度差は縮小し冷水量は多くなる．

3.4.11　実際の空調機器の利用温度差

　図 3・32, 3・33に冷房負荷発生頻度試算の例と実測値を示す[15]．年間計画値（試算値）では設計で用いる最大冷房負荷に対して 60 〜 70％の負荷発生頻度が高くなっているが，実際には年間を通して 30％以下の負荷が支配的となっており，設計値と比べると実際の年間負荷率は低いことがわかる．

　また，**図 3・34, 3・35**には冷暖房負荷の負荷率別の発生頻度と空調機の負荷率別の出入口温度差の関係を示す[16]．設計段階では最大熱負荷に合わせて空調機コイルを選定するため，年間を通して見れば，運転段階では空調機利用温度差は設計値（条件）よりも拡大して，蓄熱量の増大など蓄熱式空調システムにとっては有利に働くことになる．

　基本計画段階で年間負荷計算を実施した場合は，併せて空調機のコイル特性から出入口温度差を検証し，設計主旨書，操作説明書に記載（**図 3・34, 3・35**）しておけば運転管理上の有効な資料となる．また，リニューアルなどで蓄熱槽容量が制限される場合も年間を通しての蓄熱槽利用温度差を把握することで，より高効率な蓄熱式空調システムを構築することができる．

第3章 蓄熱式空調システム計画上の要点

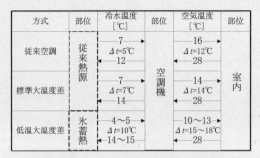

図3・30 空調システムの空気・水側条件

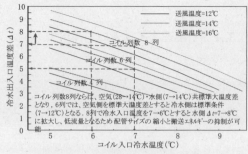

図3・31 空調機コイル特性の概念

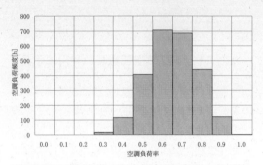

図3・32 冷房負荷の発生頻度(時系列)の計画値

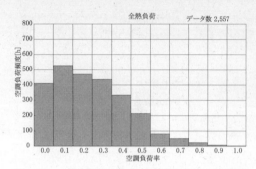

図3・33 冷房負荷の発生頻度(時系列)の実測値

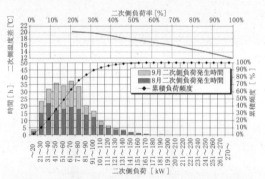

図3・34 空調負荷の発生頻度と冷水出入口温度差の実測結果(冷房)

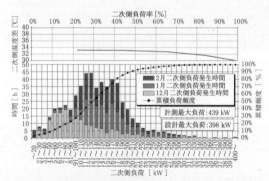

図3・35 空調負荷の発生頻度と温水出入口温度差の実測結果(暖房)

3.5 BCPへ対応した蓄熱式空調システムの構成

3.5.1 蓄熱槽水の生活用水への活用

蓄熱槽水の生活用水としての利用形態は，主としてトイレの洗浄水などの雑用水であり，蓄熱槽からの送水方法は，①手作業による方法，②雑用水槽を介して送水する方法，③蓄熱槽から直接送水する方法が考えられる．

ここでは，雑用水槽を介して送水する方法と蓄熱槽から直接送水する方法に関する計画法について述べる．

3.5.1.1 雑用水槽を介して送水する方法
〔1〕 蓄熱槽水の送水方法

建物全体に雑用水（中水）系統を有する場合，雑用水の送水方式は，①重力送水方式（高置水槽方式），②圧力ポンプ送水方式の2方式が考えられる．いずれも雑用水槽が設置され，雑用水槽に雑用水（中水）を貯水し，①では雑用水槽から高置水槽を介して便器へ送水し，②では雑用水槽から直接便器へ送水することになる．

このシステムで蓄熱槽水を雑用水に利用する場合は，蓄熱槽水を蓄熱槽から雑用水槽へ移送し利用することになる．図3・36，3・37に①重力送水方式（高置水槽方式），②圧力ポンプ送水方式のシステム図を示す．これに必要となる移送ポンプは冷温水二次ポンプが兼用でき，移送配管を蓄熱槽から雑用水槽へ設置することとなる．

また，切替え弁（手動または自動）を冷温水二次側配管と移送配管の双方に設置し，必要に応じて雑用水槽の満水検知および蓄熱槽の減水検知で冷温水二次ポンプを停止させる．

なお，非常時に蓄熱槽水を利用するためには，冷温水二次ポンプ，雑用水系揚水ポンプまたは加圧給水ポンプの電源は非常用発電機回路に接続しておく．

〔2〕 蓄熱槽水利用器具・設備

建物全体に雑用水（中水）系統が設置される場合は，上水系統とは別に雑用水配管が設置されるため，蓄熱槽水利用のための特別な器具や設備の設置は必要ないが，大便器仕様は表3・7に示す方式のうち①フラッシュバルブ方式，②手洗いなしロータンク方式から選択する．

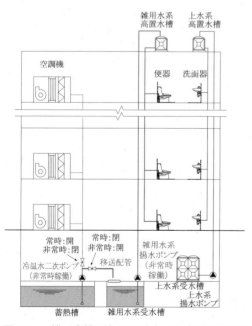

図3・36 雑用水槽を介して送水する方法（高置水槽方式）

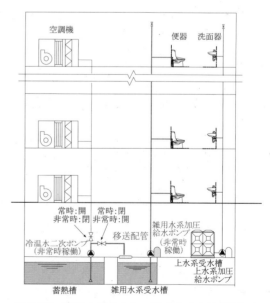

図3・37 雑用水槽を介して送水する方法（圧力ポンプ送水方式）

表3・7 大便器仕様比較[1]

		①フラッシュバルブ方式	②手洗いなしロータンク方式	③手洗いありロータンク方式
	参考図			
雑用水利用	雑用水利用建物	蓄熱槽水利用に支障はない．		手洗いは上水接続となっており，配管接続による蓄熱槽水利用は困難．専用水栓による使用は可能である．
	温水洗浄便座の使用	温水洗浄便座給水と洗浄水が分岐供給しているため支障はない．		
摘要		再生水仕様のフラッシュバルブが望ましい．	雑用水系統には，再生水仕様の金具の採用が望ましい．	

3.5.1.2 蓄熱槽から直接送水する方法

〔1〕 蓄熱槽水の送水方法

建物全体に雑用水（中水）系統が設置されていない場合に，非常時に蓄熱槽水を雑用水として利用するには，圧力給水ポンプを設置し，蓄熱槽から水を吸い上げて送水する．この場合は，便器洗浄用給水配管が二重で設置されるため，蓄熱槽水を送水する系統を限定する必要がある．蓄熱槽から直接送水するシステム図を**図3・38**に示す．

圧力給水ポンプの電源は非常用発電機回路とし，蓄熱槽の減水検知で圧力給水ポンプを停止する．

〔2〕 蓄熱槽水利用器具・設備

蓄熱槽から直接送水する場合では，便器洗浄用水は上水系統とする．蓄熱槽水を便器洗浄用水として利用するには，蓄熱槽水を便器に供給する専用水栓とその点を考慮した仕様の便器の設置が必要となる．専用水栓と大便器仕様の違いによる蓄熱槽水利用方法比較を**表3・8**に示す．

なお，**表3・8**のいずれの方法の場合も，専用水栓の止水栓を設置し，専用水栓には飲用禁止の表示が必要である．

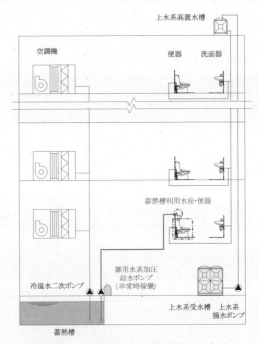

図3・38 蓄熱槽から直接送水する方法

3.5 BCPへ対応した蓄熱式空調システムの構成

表3・8 便器仕様の違いによる蓄熱槽水利用方法比較

大便器仕様	(ア) ラッシュバルブ方式	(イ) 洗いなしロータンク方式	(ウ) 洗い付きロータンク方式
参考図			
専用水栓・蓄熱槽水利用方法	専用水栓は壁付とし，ホースなどを利用して便器へ給水する．	専用水栓は壁付とし，ロータンクふたを取り，水栓直接かホースなどで給水を行う．	専用水栓は壁付とし，水栓直接かホースなどで給水を行う．
摘 要	専用水栓の止水栓を設置し，専用水栓には飲用禁止の表示が必要である．		

3.5.2 空調配管システム

BCP対応として非蓄熱空調システムなどとの複合化を考慮すると，蓄熱式空調システムの配管回路構成は以下の組合せが要点と考えられる．

1) 一次側熱源回路の開放回路・密閉回路
2) 二次側空調回路の開放回路・密閉回路

本書では一次側，二次側とも閉回路とした場合の例を示す．

3.5.2.1 通常運転

本システムは，熱源機側配管，空調機側配管とも蓄熱槽と熱交換器を介した密閉回路で構成しており(図3・39)，通常時の蓄熱運転は図3・40，追掛け運転は図3・41の通りである．

なお，追掛け運転回路で図3・41では放熱回路と追掛け熱源回路は並列であるため，ほとんどの場合，熱源は容量制御運転となると思われるが，蓄熱回路に切り替えて全負荷運転とすることも可能である．ただし，この場合は一次ポンプも運転することになる．

3.5.2.2 非常時：蓄熱槽水の生活用水などでの利用あり・熱源機運転可能

非常時に蓄熱槽水を生活用水や消防用水に利用し，熱源機運転が可能な場合は，図3・42に示すように通常時の追掛け運転時の回路での運転が可能であり，配管システムに特別な設計は必要ない．設計上の留意点を以下に示す．

1) 本システムは熱源機側配管と空調機側配管が密閉回路であり膨張タンクが設置されているため，通常時の追掛け運転時の回路へ弁を切り替えて対応させ，一次ポンプは停止する．
2) 蓄熱槽は空調に利用できないことから，熱交換器一次側ポンプと熱交換器二次側ポンプは停止し，二次側熱交換器は利用しない．
3) 熱源機の運転は，容量制御運転となるようにする．
4) 非常時に稼働する熱源機，ポンプ，空調機の電源回路は非常用発電機回路とする．

3.5.3 蓄熱槽水の消防用水への活用

蓄熱槽水の消防用水に活用する際の取扱い基準は，総務省消防庁通知("空調用蓄熱槽水を消防用水として使用する場合の取扱いについて"消防予第42号・平成9年3月6日)によるが，これを受け各自治体の火災予防条例で詳細を規定しているため，詳細は所轄消防署との打ち合わせによる．

図3・43に蓄熱槽水の消防用水に活用する際の取扱い基準を，図3・44に加圧送水装置の設置例を，表3・9に設計時の留意点(所轄消防署との打合せ事項)を示す．

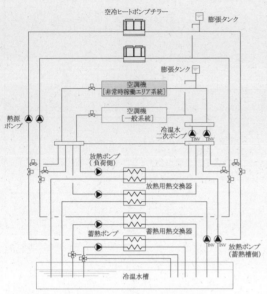

図3・39 一次側・二次側とも密閉回路システム

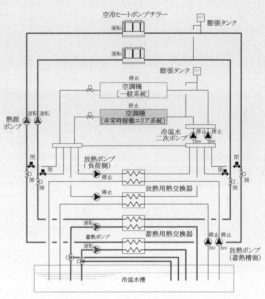

図3・40 一次側・二次側とも密閉回路システムの蓄熱運転

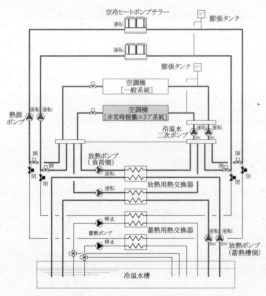

図3・41 一次側・二次側とも密閉回路システムの追掛運転

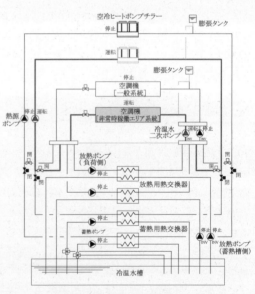

図3・42 非常時運転回路(蓄熱槽を生活用水などへ利用)

3.5 BCPへ対応した蓄熱式空調システムの構成

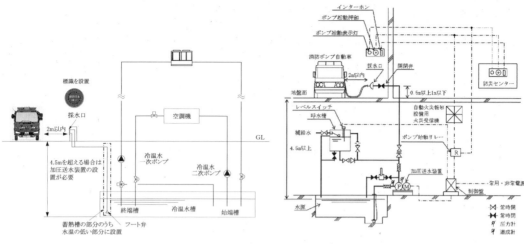

図3・43 蓄熱槽水を消防用水として使用する場合の取扱い基準(総務省消防庁通知)

図3・44 加圧送水装置の設置例(堺市消防同意・消防用設備等審査基準)

表3・9 蓄熱槽水の消防用水への活用する際の留意点(所轄消防署との打ち合わせ事項)

項　目	留意事項(所轄消防署との打ち合わせ事項)
温　度	冷温水槽,温水槽の場合,暖房蓄熱時は40℃を超えるため,温度基準に対して適用可能か打ち合わせが必要.
水　量	消防用水または消防水利としての必要量を満たしているか打ち合わせが必要. ※GLからの深さに対して必要量として見なされる容量を確認. ＜消防用水の必要量＞ ・敷地面積 ≧ 20 000 m², かつ, 　耐火建築物:1,2階の面積の計 ≧ 15 000 m²―7 500 m² ごとに 20 m³ 　準耐火建築物:1,2階の面積の計 ≧ 10 000 m²―5 000 m² ごとに 20 m³ 　その他の建築物:1,2階の面積の計 ≧ 5 000 m²―2 500 m² ごとに 20 m³ ・高さ 31 m, かつ, 延べ床面積 ≧ 25000 m²―12500 m² ごとに 20 m³ ＜消防水利の必要量＞ ・"常時貯水量が 40 m³ 以上"または"取水可能水量が 1 m³/min 以上で,かつ連続 40 min 以上の給水能力を有するもの"
採水口の基準	・採水口を設置する場合は,採水口の数を確認する(設置基準例:**表3・10**参照). ・採水口は消防ポンプ自動車が 2 m 以内まで接近できる位置に設置する. ・採水口の設置高さは 0.5 m 以上 1.0 m 以下とする.
採水管の取水部	・採水管の取水部は終端槽(温度が低い槽:熱源機へ送水される)に設置し,低い温度の水が利用されるようにする. ・取水部にはフート弁を設置し採水管から落水しないようにする.
採水口に接続する管径	・採水口に接続する配管径を確認する(東京消防庁監修・予防事務審査・検査基準では 100 A 以上とされている). ・配管長さの制限を確認する.
蓄熱槽の地盤面からの深さ	・深さが 4.5 m を超える場合は,加圧送水装置を設置し,採水口を設置する.
加圧送水装置	・ポンプ送水量を確認する(設置基準例:**表3・11**参照). ・全揚程の制約を確認する(横浜市火災予防条例では採水口までの落差及び配管摩擦損失水頭に 1.5 m を加えた数値以上とされている). ・起動装置は,採水口及び防災センターなどからの遠隔起動とし,採水口および防災センター等には加圧送水装置が起動表示灯を設置する(設置例:**図3・44**参照).
標　識	・消防用水である旨,採水可能水量,注意事項を掲示する

表 3・10 蓄熱槽の構成とその特徴
（東京消防庁監修・予防事務審査・検査基準）

所用水量	20 m³	40〜100 m³	120 m³ 以上
採水口の数	1 個	2 個	3 個

表 3・11 加圧送水装置の水量と送水口の設置基準例
（東京消防庁監修・予防事務審査・検査基準）

所用水量	20 m³	40〜100 m³	120 m³ 以上
加圧送水装置の吐出量	1 100 L/min	2 200 L/min	3 300 L/min
採水口の数	1 個	2 個	3 個

参 考 文 献

1) 空気調和・衛生工学会：蓄熱式空調システム計画と設計（平成18年）
2) ヒートポンプ・蓄熱センター：はじめての方でもすぐ使えるやさしい蓄熱式空調システムの計画法（平成28），pp. 18〜21
3) ヒートポンプ・蓄熱センター：はじめての方でもすぐ使えるやさしい蓄熱式空調システムの計画法（平成28），pp. 20〜27
4) ヒートポンプ・蓄熱センター：はじめての方でもすぐ使えるやさしい蓄熱式空調システムの計画法（平成28），pp. 31, 32
5) ヒートポンプ・蓄熱センター：はじめての方でもすぐ使えるやさしい蓄熱式空調システムの計画法（平成28），p. 9
6) EPRI Commercial cool storage Design Guide Final Report（May 1985），pp. 5〜17
7) 村田・清水・上村・関・長谷川：小型分配器を用いた大面積単槽平型温度成層式蓄熱槽，空気調和・衛生工学，66-3(1992-3)
8) Baturin：Fundamentals of Industrial Ventilation, 1972, Pergamon Press
9) 相良・中原：蓄熱槽に関する研究，第5報―運転シミュレーションを用いた実験計画法による温度成層型蓄熱槽の蓄熱槽効率の推定，空気調和・衛生工学会論文集，No. 35（1987-10）
10) 建築設備設計基準 国土交通省大臣官房官庁営繕部設備・環境課 第4編空気調和設備第2章空調機器 2-2 冷熱源機器の算定表 2-4 冷熱源機器の出入口水温条件，p. 377
11) 空気調和・衛生工学会：設備システムに関するエネルギー性能把握マニュアル（最終案 PⅢ-51〜67）室内環境・建築設備システムの性能評価方法の標準化調査研究委員会 同設備小委員会（平成17年1月）
12) 合田・高須，ほか：低温冷風空調システムを活かした東京電力豊島支社のリニューアル第1報，空気調和・衛生工学会学術講演会論文集(2000-9，東北)，pp. 793〜796

第4章

蓄熱式空調システムの設計

4.1 蓄熱式空調システムの設計手順

蓄熱式空調システムの計画設計フローを，**図 4・1**に示す．この計画設計フローは，蓄熱式空調システムの方式にかかわらず共通したものである．

蓄熱式空調システムは，省エネルギー，夜間電力の有効利用，電力負荷の平準化に有効な反面，搬送動力の増大，運転時の熱源機の冷温水出口温度の安定などが課題としてあげられる場合もある．この課題を解決あるいは軽減する方式として，一次側を変流量方式とする場合もあるが．変流量方式は従来の定流量方式の延長線上（オプション）にあるため，本書では汎用的な定流量方式を対象とする．本編で基本とするシステムの例を**図 3・1**，**3・2**に示した．

4.2 熱負荷計算

4.2.1 時刻別負荷計算

非蓄熱式空調システムでは，熱源機器での熱の生産と負荷側機器での熱の消費が同時に行われるため，ピーク時間負荷を対象に熱源機器容量を決定すればよい．

一方，積算熱量としての蓄熱量が重要となる蓄熱式空調システムでは，最大日積算熱負荷を熱源機容量と蓄熱槽容量算定の対象としなければならない．

空調の熱負荷計算手法は，種々の方法が提案されており，適切な手法を用いて各時刻の時間あたり熱負荷を算定し，それらを集計することにより，最大日積算熱負荷が得られる．手計算による最大熱負荷計算での外気温度条件は，公表されている時刻別外気温データを使用する．

4.2.2 日積算熱負荷

日積算熱負荷は，**表 4・3**，**4・4**に示す蓄熱バランスシートへ時刻別負荷として時系列で示す．空冷チラーや空気熱源ヒートポンプチラーを採用する場合は，熱源機の性能は外気条件により変化するため，併せて時刻別外気条件も記入しておくことが必要である．

4.2 熱負荷計算

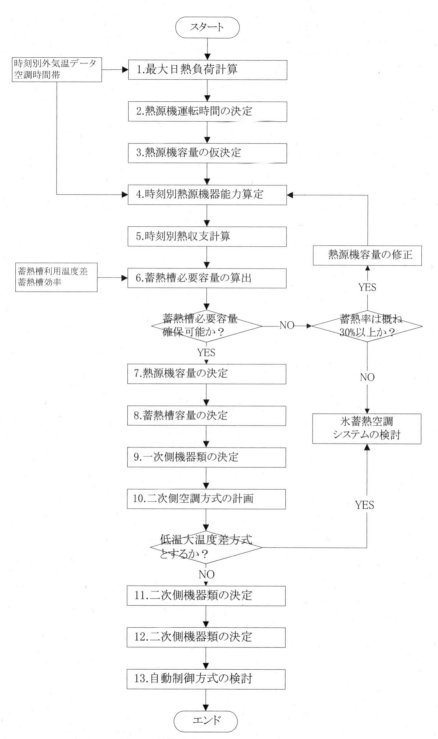

図4・1 蓄熱式空調システムの設計フロー

4.3 熱源機および蓄熱槽容量

蓄熱式空調システム設計の最大の要点である熱源機器および蓄熱槽容量の選定方法について述べる．

4.3.1 熱源機運転時間の決定

次式により熱源機器運転時間を決定する．
熱源機運転時間は一般的な昼間10時間空調の事務所ビルでは，夜間10時間(22:00～8:00)＋昼間10時間＝20時間となる．

4.3.1.1 蓄熱率の確認

蓄熱率＝
　蓄熱量/最大日積算負荷×100％ （4・1）
最大日積算熱負荷に対して，蓄熱により賄われる熱量の比率であり，その値は熱源機器の運転時間で決定される．運転時間を夜間へシフトするほど蓄熱率は100％に近づき，昼間とすると0％に近づく．

4.3.2 蓄熱槽利用温度条件の決定

図3・1～3・2に示すようにシステム構成上は，基本的に蓄熱槽と二次側空調システムとの間に熱交換器を設置し，その場合の一次側(熱源)機器および二次側(空調)機器選定用の蓄熱槽利用温度条件は，表4・1を目安とする．ここで，熱交換器の一次側出口温度と二次側入口温度は，1℃程度のアプローチ(差)としている．このうち，熱交換器一次側出入口温度差Δt(7℃：6→13℃・46→39℃)が蓄熱槽の利用温度差で，この値をもとに蓄熱量を決定する．この利用温度差は，二次側の空調機器や自動制御設備に大きく影響を受けるため，蓄熱式空調システムでは，二次側，自動制御設計には留意が必要である．

表4・1 蓄熱槽利用温度の目安 [℃]

		一次側	二次側	
			熱交換器	熱交換器
		熱源機	一次側	二次側
冷水	入口	13	13	7
	出口	6	6	14
	温度差 Δt	7	7	7
温水	入口	39	39	45
	出口	46	46	38
	温度差 Δt	7	7	7

4.3.3 熱源機容量の仮決定

次式で熱源機器の日平均冷房必要能力を算出する．

$$Q_{csa} = Q_{cd}/T_p \quad (4\cdot 2)$$

ここで，
　Q_{csa}：必要熱源容量[kW]
　Q_{cd}：最大日積算(冷房)負荷[kW・h/日]
　T_{cp}：熱源機器運転時間[h]

上記必要能力 Q_{sm} と日平均外気温度より，熱源機器容量を仮決定する．メーカー技術資料から機種選定時の冷水出口温度条件は5℃を標準とする．

4.3.4 時刻別熱源機能力の算定

4.3.3で仮決定した熱源機の時刻別能力を，冷水出口温度，外気温度をパラメータとして，メーカー技術資料の能力線図(図4・2)から読みとり，冷房蓄熱バランスシート(表4・2)に時刻別負荷とともに記入する．冷水出口温度条件は5℃とする．

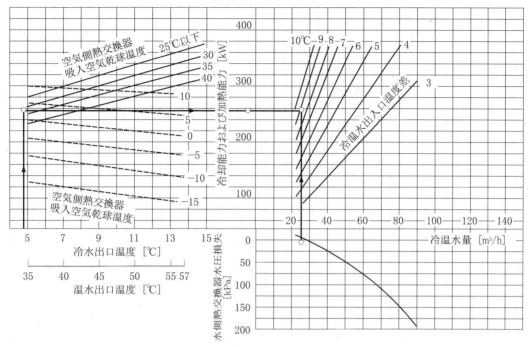

図4・2 空気熱源ヒートポンプチラーの能力線図の例

4.3.5 熱収支計算

以下に示すように，バランスシート(**表4・3，4・4**)に熱収支計算を行い，蓄熱バランスのチェックを行う．

4.3.5.1 冷房の場合(表4・2)

〔1〕 時刻別熱収支の算出

各時刻の冷房負荷と熱源能力により，次式で時刻別冷房熱収支を算出する．

$$Q_{b1} = Q_m - Q_t \qquad (4・3)$$

ここで，

Q_{b1}：時刻別熱収支(**表4・2**⑤)
Q_m：時刻別熱源機器能力(**表4・2**④)
Q_t：時刻別熱負荷(**表4・2**③)

時刻ごとに上式でQ_{b1}を算出し，正の場合は"可能蓄熱量Q_{pt}"，負の場合は"必要蓄熱量Q_{nt}"とする．"必要蓄熱量Q_{nt}"は便宜上，絶対値表示とする．

〔2〕 蓄熱バランスのチェック

可能蓄熱量の1日合計値をQ_pとし，必要蓄熱量の1日合計値をQ_nとすると，

$$Q_p \sum_{t=1}^{24} Q_{pt} \qquad (4・4)$$

ここで，

Q_{pt}：t時の可能蓄熱量

$$Q_n \sum_{t=1}^{24} Q_{nt} \qquad (4・5)$$

ここで，

Q_{nt}：t時の必要蓄熱量

$Q_p < Q_n$の場合(蓄熱バランス不成立)

熱源機器容量不足であり，熱源容量と運転時間を確認する．

$Q_p \geq Q_n$の場合(蓄熱バランス成立)

熱源機器容量は満足しており，蓄熱槽容量の算出へ進む．

4.3.5.2 暖房の場合(表4・3)

〔1〕 時刻別熱収支の算出

各時刻の暖房負荷と熱源能力により，次式で時刻別熱収支を算出する．

$$Q_{b1} = Q_m \times d - Q_t \qquad (4・6)$$

ここで，

Q_{b1}：時刻別熱収支(**表4・3**⑥)
Q_m：時刻別熱源機器能力(**表4・3**⑤)
d：暖房能力低減係数＝0.85(**表4・3**⑱)

表 4・2 蓄熱バランスシート (冷房運転時間 20h)

種別	冷房											
			外気条件		負荷集計				時刻別熱収支：蓄熱バランス			
時間帯	時間間		DB [℃]	WB [℃]	① 建物熱負荷 [kW]	② 外気負荷 [kW]	③=①+② 熱負荷合計 Q_t [kW]	④ 熱源能力 Q_m [kW]	⑤熱収支 Q_{bl}=④-③ 可能蓄熱量 [kW]	必要蓄熱量 [kW]	熱源 実発生熱量 [kW]	累積蓄熱量 最大蓄熱量 =Q_s [kW]
夜間	22〜23		28.4	25	8.3	2.8	11	275	263.9	0.0	275.0	264
	23〜24		28.1	24.8	8.3	2.8	11	276	264.9	0.0	276.0	529
	0〜1		27.9	24.8	11.1	2.8	14	276	262.1	0.0	276.0	791
	1〜2		27.6	24.7	8.3	2.8	11	277	265.9	0.0	277.0	1 057
	2〜3		27.4	24.6	8.3	2.8	11	277	265.9	0.0	277.0	1 323
	3〜4		27.2	24.5	8.3	2.8	11	278	266.9	0.0	278.0	1 590
	4〜5		26.9	24.4	8.3	2.8	11	278	266.9	0.0	278.0	1 857
	5〜6		26.8	24.4	8.3	2.8	11	278	266.9	0.0	278.0	2 124
	6〜7		27.0	24.5	11.1	2.8	14	278	264.1	0.0	278.0	2 388
	7〜8		28.1	24.8	11.1	2.8	14	276	262.1	0.0	219.9	2 594
昼間	8〜9		29.4	25.2	391.7	69.5	461	273	0.0	188.1	273.0	2 406
	9〜10		30.7	25.5	408.4	75.0	483	270	0.0	213.4	270.0	2 192
	10〜11		31.7	25.8	422.3	80.6	503	267	0.0	235.8	267.0	1 956
	11〜12		32.5	26.1	425.0	83.3	508	264	0.0	244.4	264.0	1 712
	12〜13		33.1	26.3	422.3	88.9	511	262	0.0	249.1	262.0	1 463
	13〜14		33.4	26.4	438.9	88.9	528	261	0.0	266.8	261.0	1 196
	14〜15		33.4	26.2	452.8	86.1	539	261	0.0	277.9	261.0	918
	15〜16		33.1	26.1	450.0	83.3	533	262	0.0	271.4	262.0	647
	16〜17		32.4	25.9	447.3	80.6	528	264	0.0	263.8	264.0	383
	17〜18		31.6	25.8	425.0	77.8	503	267	0.0	235.8	267.0	147
	18〜19		30.7	25.6	47.2	5.6	53	0	0.0	52.8	0.0	94
	19〜20		30.0	25.4	38.9	5.6	44	0	0.0	44.4	0.0	50
	20〜21		29.3	25.2	27.8	5.6	33	0	0.0	33.3	0.0	17
	21〜22		28.8	25.1	11.1	5.6	17	0	0.0	16.7	0.0	0
	夜間小計				91.7	27.8	119.5 Q_{tn}	2 769.2 Q_{mn}	2 649.8	0.0	2 713.1	
	昼間小計				4 408.7	836.2	5 244.9 ⑥ Q_{cd}	2 651.2 ⑨ Q_{pn}	0.0 ⑩ Q_n	2 593.7	2 651.2	
全日	平均気温		29.8	25.3	4 500.4	864.0	5 364.3 ⑧	5 420.4 Q_p	2 649.8	2 593.7	5 364.3	

熱源条件	熱源機器容量	100 HP	出口温度	5	⑪ 蓄熱槽効率 η_v	0.8	⑫利用温度差 Δt [deg]	7
	熱源機器台数	1			⑮ 蓄熱率 (Q_s/Q_{cd})×100	48%	⑬蓄熱量 Q_s [kW・h]	2 593.7
蓄熱バランスチェック	$Q_p \geq Q_n$		判定	○	⑯ 夜間熱源運転時間 [h] ｛(Q_s+Q_{tn})/Q_{mn}｝×10	9.80	⑭必要槽容量 V_s [m³] $Q_s/(\eta_v \times \Delta t \times 1.16)$	400

第 4 章 蓄熱式空調システムの設計

4.3 熱源機および蓄熱槽容量

表4・3 蓄熱バランスシート（暖房運転）

種別		時間帯	外気温 DB [°C]	外気温 WB [°C]	負荷集計 ①建物熱負荷 [kW]	負荷集計 ②外気負荷 [kW]	時刻別熱収支：蓄熱バランス ③=①+② 熱負荷合計 Qt [kW]	熱源能力 ⑤定格 [kW]	修正能力 Qm ⑤'=⑤×15 [kW]	⑥熱収支 可能蓄熱量 [kW]	⑥熱収支 Qb=⑤'-④ 必要蓄熱量 [kW]	熱源 実生産熱量 [kW]	累積蓄熱量 最大蓄熱量=Qs [kW]
夜間		22〜23	1.3	-2.9	15.8	4.7	21	204.0	173.4	152.8	0.0	173	153
		23〜24	0.9	-3.1	16.9	4.7	22	203.0	172.6	150.9	0.0	173	304
		0〜1	0.6	-3.3	16.9	4.7	22	201.0	170.9	149.2	0.0	171	453
		1〜2	0.3	-3.6	16.9	4.7	22	199.0	169.2	147.5	0.0	169	600
		2〜3	-0.1	-3.8	17.8	5.6	23	198.0	168.3	145.0	0.0	168	745
		3〜4	-0.4	-4	17.8	3.9	22	197.0	167.5	145.8	0.0	167	891
		4〜5	-0.8	-4.2	17.8	3.9	22	195.0	165.8	144.1	0.0	166	1 035
		5〜6	-1.1	-4.3	17.8	3.9	22	195.0	165.8	144.1	0.0	166	1 179
		6〜7	-1.2	-4	17.8	3.9	22	197.0	167.5	145.8	0.0	167	1 325
		7〜8	-0.7	-3.5	17.8	3.9	22	200.0	170.0	148.3	0.0	170	1 474
昼間		8〜9	0.0	-3	115.0	146.4	261	203.0	172.6	0.0	88.8	173	1 385
		9〜10	0.8	-2.5	108.6	140.8	249	207.0	176.0	0.0	73.5	176	1 311
		10〜11	1.7	-2	106.7	136.1	243	210.0	178.5	0.0	64.3	179	1 247
		11〜12	2.4	-1.8	102.8	130.6	233	211.0	179.4	0.0	54.0	179	1 193
		12〜13	3.1	-1.6	98.1	125.0	223	213.0	181.1	0.0	42.0	181	1 151
		13〜14	3.3	-1.6	97.0	122.2	219	213.0	181.1	0.0	38.1	86	1 018
		14〜15	3.4	-1.5	94.5	122.2	217	213.0	181.1	0.0	35.6	0	801
		15〜16	3.3	-1.7	96.1	122.2	218	212.0	180.2	0.0	38.1	0	583
		16〜17	3.2	-1.8	97.0	122.2	219	211.0	179.4	0.0	39.8	0	363
		17〜18	3.0	-1.9	99.2	126.1	225	211.0	179.4	0.0	45.9	0	138
		18〜19	2.8	-2	30.8	7.5	38	0.0	0.0	0.0	38.3	0	100
		19〜20	2.4	-2.3	31.7	8.3	39	0.0	0.0	0.0	39.2	0	61
		20〜21	2.0	-2.5	31.7	8.3	40	0.0	0.0	0.0	40.0	0	21
		21〜22	1.6	-2.7	15.8	4.7	21	0.0	0.0	0.0	20.6	0	0
		夜間小計					173.3	1 989.2	Qmn 1 690.8	Qpn 1 473.5	0.0	1 690.8	
		昼間小計			1 124.0	1 322.9	2 446.9	2 104.2	⑧ 1 788.6	⑩ 0.0	⑪ Qn 658.3	973.3	
全日		平均気温	1.3	-2.7	1 297.3	1 366.8	Qhd 2 664.1	4 093.3	⑨ 3 479.4	Qp 1 473.5	658.3	2 664.1	冷房決定値 2 593.7

熱源条件	熱源機器容量	100 HP	出口温度	46	⑫蓄熱槽効率 η	0.8	⑬利用温度差 Δt [deg]	10.0		7	400
	熱源機器台数	1	⑯能力低減係数 d	0.85	⑯蓄熱率（Qs/Qhd）×100	55%	⑭蓄熱量 Qs [kWh]	1 473.5			
蓄熱バランスチェック	Qp ≧ Qn		判定	○	⑰夜間熱源運転時間 [h] [(Qs+Qtn)/Qmn]×10		⑮必要蓄槽容量 Vs[m³] Qs/(η×Δt×1.16)	227			

Q_t：時刻別負荷（表 4・3 ③）

時刻ごとに上式で Q_{b1} を算出し，正の場合"可能蓄熱量"，負の場合"必要蓄熱量"とする．

ここで，暖房能力低減係数とは，空気熱源ヒートポンプの外気温度の低下に伴い空気熱交換器のコイル表面に着霜した場合の加熱能力の低下とデフロスト運転を行った際の能力低下を加味した加熱能力と能力表能力の比である．メーカーの当該機種の資料を確認する（表 4・4）．

表 4・4 暖房能力低減係数の例

ヒートポンプ空気熱交換器入口空気温度[℃]	−15	−10	−5	0
集積的加熱能力の比	0.94	0.91	0.87	0.84
ヒートポンプ空気熱交換器入口空気温度[℃]	4	6	7	15
集積的加熱能力の比	0.89	0.95	1.00	1.00

〔2〕 蓄熱バランスのチェック

冷房の場合と同様にチェックを行う．寒冷地以外では，熱源機器容量は冷房条件で決定されるため，冷房で選定した熱源機器容量で，暖房の蓄熱バランスが成立することを確認すればよい．運用に向けて設計段階の暖房時の最大運転時間（表 4・2：15.5 h）を確認しておくと運転段階での最大運転時間の設定など制御設定時の有効な情報となる．

4.3.6 蓄熱槽容量の算出

4.3.5 で算出した可能蓄熱量 Q_p と必要蓄熱量 Q_n から蓄熱量 Q_s を決定する．基本的に蓄熱量 $Q_s = Q_n$ として，以下より蓄熱槽容量を算出する．

4.3.6.1 蓄熱槽容量の算出

蓄熱槽の必要容量を $V_s [\mathrm{m}^3]$ とすると，

$$V_s = Q_s / (\eta_v \times \Delta\theta \times C_p) \qquad (4・7)$$

ここで，
- V_s：蓄熱槽容量[m³]
- Q_s：蓄熱量[kW·h]
- η_v：蓄熱槽効率
- $\Delta\theta$：蓄熱槽利用温度差[deg]
- C_p：水の容積比熱＝ 1.16[kW·h/(m³·℃)]

（表 4・2 ⑫〜⑮欄）

4.3.6.2 蓄熱槽効率の設定

蓄熱槽効率は表 4・7 を目安に設定するが，これらの値を採用するためには，下記の条件を満たしていなければならない．

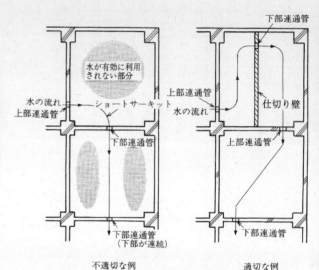

図 4・3 連通管の配置例

1) 連通管が槽ごとに上下左右に配置されていること．
2) 水流が極端にショートサーキットしていないこと．
3) 連通管通過流速が 0.1〜0.3 ms の範囲であること．
4) 二次側平均利用温度差は，表 4・1 の値が確保されていること．
5) 槽数が 10 槽以上であること（10 槽未満の場合は温度成層型蓄熱槽を検討する）．
6) 蓄熱槽の排水用連通管は，必要最小限のサイズとすること（100φ の半割程度）．

4.3.6.3 蓄熱量 Q_s の設定

式(4・7)において，Q_s 値は "Q_n：必要蓄熱量" を目安としたが，蓄熱槽スペースに余裕がある場合は $Q_s = Q_p$（可能蓄熱量）としてもよい．

4.3.7 熱源機容量および蓄熱槽容量の検証

4.3.6で蓄熱槽容量 V_s が確保可能な場合，蓄熱槽容量と熱源機容量が決定し，蓄熱バランスシートが完成する（**表4·2** 冷房20hでの蓄熱バランスシート）．

本例では，蓄熱率＝48％，夜間熱源運転時間＝9.8時間となっており，設計趣旨通りの機器選定（熱源機能力と蓄熱槽容量）となっている．

4.3.7.1 蓄熱バランス図の作成

蓄熱バランスシートが完成したところで，図4·4に示すように横軸に時刻，縦軸に熱負荷および熱源機の能力をとり，併せて蓄熱槽への蓄熱量の推移を示した設計段階での蓄熱バランス図を作成する．

本図と計画段階で作成した蓄熱バランス図を対照することで，計画意図の設計への反映の確認とともに，運転段階での制御設定初期値，動作確認における有効な資料となる．さらに，運転段階でも蓄熱バランスを作成し，実負荷での運転と対照することで蓄熱運転のコミッショングの一助とすることができる．

4.3.7.2 暖房運転の検証

暖房時の蓄熱バランスシート，バランス図を**表4·3**，**図4·5**に示す．

まず冷房負荷によって決定した熱源機器容

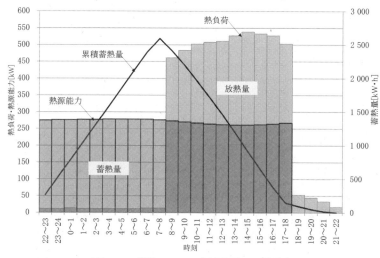

図4·4 蓄熱バランス図（冷房20h運転）

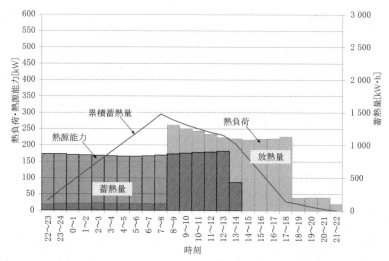

図4·5 蓄熱バランス図（暖房運転）

量, 蓄熱槽容量で暖房負荷を賄えるかを確認する. 寒冷地以外ではおおむね冷房負荷 >> 暖房負荷となっているので, 暖房負荷はほとんどの場合蓄熱量で満足するが, こういった最大暖房負荷日の運転時間を検証しておけば, 暖房運転段階での制御設定の有用な資料とすることができる.

4.3.7.3 蓄熱槽容量に制限がある場合

表4·7の負荷で, "蓄熱槽容量上限 = 330 m³" という制限があった場合の蓄熱バランスシート, バランス図の例を表4·5, 図4·6に示す. 標準的な蓄熱槽容量が確保できている表4·2, 図4·4のケースに対して, 熱源機容量を1ランクアップする(100 HP → 120 HP)ことにより,

必要蓄熱槽容量は 322 m³ に抑制できるものの, 蓄熱率は39%に低下し, 夜間熱源運転時間は6.7時間に短縮しており, 熱源容量増大分を有効には活かしきれていないともいえ, こういった場合は蓄熱槽利用温度差を拡大し蓄熱量を増大することで夜間運転を10時間に確保して, 蓄熱率を上げるなど熱源機器の増大分を活かすことも可能である.

4.3.7.4 日の負荷率が50%以下の場合

熱源機容量と蓄熱槽容量は設計段階で最大日積算熱負荷を対象に決定されるが, 3.3で示したように, 年間を通じて実際の運用段階では, そのほとんどが軽負荷で推移している. この軽負荷の運転も蓄熱バランス図に基づき, 例えば

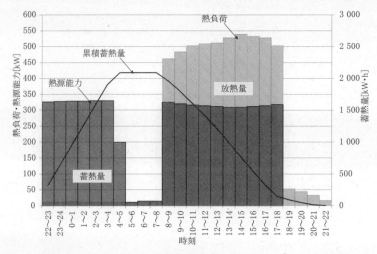

図4·6 蓄熱バランス図(冷房:蓄熱槽の容量上限 = 330 m³ という制限あり)

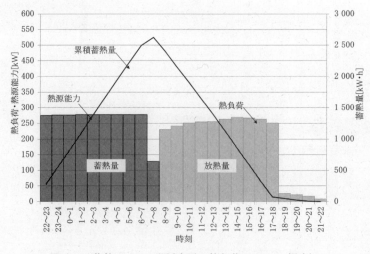

図4·7 蓄熱バランス図(冷房:熱負荷が50%の場合)

4.3 熱源機および蓄熱槽容量

表4・5 蓄熱バランス図(冷房：蓄熱槽に容量上限＝330 m³の制限あり)

種別	時間帯		外気温		負荷集計			時刻別熱収支		蓄熱バランス		
			DB [℃]	WB [℃]	① 建物負荷 [kW]	② 外気負荷 [kW]	③＝①+② 負荷合計 Qt [kW]	④ 熱源能力 Qm [kW]	⑤熱収支 可能蓄熱量 [kW]	必要蓄熱量 Qp[=④-③] [kW]	熱源 実発生熱量 [kW]	累積蓄熱量 最大蓄熱量 ＝Qs [kW]
夜間	22～23		28.4	25	8.3	2.8	11	327.0	315.9	0.0	327	316
	23～24		28.1	24.8	8.3	2.8	11	328.0	316.9	0.0	328	633
	0～1		27.9	24.8	11.1	2.8	14	329.0	315.1	0.0	329	948
	1～2		27.6	24.7	8.3	2.8	11	329.0	317.9	0.0	329	1 266
	2～3		27.4	24.6	8.3	2.8	11	330.0	318.9	0.0	330	1 585
	3～4		27.2	24.5	8.3	2.8	11	330.0	318.9	0.0	330	1 904
	4～5		26.9	24.4	8.3	2.8	11	331.0	319.9	0.0	199	2 092
	5～6		26.8	24.4	8.3	2.8	11	331.0	319.9	0.0	11	2 092
	6～7		27.0	24.5	11.1	2.8	14	331.0	317.1	0.0	14	2 092
	7～8		28.1	24.8	11.1	2.8	14	328.0	314.1	0.0	14	2 092
昼間	8～9		29.4	25.2	391.7	69.5	461	325.0	0.0	136.1	325	1 955
	9～10		30.7	25.5	408.4	75.0	483	321.0	0.0	162.3	321	1 793
	10～11		31.7	25.8	422.3	80.6	503	317.0	0.0	185.8	317	1 607
	11～12		32.5	26.1	425.0	83.3	508	314.0	0.0	194.3	314	1 413
	12～13		33.1	26.3	422.3	88.9	511	312.0	0.0	199.1	312	1 214
	13～14		33.4	26.4	438.9	88.9	528	310.0	0.0	217.8	310	996
	14～15		33.4	26.2	452.8	86.1	539	310.0	0.0	228.9	310	767
	15～16		33.1	26.1	450.0	83.3	533	312.0	0.0	221.4	312	546
	16～17		32.4	25.9	447.3	80.6	528	314.0	0.0	213.8	314	332
	17～18		31.6	25.8	425.0	77.8	503	318.0	0.0	184.8	318	147
	18～19		30.7	25.6	47.2	5.6	53	0.0	0.0	52.8	0	94
	19～20		30.0	25.4	38.9	5.6	44	0.0	0.0	44.4	0	50
	20～21		29.3	25.2	27.8	5.6	33	0.0	0.0	33.3	0	17
	21～22		28.8	25.1	11.1	5.6	17	0.0	0.0	16.7	0	0
	小計				91.7	27.8	119.5 Qtn	3 294.3 Qmn	3 174.8	0.0	2 211.1	
	小計				4 408.7	836.2	5 244.9 ⑥Qcd	3 153.3 ⑦	0.0 ⑨	2 091.6 ⑩Qp	3 153.3	
全日	平均気温		29.8	25.2958333	4 500.4	864.0	5 364.3 ⑧	6 447.5 Qp	3 174.8	2 091.6 Qn	5 364.3	

熱源条件	熱源機器容量	120 HP	出口温度	5	⑪蓄熱槽効率 ηv	0.8	⑫利用温度差 Δt [deg]	7
	熱源機器台数	1			⑮蓄熱率 Qs/Qcd×100	39%	⑬蓄熱量 Qs [kWh]	2 091.6
蓄熱バランスチェック	Qp ≧ Qn	判定	○		⑯夜間熱源運転時間 [h] ((Qs+Qtn)/Qmn)×10	6.71	⑭必要槽容量 Vs[m³] Qs/(ηv×Δt×1.16)	322

第4章 蓄熱式空調システムの設計

表4・6 蓄熱バランス図(冷房:熱負荷が50%の場合)

種別		時間帯	外気条件 DB [°C]	外気条件 WB [°C]	負荷集計 ① 建物負荷 [kW]	② 外気負荷 [kW]	③=①+② 負荷合計 Qt [kW]	時刻別熱収支 ④ 熱源能力 Qm [kW]	蓄熱バランス ⑤熱収支 可能蓄熱量 [kW]	⑤熱収支 Qh=④-③ 必要蓄熱量 [kW]	熱源 実発生熱量 [kW]	累積蓄熱量 最大蓄熱量 =Qs [kW]
冷房	夜間	22～23	28.4	25		0.0	0	275.0	275.0	0.0	275	275
		23～24	28.1	24.8	0.0	0.0	0	276.0	276.0	0.0	276	551
		0～1	27.9	24.8	0.0	0.0	0	276.0	276.0	0.0	276	827
		1～2	27.6	24.7	0.0	0.0	0	277.0	277.0	0.0	277	1 104
		2～3	27.4	24.6	0.0	0.0	0	277.0	277.0	0.0	277	1 381
		3～4	27.2	24.5	0.0	0.0	0	278.0	278.0	0.0	278	1 659
		4～5	26.9	24.4	0.0	0.0	0	278.0	278.0	0.0	278	1 937
		5～6	26.8	24.4	0.0	0.0	0	278.0	278.0	0.0	278	2 215
		6～7	27.0	24.5	0.0	0.0	0	278.0	278.0	0.0	278	2 493
		7～8	28.1	24.8	0.0	0.0	0	276.0	276.0	0.0	129	2 622
	昼間	8～9	29.4	25.2	195.8	34.7	231	273.0	0.0	230.6	0	2 392
		9～10	30.7	25.5	204.2	37.5	242	270.0	0.0	241.7	0	2 150
		10～11	31.7	25.8	211.1	40.3	251	267.0	0.0	251.4	0	1 899
		11～12	32.5	26.1	212.5	41.7	254	264.0	0.0	254.2	0	1 645
		12～13	33.1	26.3	211.1	44.4	256	262.0	0.0	255.6	0	1 389
		13～14	33.4	26.4	219.5	44.4	264	261.0	0.0	263.9	0	1 125
		14～15	33.4	26.2	226.4	43.1	269	261.0	0.0	269.5	0	856
		15～16	33.1	26.1	225.0	41.7	267	262.0	0.0	266.7	0	589
		16～17	32.4	25.9	223.6	40.3	264	264.0	0.0	263.9	0	325
		17～18	31.6	25.8	212.5	38.9	251	267.0	0.0	251.4	0	74
		18～19	30.7	25.6	23.6	2.8	26	—	0.0	26.4	0	47
		19～20	30.0	25.4	19.4	2.8	22	0.0	0.0	22.2	0	25
		20～21	29.3	25.2	13.9	2.8	17	0.0	0.0	16.7	0	8
		21～22	28.8	25.1	5.6	2.8	8	0.0	0.0	8.3	0	0
		夜間小計					0.0 Qtn	Qmn 2 769.2	Qpn 2 769.2	0.0	2 622.4	
		昼間小計			2 204.3	418.1	2 622.4 ⑥ Qcd	⑦ 2 651.2	⑨ 0.0	⑩ Qn 2 622.4	0.0	
全日		平均気温	29.8	25.3	2 204.3	418.1	2 622.4	⑧ 5 420.4 Qp	2 769.2	Qn 2 622.4	2 622.4	

熱源条件	熱源機器容量	100 HP	出口温度	5	⑪蓄熱槽効率 ηv	0.8	⑫利用温度差Δt [deg]	7
	熱源機器台数	1			⑮蓄熱率 (Qs/Qcd)×100	100%	⑬蓄熱量 Qs [kWh]	2 622.4
蓄熱バランスチェック	Qp≧Qn	判定	○		⑯夜間熱源運転時間 [h] {(Qs+Qn)/Qmn}×10	9.47	⑭必要槽容量 Vs [m³] Qs/(ηv×Δt×1.16)	404

表 4·7　連結完全混合型の蓄熱槽効率 η

漕タイプ	漕　数	蓄熱漕効率	備考
連結完全混合型	10漕未満 10～14漕 15漕以上	0.7以下 0.75 0.8	基準値
温度成層型		0.8～0.9 （表4·6）	

図 4·7 に示すように日負荷率で50％以下の日は，夜間蓄熱運転のみで，日冷房負荷を賄うことができることが直感的にわかり，運転管理者の合理的な年間運転にも資することができる．

4.3.7.5　蓄熱槽からの熱損失

蓄熱槽内周囲の温度差が大きいシーズン当初は蓄熱槽からの熱損失もあるが，シーズン中はすでに躯体周囲との温度差も小さくなっている．したがって，蓄熱槽が適切に断熱施工されていれば，シーズン中の熱損失は蓄熱量に比べ極めて小さく，熱源機容量や蓄熱槽容量選定にあたっては熱損失を見込む必要はない．

4.3.8　温度成層型蓄熱槽の設計

4.3.8.1　吹出し口の形状とその寸法の設計

温度成層型蓄熱槽の吹出し口は，図 4·8～4·10 のようにさまざまな形状をしている．しかし，蓄熱槽内に温度成層を形成するための設計法が完成しているとはいい難い．なお図 4·8 のせき型に関しては，吹出し口のフルード数が1以下になるような提案がある．[18]

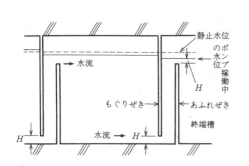

図 4·8　あふれぜき，もぐりぜきの開口部深さ H の設計

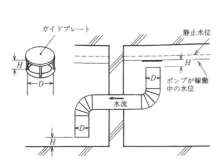

図 4·9　円筒形開口部（連通管）の直径 D と開口部深さ H の設計

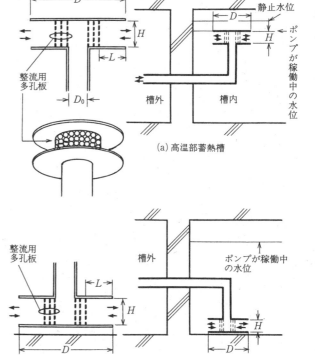

図 4·10　円筒形開口部（蓄熱槽吹出し・吸込み部）の直径 D，開口部深さ H など整流用多孔板の設計

$$Fr = U/\sqrt{H \cdot g \cdot \Delta\rho/\rho_0} \qquad (4\cdot 8)$$

ここで,
- Fr：フルード数
- U：吹出し口における平均水速[m/s]
- H：吹出し口の代表長[m]
- $\Delta\rho$：$\rho_s - \rho_0$
- ρ_s：二次側機器から蓄熱槽へ供給される水の密度[kg/m³]
- ρ_0：蓄熱完了時の蓄熱槽内平均水温の密度[kg/m³]
- g：重加速度

〔例題1〕

蓄熱槽内のあふれぜきともぐりぜきの開口部深さH[m]の設計(**図4・8**)

与条件として蓄熱槽を流れる流量の最大値$V = 60 \text{ m}^3/\text{h}$, 二次側機器の出口水温$\theta_{A0} = 15℃$, 蓄熱槽の高温端部の水温$\theta_{hst,h} = 10℃$, せきの幅$W = 5 \text{ m}$とする.

温度成層化を図るために吹出し口フルード数Frを1とする. 開口部面積Sは次式で表される.

$$S = H \cdot W \qquad (4\cdot 9)$$
$$U = (V/3600)/S \qquad (4\cdot 10)$$

これらを式(4・8)へ代入し整理すると,

$$H = \{V^2/(3600\cdot W)^2/(Fr^2\cdot g\cdot\Delta\rho/\rho_0)\}(1/3) \qquad (4\cdot 11)$$

となる. **表4・8**より15℃の密度$\rho_s = 0.999127$, 10℃の密度$\rho_0 = 0.999728$から,

$$\Delta\rho = (0.999728 - 0.999127)$$
$$= 0.000601$$

これを式(4・10)に代入すると,

$$H = \{60^2/(3600\times 5)^2/(1^2\times 9.8\times 0.000601/0.999728)\}^{(1/3)}$$
$$= 0.124 \text{ m}$$

通常, 水がせきを通過する際の抵抗によるせき前後の水位差をHに加算した値を, せきの開口部深さの設計値とする.

〔例題2〕

円筒形開口部の直径D[m]と開口部深さH[m]の設計(**図4・9**)

与条件として蓄熱槽を流れる流量の最大値$V = 60 \text{ m}^3/\text{h}$, 二次側機器の出口水温$\theta_{A0} = 15℃$, 蓄熱槽の終端槽(高温端部)の水温$\theta_{hst,h} = 10℃$とする.

温度成層化を図るために吹出し口フルード数Frを1とする. 開口部面積S[m²]は次式で表される.

$$S = \pi \cdot D \cdot H \qquad (4\cdot 12)$$

また, DとHの比を次式のnで定義する.

$$n = D/H \qquad (4\cdot 13)$$

上記S, nを式(4・9), さらに式(1・6)へ代入しHを求めると式(4・13)となる.

$$H = \left\{\frac{1}{F_r^2 \times g \times \dfrac{\Delta\rho}{\rho}} \cdot \left(\frac{V}{3600}\right)^2\right\}^{\frac{1}{3}} \qquad (4\cdot 14)$$

ここで, 円筒形開口部がマンホールなどからの搬入を考慮して, $n = 2$とするとHは,

$$H = \left\{\frac{1}{1^2 \times 9.8 \times \dfrac{0.000601}{0.999728}} \times \left(\frac{60}{3600\times 3.14\times 2}\right)^2\right\}^{\frac{1}{3}}$$
$$= 0.26$$

またDは,

$$D = n \cdot H = 2 \times 0.26 = 0.52 \text{ m}$$

通常, 水が連通管を通過する際の抵抗による連通管前後の水位差をHに加算した値を, 円筒形開口部深さの設計値とする.

〔例題3〕

円筒形開口部の直径D[m]と開口部深さH[m], および整流用多孔板の設計(**図4・10**)

与条件として蓄熱槽を流れる流量の最大値$V = 60 \text{ m}^3/\text{h}$, 二次側機器の出口水温$\theta_{A0} = 15℃$, 蓄熱槽の終端槽(高温端部)の水温$\theta_{hst,h} = 10℃$とする.

円筒形開口部の直径D[m]と開口部深さH[m]の設計は〔例題2〕に準ずる. 整流用多孔板は, 配管部から急激に流れの向きを変えて吹き出される時に偏流が生じるのを防ぐためのもので, 多孔板は直径6～10 mm程度, 開口率40%程度のものを用い, 3層にして設置する[19]. 多孔板と円筒形開口部との距離Lは$20d$程度(d：多孔板開口直径)とする[20]. この多孔板を槽間の整流装置として用いる場合は, 水流による圧力損失が増し槽間の水位差が大きくなる可

能性があるため，あらかじめ水位差を検討する必要がある．連通管直径 Do も，水位差が許容値以内に入るように決定する．

4.3.8.2 蓄熱槽の容量

温度成層型蓄熱槽の容量の設計法に関しては，相良・中原[21]が蓄熱式空調システムの各種与条件あるいは設計者の裁量により決定できる設計変数と蓄熱槽効率との関係をシミュレーションにより定量的に解析しているが，ここではこれらを参考に，蓄熱槽の概略容量を算定する方法を示す．

蓄熱槽の槽内温度分布は，蓄熱槽内への吹出し口におけるフルード数により支配される．そのため先に示した設計法により，吹出し口あるいは連通管部の形状を適切に決定すれば，**図4・11**(a)に示すような槽内の温度分布が得られ

るとする．ここに以下の2項目の仮定を設けた．

① 放熱完了時には，蓄熱槽内の終端槽(高温端部 H)から中間点 M までの槽内水温は二次側からの還り水温 θ_{A0} と同値とする．

θ_{A0} は式(4・14)に示すように，最大熱負荷が発生した時点の空調機あるいはファンコイルからの流量による加重平均水温とする．

$$\theta_{A0} = (\Sigma\ \theta_j \cdot F_j)/\Sigma\ F_j \qquad (4\cdot15)$$

ここで，

θ_j：各系統から蓄熱槽へ還る水の温度

F_j：各系統から蓄熱槽へ還る水量

② 蓄熱槽内の中間点 M から始端槽(低温端部 L)までの水温は，線分 MH に接し，かつ L において放熱完了水温 $\theta_{2'L}$(二次側送水限界水温ともいう)となる二次曲線で表現できるものとする．同様にして蓄熱完了時の槽内水温分布も二次曲線で表現する．

以上の仮定から蓄熱完了時および放熱完了時の蓄熱槽内平均水温を求めることができ，その結果蓄熱槽の有効利用温度差 $\Delta\theta$ を求めることができる．**図4・11**(b)は算出用グラフである．

〔例題4〕

以下の条件のときの蓄熱槽の有効利用温度差を求め，蓄熱槽容量を求める．

熱源機の設計用入口温度 $\theta_{Ri} = 11$ ℃

熱源機の設計用出口温度 $\theta_{R0} = 6$ ℃

二次側機器の設計用入口水温 $\theta_{Ai} = 7$ ℃

二次側機器の設計用出口水温 $\theta_{A0} = 15$ ℃

蓄熱量 $Q_{hst} = 4186000$ kJ

とする．

$\Delta\theta_{12} = 7 - 6 = 1$ ℃

$\Delta\theta_2 = 15 - 7 = 8$ ℃より**図4・11**(b)を用いて，$\Delta\theta = 6.9$［℃］を求める．蓄熱槽容量 V は次式より

$V = Q_{hst}/(c_p \cdot \gamma \cdot \Delta\theta)$

$= 4\,186\,000/(4186 \times 6.9)$

$= 145$ m³

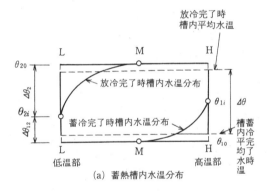

(a) 蓄熱槽内水温分布

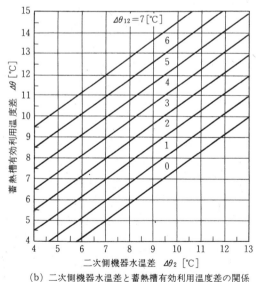

(b) 二次側機器水温差と蓄熱槽有効利用温度差の関係

図4・11 蓄熱槽有効利用温度差（M 図2・11）

表4・8 水 の 密 度

℃	0.0	0.1	0.2	0.3	0.4	0.5	0.6	0.7	0.8	0.9
0	0.999 838	0.999 875	0.999 881	0.999 887	0.999 894	0.999 900	0.999 905	0.999 911	0.999 916	0.999 922
1	927	932	936	941	945	949	953	957	961	956
2	968	971	974	977	980	982	984	987	989	991
3	992	994	995	996	997	998	999	999	1.000 000	1.000 000
4	1.000 000	1.000 000	1.000 000	0.999 999	0.999 999	0.999 998	0.999 997	0.999 996	0.999 995	0.999 993
5	0.999 992	0.999 990	0.999 988	986	984	982	980	977	974	971
6	968	965	962	958	954	951	947	943	938	934
7	930	926	920	915	910	905	899	894	888	882
8	876	870	864	857	851	844	837	831	823	816
9	809	801	794	786	778	770	762	753	745	736
10	728	719	710	701	692	682	672	663	653	643
11	633	623	612	02	591	580	569	559	547	536
12	525	513	502	490	478	466	454	442	429	417
13	404	391	378	366	352	339	326	312	299	285
14	271	257	243	229	215	200	186	174	156	142
15	127	111	096	081	065	050	034	018	002	0.998 986
16	0.998 970	0.998 954	0.998 937	0.998 921	0.998 904	0.998 888	0.998 871	0.998 854	0.998 837	820
17	802	785	767	750	732	717	696	678	660	642
18	623	605	586	567	549	530	511	491	472	453
19	433	414	394	374	354	334	314	294	273	253
20	232	212	191	170	149	128	107	086	064	043
21	021	0.997 999	0.997 978	0.997 956	0.997 934	0.997 911	0.997 889	0.997 867	0.997 844	0.997 822
22	0.997 799	777	754	731	708	685	661	638	615	591
23	567	544	520	496	472	448	424	399	375	350
24	326	301	276	251	226	201	176	151	125	100
25	074	048	023	0.996 997	0.996 971	0.996 945	0.996 918	0.996 892	0.996 866	0.996 839
26	0.996 813	0.996 786	0.996 759	733	706	679	652	624	597	570
27	542	515	487	459	431	403	375	347	319	291
28	262	234	205	177	148	119	090	061	032	003
29	0.995 974	0.995 944	0.995 915	0.995 885	0.995 855	0.995 826	0.995 796	0.995 766	0.995 736	0.995 706
30	676	645	615	585	554	524	493	462	431	400
31	369	338	307	276	244	213	181	150	118	086
32	054	022	0.994 990	0.994 958	0.994 926	0.994 894	0.994 861	0.994 829	0.994 796	0.994 764
33	0.994 731	0.994 698	665	632	599	566	533	500	466	433
34	399	366	332	298	264	230	196	162	128	094
35	059	025	0.993 991	0.993 956	0.993 921	0.993 887	0.993 852	0.993 817	0.993 782	0.993 747
36	0.993 712	0.993 677	641	606	574	535	500	464	428	392
37	357	321	285	248	212	176	140	103	067	030
38	0.992 994	0.992 957	0.992 920	0.992 883	0.992 846	0.992 809	0.992 772	0.992 735	0.992 698	0.992 661
39	623	586	548	511	473	435	397	360	322	284
40	249	211	172	134	096	058	019	0.991 980	0.991 942	0.991 903
41	0.991 864	0.991 826	0.991 787	0.991 748	0.991 709	0.991 670	0.991 630	591	552	513
42	473	434	394	355	315	275	235	195	155	115
43	075	035	0.990 995	0.990 955	0.990 914	0.990 874	0.990 833	0.990 793	0.990 752	0.990 712
44	0.990 671	0.990 630	589	548	507	466	425	384	343	301
45	260	219	177	136	094	052	011	0.989 969	0.989 927	0.989 885
46	0.989 843	0.989 801	0.989 759	0.989 717	0.989 675	0.989 633	0.989 590	548	505	463
47	420	378	335	292	250	207	164	121	078	035
48	0.988 992	0.988 949	0.988 905	0.988 862	0.988 819	0.988 775	0.988 732	0.988 688	0.988 645	0.988 601
49	557	514	470	426	382	338	294	250	206	162
50	118	073	029	0.987 985	0.987 940	0.987 896	0.987 851	0.987 807	0.987 762	0.987 717
51	0.987 673	0.987 628	0.987 583	538	493	448	403	358	313	268
52	222	177	132	086	041	0.986 995	0.986 950	0.986 904	0.986 859	0.986 813
53	0.986 767	0.986 721	0.986 676	0.986 630	0.986 584	538	492	446	400	353
54	307	261	215	168	122	076	029	0.985 983	0.985 936	0.985 889
55	0.985 843	0.985 796	0.985 749	0.985 702	0.985 656	0.985 609	0.985 562	515	468	421
56	374	327	279	232	185	138	090	043	0.984 995	0.984 948
57	0.984 900	0.984 853	0.984 805	0.984 758	0.984 710	0.984 662	0.984 615	0.984 567	519	470
58	423	375	327	279	231	183	135	087	038	0.983 990
59	0.983 942	0.983 894	0.983 845	0.983 797	0.983 748	0.983 700	0.983 651	0.983 603	0.983 554	506
60	457	408	359	311	262	213	164	115	066	017

玉井信行著，密度流の水理の表-1.1に40.1℃以上の密度を追加．

4.3.9 氷蓄熱式空調システム設計時の条件整理と検討項目

氷蓄熱式空調システムは，一時の百花繚乱状態からシステム構成はかなり集約されてきており，本書でも **3.1.5** では中央式の氷蓄熱ユニットシステムを対象としている．氷蓄熱空調システムは，水蓄熱システムと違ってメーカーのシステム性能・構成によるところが大きい．

本項ではこれを鑑みて，システム(設計)選定にあたっての必要な各設計条件と検討項目について整理したものを以下に示す．ここで，設計条件とは，システム設計のために設計者が氷蓄熱メーカー提示する条件(**4.3.9.1**〔1〕〜〔9〕)であり，検討項目とは提示された条件に基づき氷蓄熱メーカーが検討結果として提示する項目である．設計条件と検討項目を**表 4・9**および**表 4・10**に示す．

4.3.9.1 設計者から氷蓄熱メーカーに提示する設計条件

〔1〕 建 物 規 模

計画する建物の延べ床面積，階数など，建築概要を提示する．

〔2〕 空調負荷条件

計画建物が立地する地区，内部熱負荷条件などを設定する．

〔3〕 設計熱負荷条件データ

冷房および暖房最大日積算熱負荷日の時刻別

表 4・9 設計者から氷蓄熱システムメーカーに提示する設計条件

```
［1］建物規模
     延べ床面積　：_____ m²
     階数　　　　：_____ 階
     建物用途　　：_____
     基準階平面図：_____
［2］空調負荷条件
     建設地域　　：_____
     内部負荷条件：人員 ___人/m²，照明 ___W/m²，コンセント ___W/m²
［3］設計負荷条件
     各月代表日の時刻別負荷データ　　　　：_____
     冷房および暖房ピーク日の時刻別負荷データ：_____
［4］空調運転時間
     空調運転時間：_____時間
［5］蓄熱運転時間
     蓄熱運転時間：①10時間(22：00～翌日8：00)で固定，②10時間を超えても可
［6］ピークカットの有無
     ピークカットを　①行う　　②行わない
［7］二次側大温度差対応の有無
     二次側空調システムにおいて低温送風空調を　①行う　②行わない
                                              (設計温度条件の提示)
［8］二次側空調システムの概略システム
     二次側空調システムの概略システム，機器表：_____
［9］電力料金体系
     電力料金の設定：_____
［10］熱源設備・蓄熱槽の設置位置とスペースの制約条件
     1) 熱源設備
        ・設置位置　：①建物機械室内，②屋上，③その他(　　　)，④制約なし
        ・設置スペース：①平面____m²以内，高さ____m以下，②制約なし
     2) 蓄熱槽
        ・設置位置　：①地下二重ピット，②機械室内床置，③屋上，④その他(　　　)
                      ⑤制約なし
        ・設置スペース：①平面____m²以内，高さ____m以下，②制約なし
［11］その他の制約条件
```

第4章 蓄熱式空調システムの設計

表4・10 設計者から氷蓄熱システムメーカーに提示する設計条件

```
［1］氷蓄熱システムの構成
     熱源システムの機器表(熱源機容量,蓄熱槽容積など)   :＿＿＿＿＿＿＿＿
     概略システム図                                    :＿＿＿＿＿＿＿＿
     熱源システム(熱源機,蓄熱槽など)の選定経緯:
     ＿＿＿＿＿＿＿＿＿＿＿＿＿＿＿＿＿＿＿＿＿＿＿＿＿＿＿＿＿＿＿＿
     ＿＿＿＿＿＿＿＿＿＿＿＿＿＿＿＿＿＿＿＿＿＿＿＿＿＿＿＿＿＿＿＿
［2］蓄熱バランス図
     各月代表日と冷房および暖房ピーク日の蓄熱バランス図 :＿＿＿＿＿＿＿＿
     蓄熱バランス図の時刻別データ                     :＿＿＿＿＿＿＿＿
［3］熱源機効率
     月別,年間の熱源生産熱量,消費電力量,COP          :＿＿＿＿＿＿＿＿
［4］建設費(イニシャルコスト)
     熱源システムのイニシャルコスト(概算)             :＿＿＿＿＿＿＿＿
［5］エネルギー消費量
     月別消費電力量,年間消費電力量                    :＿＿＿＿＿＿＿＿
     (冷房/暖房,夜間/昼間,熱源/補機別)
［6］ランニングコスト
     年間エネルギーコスト                             :＿＿＿＿＿＿＿＿
［7］熱源設備・蓄熱槽の設置位置とスペース
     1) 熱源設備
        ・設置位置  :＿＿＿＿＿＿＿
        ・設置スペース:＿＿＿＿＿＿ m²(搬出入スペース含む)
        ・荷重      :＿＿＿＿＿＿ t
     2) 蓄熱槽
        ・設置位置  :＿＿＿＿＿＿＿
        ・設置スペース:＿＿＿＿＿＿ m²(搬出入スペース含む)
        ・荷重      :＿＿＿＿＿＿ t
［8］その他氷蓄熱システムメーカーから設計者へのコメント
     ＿＿＿＿＿＿＿＿＿＿＿＿＿＿＿＿＿＿＿＿＿＿＿＿＿＿＿＿＿＿＿＿
     ＿＿＿＿＿＿＿＿＿＿＿＿＿＿＿＿＿＿＿＿＿＿＿＿＿＿＿＿＿＿＿＿
```

熱負荷と各月(1〜12月)代表日(平均負荷日)の時刻別熱負荷を提示する.

最大日積算熱負荷は冷暖房いずれも氷蓄熱システムの設備容量を決定するための負荷とする.

各月代表日の熱負荷は年間熱負荷を求めるためのもので,各月の平均日熱負荷日を代表日としてその日の時刻別熱負荷とする.またNEW HASP／ACLDなどのプログラムを用いてもよい.

〔4〕 **空調運転時間**

空調運転時間を設定する.

〔5〕 **運転時間帯**

基本的に蓄熱運転時間帯10時間(22時〜翌日8時)に加えて,昼間運転時間帯を,熱源機容量の縮小やディマンドリスポンスなど電力デマンド制御に合わせた運転時間帯を設定する.

〔6〕 **二次側大温度差対応の有無**

二次側空調システムにおいて,低温送風空調を行うか否かを設定する.

〔7〕 **二次側空調システムの概要**

二次側空調システムの構成,機器表を提示する.

〔8〕 **電力料金体系**

ランニングコストの検討を行う場合には,電力料金を設定,提示する.

〔9〕 熱源設備・蓄熱槽の設置場所とスペースの制約

設備計画上，蓄熱システムにおける蓄熱槽設置スペースの建築・構造計画に与える影響が大きい．氷蓄熱式空調システムにおける熱源機，蓄熱槽設置位置とスペースについて限定される条件がある場合にはこれを提示する．例えば，熱源機・蓄熱槽の屋上設置，既存遊休槽の蓄熱槽への転用，水蓄熱から氷蓄熱への転換などである．

4.3.9.2 氷蓄熱メーカーから提出する項目

〔1〕 氷蓄熱式空調システムの構成

設計条件により試算・選定された氷蓄熱式空調システムの一次側熱源システムの機器表(熱源容量，蓄熱槽容量等)と概略システム図を提示する．またこの際，熱源システム(熱源容量，蓄熱槽容量など)の選定経緯を提示する．

〔2〕 蓄熱バランス図

設計条件に基づき，各月代表日と冷房および暖房ピーク時の蓄熱バランス図をフォーマットに従って提示する．この際，蓄熱バランス図のもととなるデータも提示する．なお，蓄熱バランス図は時刻別の熱負荷，熱源機の運転状態，蓄熱量の推移がわかるものとする．

〔3〕 熱源機効率

選定された氷蓄熱式空調システムの一次側熱源システムの熱源機運転効率を知るため，月別，年間の熱源機出力，消費電力量，COPをフォーマットに従って提示する．

〔4〕 建設費(イニシャルコスト)

一次側熱源システムのイニシャルコスト(概算)を提示する．

〔5〕 エネルギー消費量

月別の一次側熱源機，補機類の冷房/暖房，夜間/昼間電力エネルギー消費量，年間エネルギー消費量をフォーマットに従って提示する．

〔6〕 ランニングコスト

エネルギー消費量に基づき，設計条件での電力料金体系に従って年間エネルギーコストを算出・提示する．

〔7〕 熱源機・蓄熱槽の設置位置とスペース

設計条件に従って，熱源機，蓄熱槽設置位置と設置スペース，搬出入スペース，荷重について提示をする．

ただし，現場築造型氷蓄熱システムの場合は，4.3.9.2〔1〕～〔7〕も原則として設計者が行うべき範囲であり，設計の検討に伴ってメーカーを選定し，メーカーからの資料(コイル構造，コイルの応答特性，蓄熱バランス図，熱源機の性能など)提示を求め，設計を行う．

4.3.10 熱源機設計上の留意事項

4.3.10.1 熱源機の容量制御(アンローダ)

部分負荷時に運転効率が低下する熱源機を採用した蓄熱システムでは，蓄熱槽をクッションタンクとして全負荷運転で熱源運転の高効率化を図ることが基本的要件である．

一方で，インバータ搭載機やモジュールタイプなど，逆に部分負荷時に運転効率が向上するものもあり，こういった場合は容量制御運転を優先したほうが高効率化が図れる場合も考えられる．

冷凍機の単体運転効率は，①冷(温)水出口温度，②外気温(湿)度，③部分負荷率に支配されるため，冷却塔，冷却水ポンプなどの補機に一次冷温水ポンプに加えた熱源システム全体でとらえて全負荷運転，容量制御運転などの運転方法を決定する．特に，設計段階では定格運転の性能に加えて，年間の熱負荷率(頻度)と熱源機の部分負荷特性の整合性に留意が必要である．

近年，各メーカーともヒートポンプはモジュールタイプが汎用的であるが運転制御機構も熱源出口冷(温)水温度センサを全負荷運転用(外部)と容量制御運転用(内部)に設ける場合や兼用して設定変更で対応する場合などメーカーによってさまざまであり，確認が必要である．

ほとんどの場合は，全負荷運転として熱源システムの運転時間を短縮したほうが有利と思われるが，熱源機の容量制御回路を解除する場合や切り替え回路を設ける場合，さらに変流量化をする場合など，その都度メーカーと協議が必要である．

4.3.10.2 熱源機の騒音防止

蓄熱式空調システムの熱源機は夜間運転が中心となるため，夜間の騒音値の検討を行う必要があり，必要に応じて防音対策を検討する．下階が住宅用途の場合には，防音に加えて必要に応じて防振対策も考慮する．

4.3.10.3 熱源機のショートサーキット防止

空冷もしくは空気熱源による熱源機が防音壁などで囲われている場合，吹出し気流のショートサーキットが生じ，能力低下の可能性がある．騒音防止とともに吸込み・吐出側空気の流通経路の確保に留意か必要である．

4.3.10.4 熱源機の腐食防止

空冷もしくは空気熱源方式の熱源機を，塩害や大気汚染の影響を受ける場所に設置する場合は，以下の点に注意する．

1) 設置状況に応じ，熱源機を耐塩害仕様あるいは耐重塩害仕様とする．
2) 建物の陰へ設置するか，あるいは防風板を設けて，潮風が直接あたることを避ける．

4.3.10.5 熱源機の降雪対策

積雪地では，空気熱源ヒートポンプチラーには，以下の対策を検討する．

1) 吹出し，吸込み面に防雪フードを設けるか，小屋の中に設置する．
2) 防雪フードは積雪荷重に耐える構造とし，熱源機の通風を妨げないようにする．
3) 気流の吹出し面は季節風の風下となるようにする．
4) 雪の吹きだまり箇所や軒下部には設置しない．

4.4 二次側機器の設計

蓄熱式空調システムの槽効率や運転効率の向上のためには，二次側機器をできる限り低水量，大温度差として蓄熱槽利用温度差の拡大を図ることが重要である．

以下に，主要な機器である空調機およびファンコイルユニット(以下，ファンコイル)の設計上の留意点を示す．

4.4.1 二次側機器の構成

二次側の空調システムは，4.3.2で決定した蓄熱槽利用温度差(7℃)を確保するために，空調機による中央式空調システムを主系統とし，ファンコイルの設置は，ペリメータゾーン顕熱負荷処理程度に限定することが望ましい．

一般的に，ファンコイルの冷温水利用温度差は5℃以下であり，蓄熱槽平均利用温度差を7℃とするためには，空調機とファンコイルの流量比にあわせて空調機の冷温水出入口温度差を7℃以上に拡大する必要がある．

以下に蓄熱式空調システムでの空調機とファンコイルの設計と選定における要点を示す．

4.4.2 空調機

空調機の設計と選定における要点は以下のとおりである．
1) すべての空調機を，比例二方弁による変流量制御とする．
2) ファンコイルとの流量比から設定した空調機冷温水出入口温度差を考慮した空調機設計条件に基づき，コイル設計を行う．
3) コイル出入口には，温度計を設け，必要に応じて流量計を加える．
4) ファン停止時にはインタロックにより二方弁を閉止する．

4.4.3 ファンコイル

ファンコイルの設計と選定における要点は以下のとおりである．
1) ファンコイルは，コイル仕様が製品ごとに決まっており，標準型ファンコイルで冷温水利用温度差を7℃以上とることは難しい．したがって，可能な限り大温度差低流量型を採用するとともに，ペリメータゾー

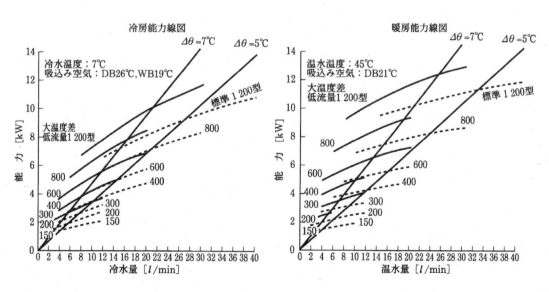

図4・12 ファンコイル能力線図の例

ン負荷処理(顕熱負荷処理)用に限定することが望ましい.

2) ファンコイル選定時には,単に顕熱・全熱負荷から選択するのみでなく,図4・13に示すような選定図から,標準型では機器をランクアップする,大温度差低流量型とするなど使用点における利用温度差も検証して選定することが必要である.

3) 定流量弁の設置により,過大流量の防止を図る.

4) すべてのファンコイルは二方弁による変流量制御とし,必要に応じて大温度差確保弁を採用する(図4・13).設置法には,ゾーンごとに設ける方式〔(a)ゾーン制御〕と,各ファンコイル内に組み込む方式〔(b)個別制御〕があるが,いずれの場合もファン発停とのインタロックを設け,ファン停止時には二方弁を閉止する.

5) 風量を低減すると,水側温度差が縮小するため,風量スイッチは最大に固定する設計とすることが望ましい.

6) ゾーン二方弁制御を行う場合,各ファンコイルには手動停止スイッチは設けない.個室などで手動停止スイッチを設ける場合は,ファンコイルごとにファンスイッチと二方弁をインタロックする.

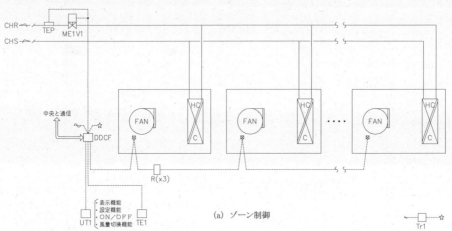

(a) ゾーン制御

〔制御項目〕
1. 室内温度制御(過流量防止機能付)
　過流量を制御した上で室内温度制御が可能になるように下記の制御を行う.
　○出力1:室内温度が設定値となるような冷温水弁の比例制御出力を決定する.
　○出力2:冷温水温度が設定値となるような冷温水弁の比例制御出力を決定する.(但し,下限値を設定する.)
　上記にて決定した出力1,出力2のうち低い出力値を選択して冷水・温水弁の比例制御を行う.
2. ファンコイル発停制御
　室内設定器(UT1)によりファンコイルユニットの発停,風量切換を可能とする.
　中央可能からのファンコイルユニットの発停も可能とし,手元操作との後押し優先操作とする.
3. ファンコイル停止時のインターロック制御
　ファン停止時に冷温水弁を全閉とする.
4. 中央監視システムとの通信
　(発停・設定・計測)

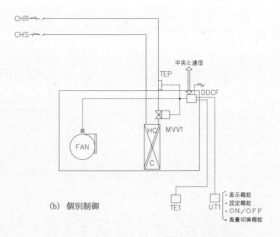

(b) 個別制御

図4・13 還り温度制御機能付ファンコイルコントローラーによる制御例(ゾーン制御・個別制御)

4.5 配管システムの設計

基本的に一次側は開放回路とするが、二次側はポンプ動力の削減や二次側機器配管の耐久性（水質の安定化）などへの配慮から、蓄熱槽と二次側空調設備との間に水水熱交換器を設置し、熱交換器二次側をクローズ化することを原則とする。蓄熱式空調システムの配管系設計の概要と留意点を、以下に述べる。

4.5.1 落水防止

蓄熱システムの一次側は基本的には開放回路となっているため、落水防止対策が必要となる。落水防止対策の概要と留意点を以下に示す。

1) 熱源機ごとに単独配管系統とする。
2) 還水立て管での落水によるサイホン効果で配管内に空気が混入したり、コイル内が負圧になることを防止するため、以下の対策を行う。
   還水立て管上部にバキュームブレーカ（あるいはチャッキ弁）を設ける（**図4・14**）。
3) 送水立て管、還水立て管とも頂部に空気抜き弁を設ける。
4) 還水立て管の蓄熱槽内の水と接する部分はステンレス管、あるいは外面ライニング管を使用する。
5) ポンプに空気が混入しないように、吸込み管は還管より下部に設置する。さらに、返り管の先端にチーズ管（エルボでも可）を設けるなどの対策が望ましい。
6) 実揚程が 200 kPa を超える場合は、還水立て管下部に落水防止弁を設ける（**図4・15**）。また、複数系統の還水管を集約する場合は、落水防止弁以降で行う。

落水防止弁設置の目的は、主に次の2点である。
i) 落水に伴うサイホン効果による機器や配管への空気混入を防止する。
ii) 落水のエネルギーに起因する騒音や振動（ウォータハンマ）を防止する。

図4・14 は返り管の上部にバキュームブレーカを設置し積極的に還水立て管へ空気を入れることで、熱源機への空気混入を防止している。また、落差20 m以上の場合など、サイホン防止を図りつつ還り管内および蓄熱槽内への空気混入も防止したい場合は、配管内を常に満水にしておく必要があるため、落水防止弁を設置する（**図4・15**）。

落水防止弁には自力式と自動式があり、次の

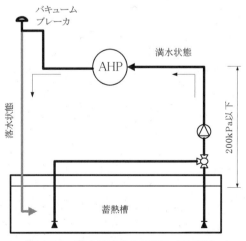

図4・14 落水防止弁を設置しない場合

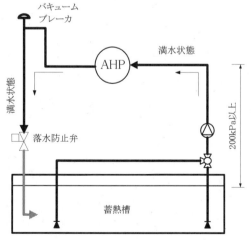

図4・15 落水防止弁を設置し配管内を満水とする場合

点に注意する．
1) 自力式：自力式の落水防止弁は構造上スプリングの力で圧力を保持しているので，弁を開放するにはそれ以上の圧力を加える必要があり，その採用にあたっては，この開放圧力をポンプ揚程に加算する必要がある．
2) 自動式：弁の閉動作完了をうけてポンプ停止を行うように，電動弁の制御を行う必要がある．

4.5.2 熱交換器以降の二次側配管設計

二次側配管設計の留意点を以下に示す．
1) 配管系統に空調機やファンコイルが複数接続される場合には，流量バランスをとるため，基本的にリバースリターン配管とし，各空調機，ファンコイルには定流量弁を設置することが望ましい．
2) 高層建物の場合は，高揚程系統と低揚程系統にポンプ系統を分ける検討を行う．
3) 二次側の閉回路化による蓄熱槽の温度ポテンシャルの低下を考慮した空調機コイルの設計，ファンコイルの選択に努める．

具体的には，蓄熱槽二次側に熱交換器を介することで，空調機への送水温度(7℃)を保持するためには，蓄熱槽取出(始端槽)温度はこれよりも低くする(6℃)必要があり，これに伴って熱源の冷水出口温度も低く(6℃以下)設定するため，熱源の運転能力は低下することになる(図4・2)．

逆に，蓄熱槽取出(始端槽)温度を7℃とし，空調機送水温度が上昇(8℃)とした場合は，空調機水側温度差は縮小(**3.4.10**，**図3・31**)するため，水側搬送動力の増大や，蓄熱量の低減につながる．一次側・二次側とも熱交換器の設置はシステム上での温度ポテンシャルの低下につながるため，蓄熱式空調システムにおいては，熱源機の能力特性の検証，水側温度差を確実に確保する空調機の設計やファンコイル選定が重要である．

4.5.3 ポンプの設置位置

熱源一次ポンプおよび熱交換器一次側ポンプは，設置位置によって，①床上ポンプ方式および②流し込みポンプ方式があり，建築的に可能であれば，ポンプ側に落水の恐れのない流し込みポンプ方式とすることが望ましい．以下に概要と留意点を示す．

4.5.3.1 床上ポンプ方式(水面より上部にポンプを設置する場合)

ポンプピットが不要なため，蓄熱槽容量は流し込み方式よりは確保しやすい．ただし，下記の点に留意する必要がある(**図4・16**)．
1) サクション側吸込み揚程はおおむね40kPaが限界であり，二方弁，三方弁に適正なCV値を確保できない場合がある．
2) フート弁の故障により落水する場合があるため，呼び水装置を設ける．

4.5.3.2 流し込みポンプ方式(水面より下部にポンプを設置する場合)

二重スラブの一部などにポンプを設置するため，蓄熱槽容量はその分減少するが，ポンプへの流れ込みとなるため，吸込み揚程はなく，落水の心配もない(**図4・17**)．留意点は以下のとおりである．
1) ポンプ軸封部のドレン処理を不要とするため，軸封部にはメカニカルシールを採用することが望ましい．
2) 蓄熱槽側壁貫通部配管は，つば付き実管スリーブ打込みを行い，止水処理を十分に行う．

4.5 配管システムの設計

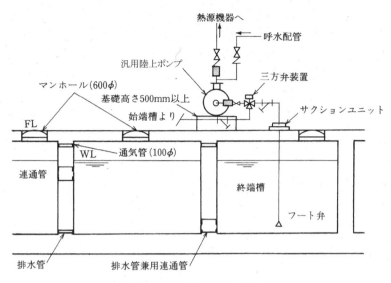

図 4・16 床上ポンプ方式

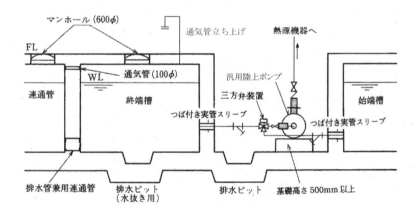

図 4・17 流し込みポンプ方式

4.6 熱源一次ポンプの設計

4.6.1 概　要

熱源一次ポンプは，熱源機器容量および蓄熱槽容量の決定後に選定する．

従来の熱源システムでは，冷温水出入口温度差 $\Delta t = 5$℃で定流量方式が標準[5]とされているが，本書では熱源冷温水出入口温度は**図3・30**に示す標準大温度差 $\Delta t = 7$℃（熱源機は $\Delta t = 5 \sim 10$℃対応）として定流量方式とする．

設置方式は従来用いられてきた床上ポンプ方式に加え，フート弁故障による落水時のポンプの空転防止を目的とした流し込みポンプ方式の採用を推奨する．

ここでは，汎用ポンプによる床上ポンプ方式を前提として，熱源一次ポンプの選定手順を示す．

4.6.2 冷温水量の算定

冷温水量の算定は以下による．

$$Q_{ch1} = Q_{22} \times 1\,000/(\Delta\theta \times C \times 60) \quad (4\cdot15)$$
$$= Q_{22} \times 14.4/\Delta\theta$$

ここで，

- Q_{ch1}：熱源機器の冷温水量[L/min]
- Q_{22}：熱源機器能力（22時）[kW]
- $1\,000$：[l/m^3]
- $\Delta\theta$：熱源機器冷温水出入口温度差（7℃：標準大温度差）
- C_p：水の容積比熱 = 1.16 kW・h/(m³・K)
- 60：min/h

熱源一次ポンプは熱源機器1台ごとに設けるため，Q_{22} は熱源機器1台あたりの能力とする．熱源機器が空気熱源ヒートポンプチラーの場合，冷房時の熱源機能力は最大熱負荷日の最低外気温度で決定してもよいが，ここでは便宜上22時の外気条件での能力とする．

4.6.3 揚程の算定

揚程の算定は以下による．

$$H = (H_1 + H_2 + H_3 + H_4) \times 1.1 \quad (4\cdot16)$$

ここで，

- H：全揚程[kPa]
- H_1：押上げ実揚程[kPa]
- H_2：吸込み実揚程*[kPa]
- H_3：配管抵抗＝直管部抵抗＋局部抵抗[kPa]
- H_4：熱源機器，落水防止弁，電動弁，フート弁*などの抵抗[kPa]

4.6.4 ポンプの選定

ポンプの軸封部は，槽内水の水質保全のためのメカニカルシートとすることが望ましい．グランドパッキンの場合，軸封部ドレン量に見合ったドレン量に見合った蓄熱槽への補給水が必要となるが，これは槽内水の溶存酸素を増加させる．

---

* 流し込みポンプ方式の場合は，吸込み実揚程を見込む必要がなく，フート弁も不要である．

4.7　二次ポンプの設計

蓄熱システムにおいて，二次ポンプは蓄熱槽から空調機やファンコイルなどの二次側機器に送水するポンプのことで，熱交換器一次側および二次側ポンプで構成する．二次側ポンプの選定手順を以下に示す．

4.7.1　熱交換器一次側ポンプシステム

熱交換器一次側ポンプは，インバータによる変流量システムとする．

4.7.1.1　冷温水量の算定

冷温水量の算定は式(4·15)と同様に以下により行う．

$$Q_{ch2} = Q_{peak} \times 14.4/\Delta\theta \quad (4·17)$$

ここで，

Q_{ch2}：熱交換器一次側の冷温水量[L/min]

Q_{peak}：熱交換器能力(最大熱負荷)[kW]

$\Delta\theta$：熱交換器一次側出入口温度差(7℃：標準大温度差)

熱交換器一次側ポンプは熱交換器ごとに設けるため，Q_{peak}は最大熱負荷の熱交換器1台あたりの能力とする．

熱交換器の出入口温度差は7℃を標準とするが，蓄熱槽の利用温度差に合わせる．

4.7.1.2　揚程の算定

揚程の算定は一次ポンプと同様に式(4·16)により求める．

4.7.1.3　ポンプの選定

熱源一次ポンプと同様に，槽内水の水質保全のため，ポンプ軸封部はメカニカルシールとすることが望ましい．

＊ 流し込みポンプ方式の場合は，吸込み実揚程を見込む必要がなく，またフート弁も不要である．

4.7.2　熱交換器二次側ポンプシステム

空調機側は二方弁による方式変流量であり，熱交換器二次側ポンプも基本的にインバータによる変流量システムとする．

4.7.2.1　冷温水量の算定

冷温水量の算定は式(4·15)と同様に以下による．

$$Q_{ch3} = Q_{peak} \times 14.4/\Delta\theta \quad (4·18)$$

ここで，

Q_{ch3}：熱交換器二次側の冷温水量[L/min]

$\Delta\theta$：熱交換器二次側出入口温度差(標準7℃：標準大温度差)

熱交換器二次側ポンプは熱交換器1台ごとに設けるため，Q_{peak}は最大熱負荷の熱交換器1台あたりの能力とする．

熱交換器の出入口温度差は7℃を標準とするが，搬送動力の低減と蓄熱量の拡大を図るため空調機コイルの大温度差設計を行う場合は，8℃以上とする．

4.7.2.2　揚程の算定

式(4·16)のH_3，H_4のみを見込み，以下の式(4·19)による．

$$H = (H_1 + H_2) \times 1.1 \quad (4·19)$$

ここで，

H：全揚程[kPa]

H_1：配管抵抗＝直管部抵抗＋局部抵抗[kPa]

H_2：空調機冷温水コイル，熱交換器，電動弁などの抵抗[Pa]

クローズ回路側に設置されるため，押上げ実揚程および吸込み実揚程は不要である．

4.7.3　熱交換器一次側・二次側の変流量制御

熱交換器一次側は押上げ実揚程，吸込み実揚

程がある場合は変流量制御効果はそれほど期待できないため，熱交換器二次側空調機送水温度による吐出圧力一定制御方式とするケースもあるが，熱交換器二次側は閉回路であるため，実揚程，吸込み揚程がなく，軽負荷時には大幅な省エネルギー効果が見込めるので，基本的に末端圧制御や流量による推定末端圧力制御など効果的な制御を採用する．

4.8 制御・計測システムの設計

4.8.1 蓄熱式空調システムの制御の要点

蓄熱式空調システムで，その特性を活かすためには，機器容量や性能とともに制御システムが非常に重要である．

熱源機の選定は，最大日積算熱負荷を対象に行うが，運用段階では，空調期間の多くの日が部分負荷での運転となる．蓄熱式空調システムではこの部分負荷日において設計意図どおりの運転を行うことができるかが，システムの成否を決定する．設計者はこの点をよく理解し，刻々の熱負荷変動に対応し，どの様に対応するのかを明確にしたうえで，各機器の最適運転のための制御設計を行うことが必要である．

従来からの夜間電力移行を主眼とした蓄熱式空調システムの自動制御の要点を以下に示す．近年はこれらに加え，BCP対応，ネガワット，ポジワットなどディマンドリスポンスへの対応といったさまざまな要因も絡んできており，より高度な制御が求められている．本項ではまず，基本的な機能について以下に示す．

1) 空調負荷に見合った蓄熱量の確保：空調終了時に，可能な限り蓄熱量(残蓄量)をゼロにする．必要なときに必要な蓄熱量を確保する．
2) 蓄熱量の有効利用：二次側機器の利用温度差をできるかぎり拡大し，蓄熱量を高める．
3) ランニングコストの低減：可能な限り夜間電力を利用する．電力需要を調整する．
4) 機器，配管などシステムの保護，機能維持：熱源機は夜間無人運転が原則のため，システムの安全性を保持する．

ここでは，蓄熱式空調システムにおける制御の要点を**表4・11**に示し，以降に冷房運転で説明する．暖房についても基本的に同様に考えてよい．

4.8.2 制御システムの機能

表4・12に，蓄熱式空調システムの制御機能と概要を示す．なお，空調機器の空気側制御など非蓄熱式と共通の制御機能は除いてある．

表4・11 蓄熱式空調システムの制御の要点

内容 \ 制御対象	一次側(熱源機)	二次側 (空調・ファンコイルなど)	搬送系(ポンプ)	システム全体
制御	・熱源機の定格運転 ・最適出口温度制御	・空調機器の制御	・送水側制御 ・還水側制御	・蓄熱運転制御 ・放熱運転制御
要点	・高効率運転 ・最適設定 ・運転COPの向上 ・環境の確保	・二方弁制御(変流量制御)による利用温度差確保 ・適切な制御弁サイズの選定(過大流量の防止) ・適切な還水温度の確保 ・大温度差ファンコイルの採用 ・無制御部分の排除	・変流量方式における台数制御とインバータの組合せ ・適切な送水温度，還水温度の確保	・夜間移行率の向上 ・ピークカットの促進 ・最適運転管理(負荷予測と蓄熱量，熱源機器運転管理)

〔出典〕ヒートポンプ・蓄熱センター"蓄熱システムの設計・制御"第2編より

表4·12 蓄熱式空調システムの制御機能

制御対象	制御内容	制御方式の選択	詳細方式選択
熱源機，蓄熱槽一次側搬送系	負荷予測自動発停制御	蓄熱コントローラ	
		中央監視設備	
	熱源機出入口温度制御	定流量温度制御	三方弁方式 連動型バタフライ弁方式
		変流量出口温度制御 （変流量チラー使用）	二方弁変流量制御 ポンプ回転数制御
	熱源機出口温度による自動停止制御		
	ピークカット制御		
	蓄熱槽水位警報		
	一次ポンプ熱源機インタロック制御 （一次ポンプの発停は熱源機からの動作信号によって行う）		
	落水防止制御	自力式落水防止制御	
		自動式落水防止制御	
空調器	二方弁変流量制御		
	ファンインタロック制御		
	大温度差確保制御 過大流量防止制御		
ファンコイル	二方弁変流量制御	ゾーン制御	
		個別制御	
	ファンインタロック制御		
	過大流量防止制御		
二次側搬送系	落水防止制御	自力式落水防止制御	
		自動式落水防止制御	
	変流量制御	二方弁制御	
		ポンプ回転数制御	抵末端圧一定制御 末端圧一定制御
		ポンプ台数制御	
	ポンプベース切替え制御		

4.8.3 蓄熱コントローラ

蓄熱コントローラは，熱源，蓄熱槽周りの制御機能を集約したものであり，表4·13に制御機能を示す．同じ機能を汎用制御機器で構築する場合に比べ，はるかに安価，コンパクトである．蓄熱式空調システム運転効率の向上，運用段階での合理化のためには，蓄熱コントローラは不可欠である．

4.8 制御・計測システムの設計

表4・13 蓄熱コントローラの機能

1.	運転管理 1) 自動手動切替え 2) 群指令 3) 冷暖モード切替え
2.	蓄熱運転タイムスケジュール 1) 時間帯設定(夜間時間帯,ピークカット時間帯,標準空調時間帯など) 2) 運転モード(夜間,残業,停止など)
3.	蓄放熱運転制御 上記各運転モードに対する蓄放熱運転制御を行う.例)夜間モード:夜間蓄熱運転,前詰め・後詰め運転,夜間残業運転など
4.	蓄熱量演算 最大8点の蓄熱槽内温度と設定値を用いて現在の蓄熱量を演算する.
5.	空調負荷熱量予測 1) 空調負荷熱量予測 2) ピーク日空調負荷パターン設定 3) 負荷パターン指定など
6.	蓄熱目標演算 1) 熱目標(各モード終了時の蓄熱目標を演算する)
7.	台数制御 ・運転順序・最大運転台数・増減段補正など
8.	出口温度異常停止
9.	蓄放熱完了表示出力
10.	強制停止
11.	個別発停
12.	再起動防止制御
13.	順次起動停止制御
14.	電力デマンド制御
15.	故障時制御
16.	三方弁制御
17.	停復電制御

〔出典〕山武ビルシステムカンパニー PMXⅢ蓄熱コントローラ仕様説明書

4.8.4 一次側システムの制御

熱源機器および蓄熱槽の設計の際に各モード(蓄熱運転,昼間運転)で,効率的に運用させるべく制御システムを計画する.また,負荷予測が熱源機の運転上重要であるため,負荷予測制御の考え方を明確にしておくことが必要である.基本的に,負荷予測制御機能は蓄熱コントローラ側で持つが,中央監視装置や外部からの負荷予測・制御指令を受ける場合もあるため,これらに対応する機能も構築しておくことが必要である.

また,熱源機は全負荷運転を基本とするが,熱源機の機種・部分負荷特性や,補機,一次ポンプなどを含めたシステム構成・効率から容量制御が有効なケースもある.設計主旨書,機器表,制御図にてその運用方法(回路切替え時における熱源機容量制御用の温度設定など)を明確にしておく.蓄熱運転制御に関する運転時間帯や温度などの設定は,試運転検収時や運用段階で,建物の使われ方や熱負荷の実態に合わせて調整していくが,設計段階では,この調整に向けての初期値を制御図に明示しておくと運用上有効である.

4.8.4.1 蓄熱運転

蓄熱時間帯に,熱源機の出口冷温水温度を一定として,熱源機を最も高効率に連続運転するよう計画する.熱源機の起動は,基本的にタイムスケジュール(22:00)により行い,負荷予測に基づいた必要蓄熱量を満足するか,満蓄熱で熱源機を停止する.また,高負荷日には空調終了時刻(18:00)から22:00の間に蓄熱運転を開始したり,逆に極軽負荷日(日運転時間 <10 h)には蓄熱運転を22:00から8:00の間で前詰め(22:00〜),後詰め運転(〜8:00)とするかなどの選択肢もある.

原則として蓄熱運転は前詰めとするが,設計段階では運転時間帯,蓄放熱完了温度を蓄熱バランス図と制御フロー内で明確にしておくことが必要である.

4.8.4.2 昼間運転

昼間運転には,計画運転と追掛け運転がある.計画運転とは,負荷予測に基づいて決定したスケジュール運転であり,追掛け運転とは,スケジュール運転による蓄熱槽内の蓄熱量の推移をみて,空調終了時に蓄熱量が0となるように熱源機運転の短縮,延長などの調整を行うものである.

第4章 蓄熱式空調システムの設計

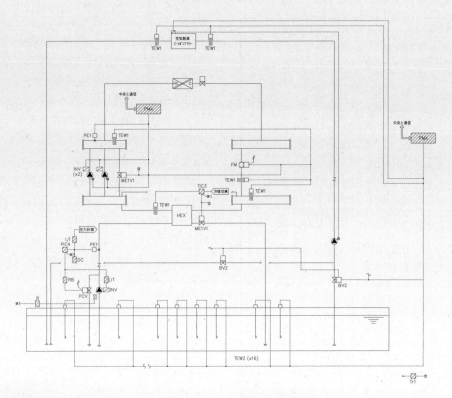

〔制御項目(蓄熱槽廻り)〕
1. 夜間蓄熱運転制御:夜間に蓄熱が完了するまで空気熱源ヒートポンプチラーの運転を行う。
2. 昼間時負荷追従運転制御:昼間に蓄熱量が不足すると判断した場合,熱源機の追従運転を行う。
3. ピークカット制御:"ピーク時間調整契約"の時間帯は熱源機器の停止を行う。
4. 空気熱源ヒートポンプチラー出口温度制御
  4-1 空気熱源ヒートポンプチラー起動時,出口温度が設定温度になるまで,三方弁(BV2X2)の固定開度運転を行う。
  4-2 空気熱源ヒートポンプチラー起動し,一定時間後,出口温度を安定させるため,三方弁(BV2X2)の比例制御を行う。

5. 二次送水圧力制御:吐出圧により,下図のようにインバータ(INV)の比例制御およびポンプバイパス弁の比例制御を行う。

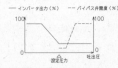

6. 中央監視システムとの通信(発停・監視・設定・計測)

〔制御項目(HEX 熱交換器周り)〕
1. 二次側出口温度により一次側二方弁制御:二次側出口温度により,下図のように一次側二方弁の比例制御を行う。
(下記は,冷房時を示す)

〔制御項目(二次ポンプ周り)〕
1. 二次ポンプ台数制御:負荷流量により二次ポンプ必要台数を演算し,下図のように発停制御を行う。
また,ベースポンプの自動ローテーションを行う。
故障機については台数制御対象から除外するものとする。

2. 送水圧力制御:吐出圧により,下図のようにインバータ(INV)の比例制御および,バイパス弁のON/OFF制御を行う。

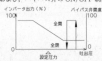

3. 推定末端圧制御:低負荷時の二次ポンプ動力削減を目的として,負荷流量により吐出圧設定時の変更制御(カスケード制御)を行う。

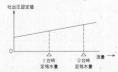

4. 中央監視システムとの通信(発停・監視・設定・計測)

(注記)1. 空気熱源ヒートポンプチラーと一次ポンプの連動配線ならびにインターロック渡り配線工事は本工事とする。
2. 連動シーケンス回路は空気熱源ヒートポンプチラーの機側盤内回路および動力盤内回路を使用する。
3. インバータ(INV)および,その調整は電気工事区分とする。

図 4・18 蓄熱式空調システムの制御(例)

― 106 ―

4.8.5 二次側システムの制御

基本的に蓄熱槽二次側(放熱側)は二次側ポンプをインバータ制御とする変流量方式とする．

できる限り，二次側の温度差(熱交換器一次側・二次側とも)を拡大確保する制御を計画することで，蓄熱槽内の温度プロフィルを乱さず，蓄熱システムの良好な運用が図れ，省エネルギーにも寄与する．**図4・18**に蓄熱式空調システムの例を示す．

4.8.5.1 熱交換器一次側

熱交換器一次側ポンプは，熱交換器二次側の冷水往温度(7℃)が一定となるように，インバータによりポンプの回転数制御を行う．熱交換器一次側ポンプに対して，熱交換器が複数台ある場合は，熱交換器ごとに二方弁を設け，二方弁により熱交換器二次側の冷水送り温度を制御する．

水面より上部にポンプを設置した場合は(**図4・15**)，押上げ揚程とともに吸込み揚程も確保しなければなないため，回転数を下げられないことがあるので，熱交換器二次側の空調機送水温度での圧力一定制御とする場合もある．

これに吐出対し，ポンプを水面より低い位置に設置してフート弁をなくし，吸込み揚程を不要にする方法もある(**図4・16**)．

4.8.5.2 熱交換器二次側

〔1〕 ポンプの変流量制御(回転数制御)

熱交換器二次側回路は閉回路であり，押上げ揚程，吸込み揚程がないため，部分負荷時のポンプのインバータ変流量制御で，大きな省エネルギー効果が期待できる．ポンプからみて，系内の末端部が特定できる場合は末端差圧一定制御でもよいが，運用状態や改修などで特定できないケースもあり，こういった場合は推定末端差圧制御とする．

また，いわゆるすっぽ抜け状態防止のための熱交換器二次側のポンプと熱交換器一次側のポンプ，二方弁のインタロックなどにも配慮しておく．

〔2〕 空調機器の制御

すべての空調機で二方弁による変流量制御とする．各空調機は，3.4.10，**図3・30**に示す標準大温度差方式とし，特に冷温水出入口温度差 $\Delta\theta \geq 7$℃は必須として利用温度差を拡大することで，蓄熱槽内の温度プロフィルを向上する．これにより，蓄熱量の増大，全体空調効率の向上を図る．

また，空調開始時には制御弁が全開となるため，過大な流量が流れ，温度差が小さくなり蓄熱内の温度プロフィルに悪影響を与えるので，手動弁や定流量弁で最大流量を調整することも必要である．

昼間運転，特に空調終了近くで，残蓄熱量が少なくなってくると(16:00～18:00)，空調機への冷水送水温度が上昇してくるため，追掛け運転を行ってしまい，22:00時点で蓄熱が残ってしまうケースが多い．冷水温度が上昇しても，空調機の潜熱除去能力は低下するものの，顕熱処理能力の低下は緩和されるので，熱源機の追掛け運転を極力行わないよういわゆる"蓄熱をしゃぶりつくす"ことで，蓄熱槽の利用温度差が拡大でき，より合理的な運転が可能となる．

〔3〕 ファンコイルの制御

蓄熱式空調システムにおけるファンコイルの制御にはゾーン制御と個別制御があるが，低流量であっても比例制御を行い，利用温度差を拡大する必要がある．また，ファンコイルにおいても還り温度制御機能付ファンコイルコントローラーを用いるべきである(**図4・13**)．さらに，すべてのファンコイルにファンインタロックを取り，ファンのOFF時に二方弁を閉止できるようにするが，ゾーン制御の場合個別の発停をさせないこと，さらに，風量を低減すると水側温度差が縮小されるため，風量スイッチは，設計段階で最大に固定させておくことが望ましい．

4.8.6 蓄熱システムにおける協調設定

蓄熱システムの制御では，蓄熱コントローラのみでなく，熱源機，三方弁などローカル制御機器でそれぞれ制御・保護用回路を持っているため，温度設定値が相互に絡み，設定を間違えると運転に支障をきたすケースがある．これらの協調設定を図るため，以下に，標準的な水蓄熱システムでの設定項目と設計段階での設定温度例を示す．

① 熱源機機内の凍結保護温度(3℃)
② 熱源機機内の緊急停止温度または容量制御開始温度(回路を持つ場合)(4℃)
③ 熱源機外(蓄熱コントローラ)の緊急停止(5℃)
④ 熱源機冷水出口温度(蓄熱コントローラ)(6℃)
⑤ 熱源機追掛け運転開始(蓄熱コントローラ)(9℃：可変)
⑥ 熱源機追掛け運転停止(蓄熱コントローラ)(8℃：可変)
⑦ 蓄熱完了温度(蓄熱コントローラ)(7℃)
⑧ 放熱完了温度(蓄熱コントローラ)(14℃)

4.8.7 設計用チェックシート

設計が終了した段階で，**表4・14**のようなチェックリストにより，設計内容の確認を行う．

4.8 制御・計測システムの設計

表4・14 設計用チェックリスト

項目		判定基準	設計内容	判定
熱源機器, 一次側システム				
	熱源機の設計仕様	本体の容量制御回路を解除しているかまたは適切な温度設定となっているか		
		電流値制御になっているか		
		遠方発停端子を設けているか		
		ポンプ発停信号端子を設けているか		
		運転状態信号端子を設けているか		
		インタロック端子を設けているか		
		一括警報端子を設けているか		
	運転時間設定	蓄熱目的に合致しているか		
	冷水出口温度設定	6℃以下か 46℃以上か		
	熱源機冷温水入口温度設定	蓄熱槽終端槽温度より2℃以上(冬期2℃以下)か		
	熱源機の出入口温度差	5℃以上か		
	蓄熱槽利用温度差	7℃以上か		
	夜間蓄熱運転時間	6～10時間		
	蓄熱率	0.3以上か(標準0.4～0.6)		
	冷・温水ポンプの落水対策	ポンプ仕様または落水対策(チャッキ弁・フード弁取付け)		
	冷・温水ポンプの吸込み揚程	39.2 kPa{4 mAq}以下か		
	落水防止弁	実揚程 20 m以上の場合は設置		
	冷却水送水温度制御	中間期, 冬期運転の場合は必要		
	冷却塔凍結防止対策	中間期, 冬期運転の場合は必要		
	防音対策	夜間運転時の騒音規制値を満足しているか		
	降雪対策	積雪地域では降雪対策を行っているか		
	ショートサーキット防止	防音壁などによる通風障害はないか		
	塩害対策	設置地域により塩害対策を行っているか		
蓄熱槽関連設備				
	連通管の配置 (連結完全混合槽)	1槽単位に上下, 左右の配置となっているか		
		ショートサーキットの箇所はないか		
		始端槽, 終端槽では出来るだけ下部配置とする		
	始端槽, 終端槽最大水位差	500 mm以下か		
	連通管通過流速	0.1～0.3 m/s		
	槽間排水管	連通管と同じ流路に設置しているか		
	通気管	槽間通気管を設置しているか		
	通気立て管	始端槽または終端槽に設置しているか		
	ポンプサクションピット	ポンプサクションピットを設けているか		
	マンホール	全槽点検可能か		
		断熱対策は行っているか		
	給水装置	手動給水装置を設置しているか		
		水張り時間を考慮した給水管サイズとなっているか		
		量水器を設置しているか		
	排水方法	槽全体の排水方法を考慮しているか(一次ポンプ, 二次ポンプ利用)		
	断熱防水	断熱防水仕様は適正か		
		断熱防水の範囲は明確になっているか		
		冷水槽, 冷温水槽の切換え弁の断熱対策は適正か(弁仕様など)		
		地下水位が高い場合, 湧水浸入対策を行っているか		
二次側システム				
	冷・温水ポンプの落水対策	ポンプ仕様または落水対策(チャッキ弁・フード弁取付け)		
	冷・温水ポンプ吸込み揚程	39.2 kPa{4 mAq}以下か		
	落水防止弁	実揚程 20 m以上の場合は設置		
	空調機冷温水出入口温度差	7℃以上か		
	二次側変流量制御	ポンプ台数制御+インバータによる回転数制御		
		ポンプ吐出圧力一定バイパス制御を設けているか		
	空調機	二方弁変流量制御か		
		二方弁は出口側に設置しているか		
		冷温水出入口に温度計を設置しているか		
		定流量弁または流量計を設置しているか		
	ファンコイルユニット	送水温度制御となっている		
		大温度差定流量型か		
		二方弁変流量制御が望ましい		
		ON/OFF二方弁制御またはブロック別二方弁制御になっているか		
		二方弁は出口側に設置しているか		✓
		定流量弁を設置しているか		

(**表 4・14** 設計用チェックリストつづき)

配管系システム				
	一次側配管系統	熱源機器単位の系統が望ましい		
		往管頂部に空気抜き弁を取り付けているか		
	二次側配管系統	実揚程の著しく異なる部分の系統分けを行っているか		
		実揚程が非常に高い場合，二次側熱交換器を設置		
		還水管はリバースリターン方式か		
	落水対策	還水立て管頂部を鳥居型に立ち上げているか		
		還水立て管頂部に自動空気抜き弁を取り付けているか		
自動制御システム				
	一次側システム	熱源機出口温度側御となっているか		
		三方弁は時間遅れ補正制御となっているか		
		熱源機出口温度による強制停止回路はあるか		
		蓄熱槽任意の温度による強制停止・運転回路はあるか		
		負荷予測機能はあるか		
		蓄熱量演算機能はあるか		
		蓄熱運転モードはあるか		
		熱源機の発停指令は中央監視盤からか		
	一次側ポンプの発停	熱源機からの信号による発停		
	冷却水ポンプ，冷却塔発停	熱源機からの信号による発停		
	二次側変流量システム	ポンプ台数制御＋インバータによる回転数制御などになっているか		
		吐出圧一定のポンプの場合バイアス逃し弁を設けているか		
		落水防止弁は変流量対応か		
	二次側定流量システム	送水温度制御となっているか		
	二次側冷・温水ポンプ発停	中央監視盤からの発停回路か		
	空調機	制御弁の差圧は適正か(30～50 kPa)		
		ファンとのインタロック回路を設けているか		
		発停は中央監視盤からか		
	ファンコイルユニット	二方弁制御が望ましい		
		ファンとのインタロック回路を設けているか		
		中央監視盤からの発停が望ましい		
計測システム				
	蓄熱槽	蓄熱量演算のための計測ポイント数は適正か		
	一次側	熱源機入口温度，出口温度		
		熱源機流量		
		(熱源機生産熱量)		
	二次側 (空調機，ファンコイルユニット)	送水温度，還水温度		
		二次側送水量		
		(二次側送水熱量)		
	冷却水	送水温度，還水温度		
	空調機系統	室内温度，湿度		
	ファンコイルユニット系統	室内温度，湿度		
	その他	外気温度，湿度		
中央監視システム				
	中央監視	(負荷予測機能)		
		(蓄熱演算機能)		
		監視機能		
		表示機能		
		操作機能		
		制御機能		
		設備管理機能		
		記録機能		
		自己診断機能		
		PC管理機能		
		その他の機能		
その他工事区分は明確になっているか				
	建築工事			
	空調設備工事			
	給排水・衛生設備工事			
	電気設備工事			

〔出典〕ヒートポンプ・蓄熱センター「蓄熱システムの設計・制御」第2編

4.9 計測システム

4.9.1 蓄熱式空調システムの評価指標

企画・基本計画・実施設計・施工・運用段階を通して蓄熱式空調システムではさまざまな評価指標が用いられる．そのほとんどは運用段階のエネルギー管理に帰結するが，基本計画段階では運転評価のための計測ポイント・評価指標等の実測計画を立案しておく必要がある．蓄熱式空調システムの評価指標とその定義式，評価例などの詳細は6章に示している．ここでは，蓄熱式空調システムの評価にあたっての計測ポイントと評価指標，計測ポイント−評価指標の関連を図4・19，表4・15〜4・18に示す)．

例えば，蓄熱バランス図と年間熱負荷降順ソート図の作成は，蓄熱式空調システムの計画・設計段階の必須項目ともいえるものである．これを運転段階で実測値にて作成したものと対照することで，運用段階での運転検証の有用な資料にもなる．図4・20〜図4・23に蓄熱バランス図と年間熱負荷降順ソート図の基本計画・設計段階と運転段階の対比例を示す．

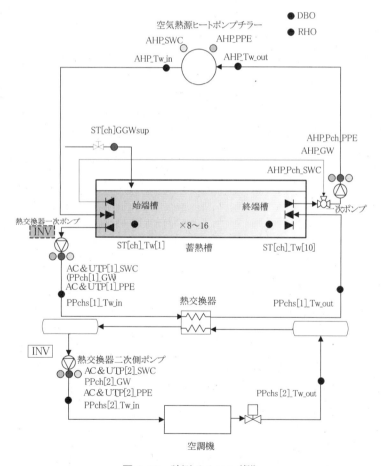

図4・19 計測ポイント（例）

表4・15 計測ポイント記号

機器		計測対象		計測ポイント記号 TSC/naming code
水蓄熱システム	空気熱源ヒートポンプチラー			AHP[n]
		運転状態	ON/OFF	AHP[n]_SWC
		電力量		AHP[n]_PPE
		温度	冷温水出口温度	AHP[n]_TWin
			冷温水入口温度	AHP[n]_TWout
		流量	冷温水流量	AHP[n]_GW
	冷温水一次ポンプ			AHP[n]_Pch
		運転状態	ON/OFF	AHP[n]_Pch_SWC
		電力量		AHP[n]_Pch_PPE
	蓄熱漕	温度	槽内温度	ST[ch]_TW[n]
		流量	補給水量	ST[ch]_GGWsup
二次側	熱交換器一次側ポンプ			AC&UT_P[1]
		運転状態	ON/OFF	AC&UT_P[1]_SWC
		電力量		AC&UT_P[1]_PPE
	熱交換器一次側配管	温度	二次側冷温水往温度	PPchs_TW[1]
			二次側冷温水還温度	PPchr_TW[1]
		流量	二次側冷温水流量	PPch_TW[1]
	熱交換器二次側ポンプ			AC&UT_P[2]
		運転状態	ON/OFF	AC&UT_P[2]_SWC
		電力量		AC&UT_P[2]_PPE
	熱交換器二次側配管	温度	二次側冷温水往温度	PPchs_TW[2]
			二次側冷温水還温度	PPchr_TW[2]
		流量	二次側冷温水流量	PPch_TW[2]
外気		温度	外気乾球温度	DBO
		湿度	外気相対湿度	RHO

4.9 計測システム

表 4・16 蓄熱式空調システムにおける単体・コンポーネントの評価指標

評価項目	内容と説明
ヒートポンプCOP (AHP[n]_COP)	ヒートポンプのエネルギー効率を示す評価指標．メーカーの技術資料などのデータを判断基準として利用することが可能である．
一次ポンプWTF (AHP[n]_P_WTF)	冷温水一次ポンプの熱搬送効率．
ヒートポンプ能力 (AHP[n]_Q)	ヒートポンプの供給能力．設計値通り能力が出ているかの確認や，熱源機COP算出の際に必要となる．
実際蓄熱量(実際放熱量) (st[ch]_QQact)	蓄熱システムにおいて，熱源入口および二次側送水限界温度の制約と負荷と制御の特性，ならびに氷蓄熱の場合の潜熱量を加味して実現した実際の蓄熱量(または放熱量)をいう．水蓄熱の場合は放熱完了と蓄熱完了とから計算される．氷蓄熱においてこれに潜熱蓄熱量を加える．後述の蓄熱槽効率を支配する．
消費熱量 (AC&UT_QWch)	二次側機器で，熱負荷(管路の熱損失を含む)を処理するために消消費される時間単位または日単位の熱量．日単位で評価したとき，全蓄熱運転では消費熱量と取出し熱量とは等しくなり，部分蓄熱運転の場合には消費熱量は取出し熱量より多くなる．
生産熱量 (MC_QWch)	熱源機器が生産する冷熱あるいは温熱の量．
放熱量 (ST[ch]_QQout)	蓄熱槽から冷水あるいは温水として取り出し，有効に熱負荷に供給される熱量．
投入熱量 (ST[ch]_QQin)	熱源機が生産する冷熱あるいは温熱のうち，蓄熱槽に供給される熱量．
温度プロフィル(位置型)	蓄熱槽内の水温分布の状態で，横軸に位置または容積，縦軸に温度をとり時刻をパラメータとして表現したものをいう．連結完全混合型蓄熱槽の場合には，各槽ごとの水温は均一と見なしたうえで，各槽の水温を結んで，蓄熱槽全体の水温分布を表す．この型の温度プロフィル特に水蓄熱槽の場合には，蓄放熱量の計算や，蓄熱槽効率の良否の判定に有用である．蓄熱サイクルと放熱サイクルに分離して示すときは，それぞれ蓄熱(温度)プロフィル，放熱(温度)プロフィルとして示す．
温度プロフィル(時系列型)	蓄熱槽内の水温の時間変動を，横軸に時刻または経過時間，縦軸に温度，パラメータに単槽または槽内の各部位をとって表したもの．連結する各槽の混合特性などの理解に有用である．

第4章 蓄熱式空調システムの設計

表4・17 蓄熱式空調システムのサブ・全体システムの評価指標

評価項目	内容と説明
蓄熱(エネルギー)効率 (ST[ch]_EF)	蓄熱槽の熱効率．放熱量/投入熱量で定義する．
システム効率 (SysEF)	ある一定期間に熱源機器が発生したエネルギー(熱量)に対して，二次側の空調機器が処理したエネルギー(熱量)の比率．これは蓄熱槽や配管系の熱損失(取得)，ポンプ動力による熱エネルギー損失(取得)を評価するものとなる．
熱源システムCOP (AHP[total][all]_COP)	熱源システムのエネルギー効率を評価する指標．単体性能のCOPとの相違は，一次ポンプなど補機動力を含めて評価を行う点である．蓄熱式空調システムでは避けるべき熱源の容量制御運転に加えて，熱源－一次ポンプ間での単独・遅延・残留運転の回避など運転の適性化の指標の一つとなる．
システムCOP (二次エネルギー基準) (SCOP II)	熱源機器がエネルギー(熱量)を発生するために，あるいは，発生できる状態を維持するために使用したエネルギー(二次エネルギー換算の電力量)に対して，二次側の空調機器が処理したエネルギー(熱負荷)の比率．これは冷凍機，ヒートポンプの熱力学的成績係数を補機に必要なエネルギーや配管系の熱損失を含めたものとして評価するもの．一般には，二次側搬送エネルギーまでは含まないが，蓄熱式空調システムでの開放式と密閉式の対比を行うときなど分母に二次側ポンプ動力まで含める場合もある．これらの区分と定義を明記することが必要である．
システムCOP (一次エネルギー基準) (SCOP I)	化石燃料や自然エネルギーを含めた熱源システムの場合は，電力量を一次エネルギーに換算して評価する必要がある．蓄熱システムに関しては一次エネルギー換算値は昼間(8～22時)1 kW·h = 10,050 kJ，夜間(22～8時)1 kW·h = 9,310 kJと定められているため，時刻(昼夜間)別を意識した集計が必要である．ある期間における電力機器系統の一次エネルギー入力と熱源機系統の消費燃料発熱量の一次エネルギーとの和に対するすべての熱源機の熱出力の比率．二次側以降に関しては，"システムCOP(二次エネルギー基準)"と同様である．
エネルギー消費係数 (SCEC・SysCEC)	システムCOP(一次エネルギー基準)の逆数．分母を共通の熱負荷値として，サブシステムごとのエネルギー消費係数を定義することも可能．トータルシステムエネルギー消費係数はサブシステムエネルギー消費係数の和で示される．
蓄熱槽効率 (ST[ch]_EfVW)	蓄熱および放熱限界温度の制約のもとに，槽の水容積全部が基準利用温度差で利用すると仮定したときの熱量(名目熱量)に対して，実際に放熱に利用し得た熱量(実際蓄熱量)の比．
電力夜間移行率 (BUIL_pEEEe)	本来昼間時間帯に発生した空調熱負荷を賄うために運転すべき熱源機器を，夜間時間帯(22～8時)に移行運転して使用した電力量と建物全体の1日使用電力量との比率．
熱源電力夜間移行率 (MC_pEEEe)	本来昼間時間帯に発生した空調熱負荷を賄うために運転すべき熱源機器を，夜間時間帯(22～8時)に移行運転して使用した電力量と熱源機器の1日使用電力量との比率．全蓄熱の場合には1.0となる．
熱負荷夜間移行率 (MC_pEQQW)	本来昼間時間帯に発生した空調熱負荷のうち，夜間時間帯に熱源機器を運転して蓄熱された蓄熱量によって賄われた熱負荷の割合．
熱源運転時間夜間移行率 (MC_pE T ahp)	熱源機の夜間運転時間(22～8時の時間帯)/熱源機の全運転時間．夜間移行運転制御を簡易に評価できる．

4.9 計測システム

表 4·18 蓄熱システムの評価指標と計量計測ポイントの関係

評価項目	記号	空気熱源ヒートポンプチラー							蓄熱槽内温度	二次側				建物全体電力量	外気		備考
		冷温水出口温度	冷温水入口温度	冷温水流量	ヒートポンプ電力量	ヒートポンプ運転状態	入口空気乾球温度	入口空気相対湿度	冷温水一次ポンプ電力量		二次側冷温水往温度	二次側冷温水還温度	二次側冷温水流量	二次側ポンプ電力量	二次側空調機電力量		外気乾球温度	外気相対湿度	
レベル3		■	■	■	■	■	■	■		■	■	■	■	■	■	■	■	■	
レベル2		■	■	②	■	■	■			③	■	■	④				■	■	
レベル1					■	■				①							■		
ヒートポンプCOP	AHP[n]_COP	○	○	○	○	○	▲	▲									△	△	
一次ポンプWTF*	AHP[n]_Pch_WTF	○	○	○					○										
ヒートポンプ能力	AHP[n]_Q	○	○	○		○	▲	▲									△	△	
実際蓄熱量	ST[ch]_QQact									○									
消費熱量	AC&UT_QWch										○	○	○						
生産熱量	MC_QWch	○	○	○															
放熱量	ST[ch]_QQout										○	○	○						注1
投入熱量	ST[ch]_QQin	○	○	○							○	○	○						注2
温度プロフィル										○									
蓄熱(エネルギー)効率	ST[ch]_EF	○	○	○							○	○	○						
システム効率	SysEF	○	○	○															
熱源システムCOP	AHP[total][all]_COP	○	○	○	○				○										
システムCOP	SCOPⅡ、SCOPⅠ				○	○			○		○	○	○	●	●				注3
エネルギー消費係数	SCEC　SysCEC				○	○			○		○	○	○	●	●				注3
蓄熱槽効率	ST[ch]_EfVW	○	○							○									
電力夜間移行率	BIIL_pEEEc	○	○	○							○	○	○			○			昼夜間別
熱源電力夜間移行率	MC_pEEEc	○	○	○															〃
熱負荷夜間移行率	MC_pEQQW	○	○	○							○	○	○						〃
熱源運転時間夜間移行率	MC_pET					○													〃

（単体性能／システム性能の区分あり）

注1：全蓄熱方式の場合は，一次側の計測は不要
注2：蓄熱運転時に，二次側負荷が無い場合は，二次側計測は不要
注3：システムCOPに二次ポンプ，空調機電力量を含めるかどうかにより判断．
　　また，SCOPⅠについては，昼夜個別にデータ収集を行うことが必要．

○：評価項目計算上必要な計測ポイント
△：評価項目評価上，必要な計測ポイント
▲：評価項目評価上，望ましい計測ポイント
●：評価項目の定義により必要となる計測ポイント

①：始端槽・終端槽
②：仮設・現場計測レベル
③：始端槽・終端槽＋中間槽
④：二次側変流量制御用流量計を利用

第4章 蓄熱式空調システムの設計

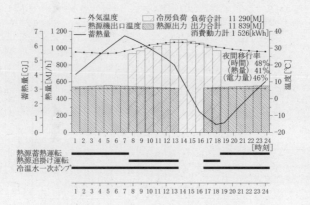

図4・20 蓄熱バランス図（設計段階）

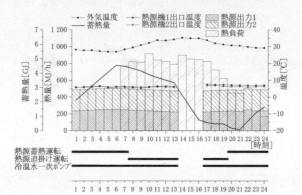

図4・21 蓄熱バランス図（運転段階）

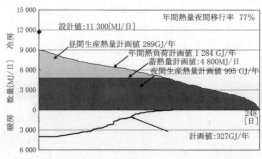

図4・22 年間熱負荷降順ソート（基本計画段階）

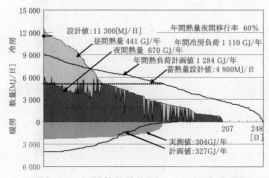

図4・23 年間熱負荷降順ソート（運転段階）

4.9 計測システム

参 考 文 献

1) ヒートポンプ・蓄熱センター：はじめての方でもすぐ使えるやさしい蓄熱式空調システムの計画法(平成28)，pp.8～9, 22
2) ヒートポンプ・蓄熱センター：はじめての方でもすぐ使えるやさしい蓄熱式空調システムの計画法(平成28)，p.42
3) TheBESTPROGRAM BuildingEnergySimulationTool: 建築環境・省エネ機構
4) TES_ECO 蓄熱式空調システム経済性評価プログラム，ヒートポンプ・蓄熱センター
5) LCEM ツール LifeCycleEnergyManagement ツール，国土交通省大臣官房官庁営繕部 設備・環境課
6) WEB プログラム エネルギー消費性能計算プログラム，国立研究開発法人建築研究所
7) ヒートポンプ・蓄熱センター：はじめての方でもすぐ使えるやさしい蓄熱式空調システムの計画法(平成28)，p.43
8) 建築設備設計基準 国土交通省大臣官房官庁営繕部設備・環境課(平成28年度版)，第4編第3章第3節大温度差空調システム，p.485
9) 空気調和・衛生工学会：低温送風空調システムの計画と設計(2003-12)，p.69
10) 大嶋・工藤・合田ほか 水蓄熱＋大温度差空調システムを活用した寒冷地での空調リニューアル(第1～2報)，空気調和・衛生工学会大会 講演会論文集(2004-9, 中部)，pp.907～914
11) 空気調和・衛生工学会：低温送風空調システムの計画と設計(2003-12)，p.33

第5章

蓄熱槽の設計と蓄熱式空調システムの施工

5.1 連結完全混合型蓄熱槽の設計

地下二重スラブ空間を利用した連結完全混合型蓄熱槽の設計例を図5・1に示す．なお，
　界壁：異なる温度で運転される水槽が隣接する場合の間仕切り壁
　隔壁：同じ種類・温度で運転される水槽の間仕切り壁
である．

5.1.1 槽の配置

蓄熱槽に建物地下二重スラブ空間を用いる場合は，始端槽・終端槽*は機械室の下に近接して設置する．熱損失を防止するために，冷水槽・温水槽を隣接して設けないことが望ましが，隣接する場合には，界壁の断熱に十分留意する必要がある．

また，ポンプ起動時の水位低下による空運転を防止するため，始端槽・終端槽は他の中間槽と同程度か，それ以上の容量とすることが望ましい．

5.1.2 蓄熱槽の水位

連結完全混合型蓄熱槽の水位は，ポンプが起動し槽間に水位差が生じた場合にも通気管が水没することがない範囲で，可能な限り高くする．

5.1.3 連通管

形状：円形を標準とする．下部連通管で人通口兼用とする場合は，矩形でもよい．

口径：実用上起こり得る最大循環水量（一次側もしくは二次側最大水量）に対して，水速0.3m/s以上程度で，始端槽～終端槽間の最大水位差が槽水深の20%以下となるよう図5・2か，以下の式から算定する．

$$h = \frac{(n-1) \cdot \xi \cdot v^2}{2g} \quad (5 \cdot 1)$$

ここで，
　h：蓄熱槽水位差[m]
　n：蓄熱槽の槽数
　ξ：連通管の局所抵抗係数
　v：連通管1本あたりの最大通過流速[m/s]
　g：重力加速度(9.8m/s^2)

なお，下部連通管を人通口兼用とする場合は，口径600φ以上とする．

水位差を小さくとり過ぎると，水速が過小となって混合しにくくなり有効容積率が低下する．水位差が過大となる場合は，連通管部の抵抗軽減のために，連通管開口部の角の面取り（ベルマウス化）を行う．連通管開口部を面取りした場合の局所抵抗係数は表5・1[1]による．

配置：直結完全混合型蓄熱槽では，各槽の容量を有効に利用するために，1槽ごとに上下左右に配置（千鳥配置）する．下部連通管は槽間排水管・人通口兼用とすることが多いため，施工可能な限り床面断熱防水層面まで下げて設ける．上部連通管は最大水位が付いた場合でも，水中から露出しないように，最大循環水量時の低水位よりも下げる（図5・3）．

始端槽・終端槽の連通管は，ポンプ起動時の水位低下による空運転防止のため，下部に設けるとともに，各槽の中で水の流れがショートサーキットしそうな槽に対しては，必要に応じて図4・3のような隔壁（仕切り壁）を設ける．

---

*　始端槽とは，二次側への送り出し槽つまり蓄熱開始槽を指し，終端槽とは，一次側への送り出し槽つまり蓄熱終了槽を指す．

5.1 連結完全混合型蓄熱槽の設計

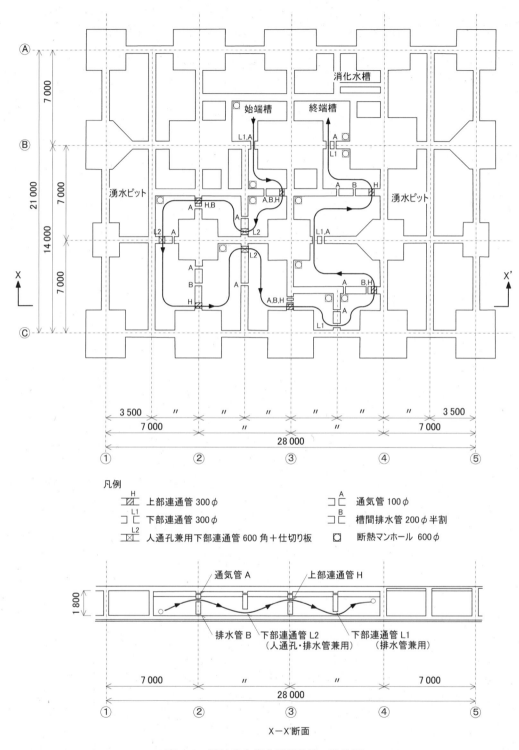

図 5・1 連結完全混合型蓄熱槽の設計例

表 5·1 連通管周りの局所抵抗係数

連通管の形状		直管	R管		45°管		ラッパ管	
			R=10mm R/D=5%	R=20mm R/D=10%	T=10mm T/D=5%	T=20mm T/D=10%	T=10mm T/D=5%	T=20mm T/D=10%
局所抵抗係数	L/D=0.5	2.40	1.81	1.36	1.63	1.40	1.60	1.36
	L/D=1.0	1.92	1.28	1.20	1.42	1.28	1.33	1.23

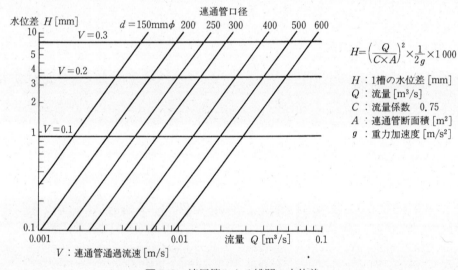

$$H = \left(\frac{Q}{C \times A}\right)^2 \times \frac{1}{2g} \times 1000$$

H：1槽の水位差 [mm]
Q：流量 [m³/s]
C：流量係数 0.75
A：連通管断面積 [m²]
g：重力加速度 [m/s²]

V：連通管通過流速 [m/s]

図 5·2 連通管による槽間の水位差

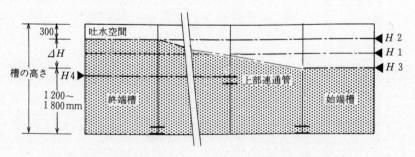

ΔH：最大水位差 500mm以下
$H1$：停止時水位
$H2$：最大循環水量時高水位
$H3$： 〃 低水位
$H4$：上部連通管高さ(上端)＜$H3$

図 5·3 始端槽と終端槽の最大水位差

5.1.4 通 気 管

1) 隔壁に設けた各連通管上部(最大水位差がついた場合に水没しない高さ)に設ける.
2) 始端槽・終端槽では，隔壁に設けた通気管とは別に，蓄熱槽上部スラブから通気管を外部に立ち上げて大気に開放する(立て通気管)．立て通気管先端はベンド返しにし，防虫金網を取り付ける(**図5・4**参照).
3) 始端槽と終端槽の間には，通気管は設けてはならない.

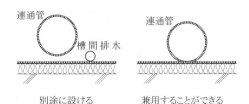

図5・4 槽間排水管の要否の判定

5.1.5 槽間排水管

1) 蓄熱槽の水抜き・清掃作業を容易にするために，各隔壁に槽間排水管を設ける.
2) 槽間排水管を設ける位置は，連通管を設けた隔壁下部とし，その管径は 50～75ϕ(スリーブ管径は 75～100ϕ)程度とする.
3) 塩ビ管半割り(150～200ϕ半割り)をスリーブ管として，挿入した場合は，槽間排水管下面の防水加工が困難となるため，必ず塩ビ管を挿入し，端部の防水施工を確実に行う.
4) 槽間排水管の塩ビ挿入管をソケットを用いてスリーブ中でジョイントすることは好ましくない.
5) 連通管が隔壁下部に設けられている場合は，連通管と槽間排水管を兼用とすることができる.
6) 始端槽と終端槽間の隔壁には，槽間排水管を設けてはならない.

5.1.6 マンホール

1) 蓄熱槽点検，保守用マンホールを原則として，すべての槽の上部スラブに設ける.
2) 機器レイアウト上の問題や，上部が電気室である場合などの理由で，マンホールの設置不可能な場合は，下部連通管を 600×600 mm 以上の大きさとして人通口と兼用する．ただし，連通管としての流速を低下させないために，ほかの連通管と同程度の開口面積となるように，取外し可能な仕切り板を取り付ける(**図5・5**参照).
3) マンホール開口は 600ϕ以上とし，結露防止のため断熱マンホールふたを設ける.
4) 改修工事などで，通常型マンホールが用いられている場合は，マンホール蓋裏側に，断熱施工を施す必要がある.

5.1.7 給水装置

1) 竣工時の水張り，清掃時の水替えのために，終端槽に手動給水装置を設ける.
2) 給水管径は，蓄熱槽全水量の給水に要する日数を想定して決定する．また，給水管には量水器を設け，槽内水量の確認ができるようにする.
3) ボールタップによる自動給水装置は，運転中の水位変動による不要な給水の恐れがあり，また長期にわたり漏水事故を見落とした例もあることから，好ましくない.
4) 電極棒による水位監視を行い，手動給水を行うようにする.

5.1.8 くみ上げ管，還り管

1) くみ上げ管は蓄熱槽下部まで立ち下げる.
2) 熱源機器，空調機器からの返り管は，蓄熱槽水深の中央部まで立ち下げる．管端はエルボ返しのうえ，吐出流速を抑えるため，開口面積を大きくとり，水平方向へ吐出させる．この場合，還り管からの空気がくみ

第5章　蓄熱槽の設計と蓄熱式空調システムの施工

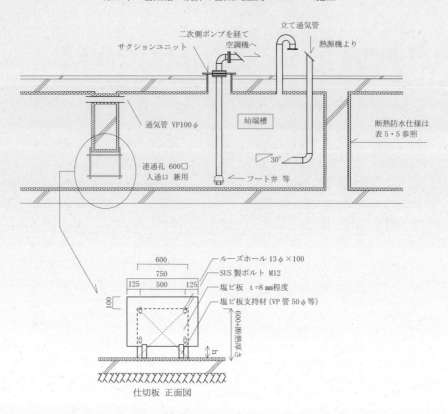

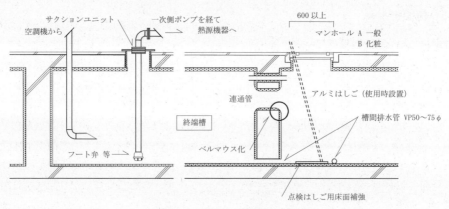

図 5・5　蓄熱槽の詳細設計例

上げ管に吸い込まれないよう離隔を十分にとるよう留意する．

3)　槽内の配管間隔や側壁からの離隔は，**図 5・6** の通り，もしくは配管直径 D 以上か，いずれかの大きいもの以上とする．

5.1.9　水位警報

槽内の満水，減水を監視する警報システムを設けること．

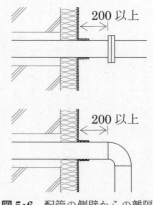

図 5・6　配管の側壁からの離隔

5.1.10 排水装置

1) 水抜き,排水のための専用排水装置を設ける必要はない.
2) 一次側冷温水ポンプの1台を排水と兼用する場合,空調配管途中に排水用分岐弁を介して分岐管を設け,外部排水用管路まで配管する.
3) 連結完全混合型蓄熱槽の場合は,釜場を設ける必要はない(もぐりぜき型,配管誘導型蓄熱槽の場合は,釜場を設ける).

図5・5に蓄熱槽の詳細設計例を示す.

5.1.11 断熱・防水

5.1.11.1 断熱の目的と要求性能

〔1〕 断熱の目的
1) 蓄熱槽に隣接する壁床柱脚部の結露防止
2) 蓄熱槽からの熱損失(放熱ロス)の低減
3) 熱応力による躯体劣化の防止

〔2〕 要求される性能
1) 長期にわたり断熱性能(熱伝導率)が設計値を維持できること.
2) 適正な断熱材の厚さにおいて適正な熱抵抗が得られること.
3) 防水性,防湿性があること(吸水率小,透湿抵抗大).
4) 槽内の水温(5〜50℃)および水圧(水深による水圧,側圧)に耐えること.
5) 地下に構築する蓄熱槽の外周壁や床の断熱層に湧水排水機能を付与する場合は,適切な排水経路が確保できること.
6) 含有成分や可塑剤の溶出により,水質を悪化させないこと.
7) 耐久性が高く,補修が容易であること.
8) コンクリート,防水材料に対して,接着性・固定性がよいこと.
9) 施工時に安全であること(有機溶剤作業,火気作業など)

5.1.11.2 防水の目的と要求性能

〔1〕 防水の目的
1) 蓄熱槽からの漏水の防止.
2) 断熱材の保護.
3) 断熱材への浸水・透湿の防止.断熱材の吸水・吸湿による断熱性能が低下するのを防止する.

〔2〕 要求される性能
1) 防水性能が高く,透湿率の小さいこと.
2) 蓄熱槽の水温(一般的に5〜50℃),および圧力(水深による水圧,側圧)に対して耐熱性・耐圧性のあること.
3) 防水材の線膨張係数が断熱材のそれに近傍しているか,十分な伸度を持つこと.
4) 防水材から,可塑剤などの成分溶出による水質の汚濁のないこと.
5) 耐久性が高く,補修が容易であること.
6) 下地コンクリート,断熱材に対して,接着性・固定性のよいこと.
7) 施工時に安全であること(有機溶剤作業,火気作業等)

5.1.11.3 断熱材の種類と性能

断熱材は,連続気泡の繊維系断熱材と独立気泡の発泡プラスチック系断熱材があるが,蓄熱槽の断熱には発泡プラスチック系断熱材が用いられる.そのなかでも,現場発泡ポリウレタンフォーム,ポリスチレンフォーム成形板の使用実績が多い.その性能を**表5・2**に示す.

5.1.11.4 防水材の種類と特徴

蓄熱槽の防水材には,一般的に下記の材料が使用されている.
1) シート防水材:塩化ビニル系樹脂系他
2) 塗膜防水材:エポキシ樹脂系,ウレタンゴム系(高強度型),ポリウレア樹脂ほか
3) モルタル防水材(樹脂モルタル):ポリマーセメント+植毛材複合シート(現在,実施件数は少なくなっている)

これら防水材の性能と特徴を,**表5・3**[2],**表5・4**[2]に示す.

5.1.11.5 断熱・防水工法の種類と特徴

蓄熱槽内の断熱防水工法は,断熱材と防水材の組合せが,その施工性・断熱性能に大きく影響する.したがって,断熱と防水をメーカーが一括して施工する方法が主流となっている.

主な工法には，次のようなものがある．
1) 成形断熱材＋シート防水材
2) 成形断熱材＋塗膜防水材
3) 現場発泡断熱材＋塗膜防水材
4) 成形断熱材＋モルタル防水

上記の工法の特徴を**表5・5**に示す

5.1.11.6 断熱・防水の施工範囲

断熱層と防水層の施工範囲を**表5・6**[2)]に，その目安を**図5・7**に示す．

5.1.11.7 断熱・防水工法選定上の留意点

蓄熱槽を建物外周部に設けた場合は，湧水の浸入による断熱材の破壊を防止するため，躯体外部防水を行うか，浸入湧水排出処理が可能な湧水対策仕様の工法とする．

特に，周辺地下水位が蓄熱槽常水位より高い場合は，湧水の浸入を想定しそれに適した工法を選定すること．

既設蓄熱槽改修の場合は，工期，施工環境などに制約が多く（蓄熱槽上部が事務室で使用中断できないなど），工法選定には特に注意を要する．現場にて，断熱防水工事のしやすさを考慮しておくことが必要である．

1) 蓄熱槽の形状が極力単純矩形になるよう，建築および構造設計者と協議しておく．
2) 後々の漏水の危険性を回避するために，

表5・2 蓄熱槽用断熱材の性能

	ポリスチレンフォーム	硬質ウレタンフォーム
材質分類	発泡プラスチック	
製法分類	工場成形	現場発泡
密度[kg/m^3]	25以上	30～55
熱伝導率[*1][$W/(m·K)$](20℃)	0.022～0.034	0.021～0.026
設計用熱伝導率[$W/(m·K)$](20℃)	0.034	0.026
圧縮強度[N/cm^2]	20以上	20～41
曲げ強度[N/cm^2]	25以上	15～34
吸水率[$g/100\,cm^2$]	0.01以下	1.0以下（0.5以下[*1]）
透湿係数[$ng/(m^2·s·Pa)$]	145以下	56～76[*2]
燃焼性	自己消化 溶融	自己消化 炭化
自己接着性	なし	あり
耐薬品性	溶剤可溶	良好
最高使用温度[℃]	70	80
線膨張係数[K^{-1}]	$7.0×10^{-5}$	$5.4×10^{-5}$
発泡剤	炭化水素 C_4H_{10}，C_5H_{12}	フロン[*3] HFC，HFO
温暖化係数[*4][GWP]	C_4H_{10} 15 C_5H_{12} 11	HFC-245fa 1 030 HFC-365mfc 794 HFO-1233zd 1
施工方法	接着および機会固定	現場発泡 自己接着

[*1] メーカーカタログ値
[*2] アルコール法による．
[*3] A種ウレタンは蓄熱槽には用いない．
[*4] IPCC Fourth Assessment Report (AR04)
　　 IPCC Fifth Assessment Report (AR05)

表5・3 蓄熱槽に用いる各種防水材の性能

項目	分類			
	シート	塗膜		シート＋ポリマーセメント複合
材質	塩化ビニル樹脂	ウレタンゴム系(高強度型) ポリウレア樹脂	エポキシ樹脂	高密度ポリエチレン＋ポリプロピレン系
施工性	入隅部などに塩化ビニル被覆鋼板を機械的に固定し，シートを溶着する	2成分を混合し，吹付けまたは塗布する	2成分を混合し，吹付けまたは塗布する	ポリマーセメントモルタルを塗布後，上記シートを貼り一体化
引張強さ[N/cm^2]	1 800以上(注1)	1 000以上(注1)	1 600以上(注2)	50以上(注2)(注3)
伸び率[%]	200以上(注1)	200以上(注1)	5以上(注2)	30以上(注2)
使用上限温度[℃]	70(注4)	55(注4)	50(注4)	70(注4)

注1：JIS規格値
注2：実測値
注3：JIS A 6008:2002の複合シート試験規格に準拠した単位
注4：メーカー保証値

5.1 連結完全混合型蓄熱槽の設計

表5・4 蓄熱槽の構成とその特徴

防水工法	長所	短所
シート防水	a) 常温で施工できる b) 耐久性に優れている	a) 複雑な納まりの施工が困難 b) シート相互のジョイント部の検査が難しい c) 役物周りの納まりが難しい d) 可塑剤成分の溶出するものがある e) 下地に精度を要する f) 溶剤型溶着剤・シール材を用いるため,換気を十分に行う必要がある
塗膜防水	a) 防水層に継目がなく,シームレスな一体防水層を形成できる b) 反応硬化型のため,工数が少ない c) 複雑な納まり形状でも容易に施工できる d) 防水層の耐久性は良好 e) 漏水箇所があった場合,容易に補修が可能	a) 防水層の厚さ管理が難しい b) 下地の凸凹に防水性能が影響を受ける c) 防水層内に気泡が混入することがある d) 現場での混練りの場合は,調合を正確に行う必要がある e) 溶剤を使用する場合は,換気を十分に行う必要がある
モルタル防水	a) 施工が容易 b) 漏水箇所の発見が比較的容易で,補修も容易 c) 火気作業や有機溶剤作業など,危険作業がない	a) 防水層自体の吸水・透水に対する抵抗性が永続しにくい b) 防水層の引張り強度や伸度が小さく,乾燥収縮によるひび割れを生じやすい c) ひび割れなどの下地の欠陥や下地との層間はく離などによって,防水層が損傷を受けやすい d) 施工者の技能によって,防水性能に差が生じる

表5・5 主な蓄熱槽断熱防水工法の特徴

	成形断熱材＋シート防水	成形断熱材＋塗布防水	現場発泡断熱材＋塗膜防水		成形断熱材＋モルタル系防水
断熱材種類	押出発泡ポリスチレンフォーム成形板		現場発泡硬質ウレタンフォーム		押出発泡ポリスチレンフォーム成形板
断熱材固定方法	機械固定		自己接着		接着
断熱材厚さ [mm]	50		任意		50
発泡剤種類	炭化水素 C_4H_{10}, C_5H_{12}		次世代フロン　HFC ノンフロン　HFO		炭化水素 C_4H_{10}, C_5H_{12}
防水材種類	軟質塩化ビニル樹脂系シート	ウレタンゴム系（高強度型）	ウレタンゴム系（高強度型）ポリウレア樹脂	エポキシ樹脂系	ポリマーセメント系
防水材固定方法	機械固定・溶着	吹付け・自己接着		鏝塗り	鏝塗り
耐薬品性	・濃酸に脆弱 ・有機溶剤可溶	・耐薬品性大 ・耐有機溶剤性良好			・高濃度の酸,アルカリに脆弱 ・有機溶剤可溶
湧水対策	湧水排水部材で対応	湧水排水溝付き板状断熱材で対応			建築的に対応
瑕疵検査	容易		不可能		

第5章 蓄熱槽の設計と蓄熱式空調システムの施工

表5・6 断熱層の施工範囲[2]

部 位		冷水槽	温水槽	冷温水槽
天井スラブ上面		—	○[*1]	—
槽内	天 井	○	○[*1]	○
	外周壁	○	○	○
	界 壁	○[*2]	○[*2]	○[*2]
	隔 壁	○[*3]	○[*3]	○[*3]
	床	○[*4]	○	○

[*1] 天井スラブ上面,または天井面いずれかに断熱をする.
[*2] 隣接する二つの水槽の界壁の両面に断熱することを推奨する.
[*3] 上階室の結露防止や熱損失防止のため,断熱補強を行うことを推奨する.
[*4] 熱損失の検討結果により,断熱を省略することができる.

表5・7 防水層の施工範囲[2]

部 位		冷水槽	温水槽	冷温水槽
天井スラブ上面		○[*5]	○[*5]	○[*5]
槽内	天 井	—[*6]	○[*7]	○[*7]
	壁 面	○	○	○
	床 面	○	○	○

[*5] 天井スラブから漏水を生じる可能性がある場合は防水する.
[*6] 防水層は設けない.
[*7] 防水層を設ける.

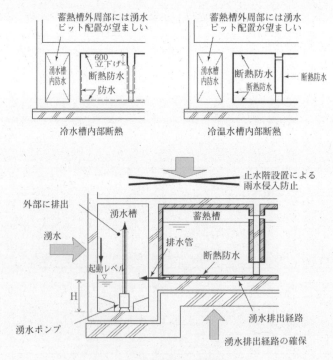

冷温水槽 湧水排出例

図5・7 蓄熱槽の断熱・防水範囲

計画設計時点で対応しておく.
3) 配管の断熱層の貫通処理方法および配管材質の検討を行う.
4) 防水の保証期間を設計図などに明示すること.
5) 蓄熱槽周りに関して,建築工事との工事区分を明確にする.
6) 断熱防火を設備工事で行う場合は,下地処理の方法(建築からの躯体受け渡し条件)を明確に整理しておくことが必要である.

5.1.12 蓄熱槽からの熱損失

第1章1.1.3.4〔1〕に示したとおり,蓄熱槽からの熱損失には大きく,
1) 蓄熱槽と外界との温度差に起因する熱損失
2) 冷暖房モードの切替えに起因する熱損失
の二つの形態が存在する.

5.1.12.1 温・湿度差に起因した熱損失

蓄熱効率(有効熱利用率)が100%に満たない差分が熱損失であり,蓄熱槽の断熱性能および気密性に起因する場合がある.

〔1〕 貫流熱損失

(マンホールを含む)蓄熱槽壁体の各部分において,槽内外の温度差に比例して貫流熱損失(熱取得)が発生する.各部位周辺の空気温度や地盤温度と槽内水との温度差,熱貫流率および各部位の面積の積から損失(取得)熱量が算出されるが,現実はそう簡単ではない.外界温度も槽内水の温度も時間変動しており,温度分布も存在している.とりわけ,地盤と接する部位においては,周辺地盤温度(不易層の位置)が不確定であり,地盤や壁体の熱物性(熱抵抗や熱容量)も不明瞭な点が多い.また,実測する場合も,熱流密度自体が極めて小さいので,計測精度上も大変とらえ難い.

定性的には,図1・29に示すように毎日の蓄熱過程と放熱過程において,槽壁面→←槽内水で逆方向の熱流が生じるが,1日あたりでみるとそれはおおむね相殺する.しかし,それぞれの熱流を積算していくと差異が残される.こ

れが,おおむね槽内水の平均温度と外界との平均温度差に比例して生じている熱損失(熱取得)となる.ただし,冷房モードと暖房モードでは温度こう配が逆転する(温度差は暖房モードのほうが大きい)うえ,蓄熱槽以外の部位(外界や地下室など)からも地盤との熱交換ルートが生じるなど,極めて複雑な熱移動現象である.設計時点では,熱源容量に安全率を掛ける程度の簡易化が慣用されている.

〔2〕 空気漏えいに起因した熱損失

自由水面を有する大気開放型蓄熱槽においては,蓄熱槽の水面上部に空間が存在する.日々の蓄熱放熱モードに応じて槽内に水の流れが発生するが,第1槽～第Z槽間の水位差に比例した水流となる.その自由水面(水位差)を確保するためには,空気流通(圧力バランス)のための通気管が不可欠である.大気に開放された端部槽の水位の変化に伴い,通気管を通して槽内空気と外界空気の流通(呼吸)が生じ,気温差と湿度差に比例した熱損失(熱取得)が誘起される.また,通気管が過剰な大きさであったり,マンホール周辺にすきまが残されていたりすると,空気漏えいの別ルートが形成され熱損失が助長されるので,注意すべきである.

5.1.12.2 冷房暖房モードの切替えに起因した熱損失

同一の蓄熱槽を冷房用と暖房用に切り替えて利用する冷温水切替え式蓄熱槽の場合,シーズン切替えに伴って槽内水を所定温度とするために,直接,冷房や暖房に供しえない熱量が必要となる.シーズン終盤には,設計水温を超えさせた放熱運転を行うなどして,蓄熱残量を使い切ることが肝要となる.

5.1.12.3 熱損失の具体例

〔1〕 実測報告の例

シミュレーションを行うと,蓄熱槽からの熱損失の回答は得られるものの,熱物性値や境界条件のとらえ方が難しいこともあって,いま一つ明快さに欠ける現実は否めない.一方,実測においても,熱流密度が小さいので計測精度上の難しさを含んでいる.計測方法としては,次の1)～4)に大別できる.

1) 一次側生産熱量と二次側消費熱量を熱量計で計測してその差を算出する．
2) 壁面にはり付けした熱流計で計測する．
3) 壁面内部に埋設した温度計(複数ポイント)の差異から逆算する．
4) 放置した水温変化から逆算する．

建物の二重スラブを利用した蓄熱槽からの熱取得(熱損失)の実測結果例を文献により整理し，**表5·8**に比較する．・実測報告から眺めた熱損失としては，冷房期2～5%，暖房期7～10%程度であろう．

5.1.13 蓄熱槽の断熱と結露

温度差がある限り蓄熱槽からの熱損失(熱取得)は避けられないが，とりわけ建物基礎部の二重スラブを利用した蓄熱槽の場合，冷房期の貫流熱損失はそう大きくない．しかし一般に，熱損失(熱取得)以外の理由，すなわち結露防止の観点から，室内空気と接する蓄熱槽上面スラブ(蓄熱槽の天井部＝床スラブ)を断熱することが行われている．また，蓄熱槽内から床スラブを貫通し立ち上がる柱型も熱橋となるので，断熱するほうが好ましい．

図1·30(a)～(f)は，槽内水(7℃)からRCの柱型および床スラブを通して室内(28℃)へ伝熱する状態を，断熱程度(50 mmのフォームポリスチレンと，その施工箇所)に応じて三次元伝熱モデルにより試算した温度プロフィル図である．冷水と接する槽内にある柱表面，床スラブ内部，床スラブの表面(断熱なしの場合は室内空気に接する床スラブ表面，断熱材ありの場合は断熱材と床スラブ表面との間)，および柱表面(断熱なしの場合は室内空気に接する柱表面，断熱材ありの場合は断熱材と柱表面との間)の温度プロフィルを，柱型の断熱巻き上げ高さに応じて示している．

室内側表面の中では，断熱なしのケース(a)における床面と柱が作る入り隅部の表面温度が最も低いのは当然であるが，ケース(b)～(e)においては，床面断熱および柱型断熱が切れる位置の表面温度が低くなっていることを示している．本例では，床面および柱型巻上げ高さ1 mまでの断熱を行うと，表面温度は室内気温とほぼ等しく，湿球温度のいかんによらず結露は発生しない．ほかのケースでも同程度と考えてよい．

5.1 連結完全混合型蓄熱槽の設計

表5・8 実測報告から見た熱損失の比較

	蓄熱槽容積	計測方法	実測期間	熱損失量	備考
1)	冷水槽；1 147 m³ （水深2 m）	熱源側生産熱量と負荷側消費熱量との差を計量	'79/7/1～7/31 8/1～8/31	12.1 [W/m³] 21.6 [W/m³]	
		静止時の水温変化から算定	'79/8/11, 18：10 から 36 時間	14.6 [W/m³]	
		槽の底面スラブ内に埋設した熱電対温度から算定		5.1～5.6 [W/m³], m²：底盤面積	原報では総熱損失，左記値は槽体積・水深から底盤面積あたりに逆算した
	温水槽；864 m³ （水深2 m）	熱源側生産熱量と負荷側消費熱量との差を計量	'80/1/1～1/31 2/1～2/29	28.8 [W/m³] 30.6 [W/m³]	
		静止時の水温変化から算定	'80/2/11, 8：00 から 12 時間	18.8 [W/m³]	
		槽の底面スラブ内に埋設した熱電対温度から算定		7.7～8.0 [W/m³], m²：底盤面積	原報では総熱損失，左記値は槽体積・水深から底盤面積あたりに逆算した

※全蓄熱量に対する熱損失率を％で

	蓄熱槽容積	計測方法	実測期間	槽上方（空調有）	槽上方（空調無）	側壁	底盤 冷（高温槽）暖（低温槽）	底盤 冷（低温槽）暖（高温槽）	全熱損失
2)	冷水槽；474 m³	槽の上面・底面・側壁内に埋設した熱電対温度から算定	'88/6/1～9/30 '89/6/1～7/31	0.1% 0.1%	1.1% 0.7%	0.2% 0.3%	0.1% 0.1%	1.0% 0.8%	
			冷房期						2.0～2.5%
	温水槽；474 m³	同上	'87/12/1～3/31 '88/12/1～'89/3/31	0.1% 0.2%	3.9% 4.4%	0.6% 0.6%	0.1% 0.1%	2.3% 2.9%	
			暖房期						7.0～8.2%

	蓄熱槽容積	計測方法	実測期間	熱損失量	備考
3)	冷水槽；474 m³	槽の上面・底面・側壁にはり付けた熱流計により計量	'88/06～'88/9	6.4%；熱源側生産熱量に対して 8.8%；負荷側消費熱量に対して	この槽は上部空間約88%が外気に面する
	温水槽；474 m³	同上	'87/12～'88/3	19.7%；熱源側生産熱量に対して 26.6%；負荷側消費熱量に対して	〃 〃
4)	冷水槽；400 m³	熱源側生産熱量と負荷側消費熱量との差を計量	'89/8/1～8/31	5%以下の熱損失	

文献1） 鈴木ほか：蓄熱槽からの熱損失に関する実測の要約，空気調和・衛生工学会学術講演会講演論文集，1980
文献2） 志村ほか：蓄熱槽からの熱損失に関する実測調査（その1），空気調和・衛生工学会学術講演会講演論文集，1987
文献3） 河原ほか：蓄熱式空調システムに関する研究（その1），日本建築学会大会学術講演梗概集，1989
文献4） 射場本忠彦ほか：東村山総合社屋の空気調和設備，空気調和・衛生工学，第64巻第12号

5.2 蓄熱式空調システムの施工

図5・8に示す施工フェーズにおける建設プロセスに準拠し，空調工事請負者の視点を中心にして，蓄熱式空調システムの施工における留意点を記す．

5.2.1 設計図書の確認

施工は，設計図書に記載された性能仕様を実際の形にするプロセスであるため，施工に先立って設計図書の内容を確認することは，蓄熱式空調システムに限らず基本的かつ重要な事項である．設計者が工事監理者・工事請負者に対して設計主旨説明会を開催し，設計者から設計図書の内容に加えて，発注者が特に要求している事項，順守されている事項，工事請負者の裁量に委ねられている事項および施工上留意すべき事項などを明確にし，工事関係者の共通認識を有することが必要である．以下，蓄熱式空調システムを施工する場合における設計図書の確認上の留意事項を記す．

5.2.1.1 設計主旨・設計条件の確認

空調工事請負者は，蓄熱式空調システムの採用理由や，発注者の要求事項および設計条件などを確認する．不明確な事項がある場合には，工事請負者単独で判断するのではなく，工事監理者を介して設計者に確認し，設計者・工事監理者・工事請負者で共通のコンセンサスを得ることが必要である．

主として，以下の項目の確認を行う（項目の詳細については2章参照のこと）．
1) 蓄熱式空調システムの目的
2) 蓄熱槽形式
3) 蓄熱槽設計条件（槽容量，蓄熱量，利用温度差，蓄熱槽効率など）
4) 運転パターン
5) 蓄熱運転制御方式
6) 蓄熱システムの性能把握方法

5.2.1.2 建築図面の確認

工事計画の立案および施工図を作成するうえで，建築図面の確認は基本事項である．特に躯

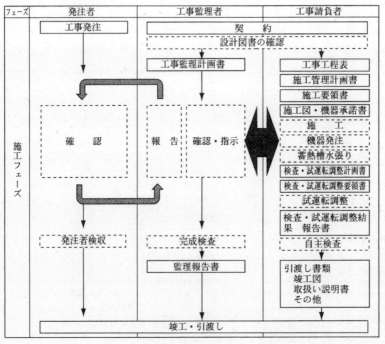

図5・8 施工フェーズの建設プロセス

体利用の蓄熱槽を施工する場合は，蓄熱式空調システムの重要な部位である蓄熱槽の工事は建築工事となるため，空調工事請負者には，設計図書に記載された蓄熱式空調システムの性能を確保した施工内容が実現できるように，蓄熱槽の形状容量，止水方法，断熱仕様，連通管人通口，マンホールの配置など，蓄熱槽効率やメンテナンス性に大きな影響を及ぼす仕様の確認を行い，必要に応じて是正提案を行うことが求められる．

表5・9に建築図面確認上の重要なポイントを記す．

5.2.2 施工計画および施工要領

建物躯体を利用した蓄熱槽の施工は，おおむね湿潤で閉鎖的な環境での作業となるため，断熱や防水の品質への影響，施工する作業員の安全衛生に配慮して計画することが大切であるが，その点以外は，蓄熱式空調システムの施工計画施工要領は通常の空調システムと特に変わるところはない．ここでは，竣工後の蓄熱槽周りのトラブルを未然に防ぐ観点から留意すべき事項を述べる（図5・7参照）．

5.2.2.1 蓄熱槽への外部からの浸水対策

槽内への外部からの水の浸入は，蓄熱槽の水質悪化など蓄熱システムの運用に支障を来す恐れがあり，かつ，運用開始後では改善対策が困難である．主に湧水（地下水）と上階からの浸水が考えられるので，施工計画時点で排水設備の対策を検討する．

〔1〕 止水階の計画

早期に上階に止水階を設け，上階からの水の浸入防止を計画する．

〔2〕 湧水排水ポンプの起動レベル，排水槽の容量

地中外壁あるいは蓄熱槽床から浸入した湧水は，外壁と蓄熱槽の間に設置された湧水槽を経由し，排水ポンプを設置したくみ上げ槽まで導かれ排水されるように計画する．仮設あるいは本設の排水ポンプでの排水は，排水ポンプの起動レベルを湧水管より低いレベルとし，湧水が蓄熱槽床下に滞留することのないように計画する．

くみ上げ槽の容量，水深 H は，排水ポンプの能力との兼合いもあるが，運転時間を10～15分確保できる程度の容量を見込むとよい．

表5・9 建築図面確認上の重要なポイント

確 認 項 目	確 認 内 容
①蓄熱槽容量	・必要蓄熱量に見合う容量が確保されている．
②蓄熱槽の位置	・蓄熱槽周囲に湧水ピットがある． ・蓄熱槽に隣接して汚水・雑用水槽などがない． ・冷水・温水の蓄熱槽が隣接していない．隣接している場合は十分な断熱が計画されている．
③断熱防水性能	・断熱仕様の計算根拠が明確である． ・蓄熱槽上部室の温湿度条件を考慮した結露防止が図られている．
④断熱施工範囲	・天井面や柱脚などの断熱範囲（冷水槽は断熱，温水槽・上部に水を使用する室がある場合には断熱防水施工を行う） ・マンホール，天井近傍（おおむね天井下600 mm程度）に設置される連通管や通気管が断熱仕様となっている．
⑤湧水排出経路	・蓄熱槽周囲壁および下部からの湧水排出経路が確保されている．
⑥槽内貫通口	・下記の槽内貫通口の位置・大きさが適切である． 　連通管，通気管，排水管，オーバフロー管
⑦メンテナンス性	・点検口の大きさ，配置が適切である． ・タラップの仕様，下部補強が適切である． ・点検対策が考慮された計画になっている． ・点検通路が十分確保されている．

5.2.2.2 蓄熱槽内の汚れ防止

蓄熱槽内には，汚れを持ち込まないことが原則である．清掃に留意し，かつ，マンホールが取り付けられた槽ではマンホールを閉鎖し，槽内工事関係者以外の立入りを制限する．槽内の立入りについては清潔な服装とするなど，管理による汚れ防止対応を計画する．また，蓄熱槽に接続される配管のフラッシング（排水清掃）に伴って，蓄熱槽内に配管内の汚れを持ち込むことが多いため，以下のことに留意する．

配管のフラッシング時の排水は直接排水槽に放流し，汚れを蓄熱槽に持ち込まないような配管とするよう計画する．また，フラッシングは蓄熱槽の水ではなく，別の清浄水が使用できるように計画する（**図5・9**[3]参照）．

なお，フラッシングに使用する水の水質を，蓄熱槽運用開始後の水質に合わせておくと，その後の蓄熱槽の水質管理に有効である．

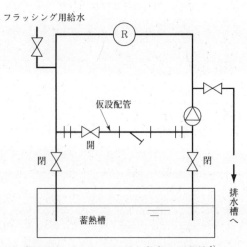

図5・9 フラッシングを考慮した配管[1]

5.2.2.3 配管設備工事

蓄熱槽周りの配管施工における留意事項を以下に記す．

〔1〕 **ポンプ吸込み側配管**

吸込み側配管の落水によるポンプの空転防止のため，ポンプ吸込み位置を水面より下部とする流し込みポンプ方式が望ましい．不可能な場合は，自吸式ポンプおよび真空吸水方式を採用する．

吸上げ方式の場合は，吸込み側配管にチャッキ弁（ウイング型）を取り付け，落水を防止する．フート弁は落水の恐れがあり採用しないことが望ましいが，採用する場合は，ステンレス製無漏えい式フート弁（弁点検可能型のボールフート弁）を採用する．

吸込み配管は極力短くし，空気だまりができないようにする．

吸込み管は保守作業が簡便に行えるように，槽取合い部はサクションカバーとし，接続するエルボはフランジ接続とする．直上につり上げ用フックなどを設置する．

エルボ以降の蓄熱槽内配管は，ステンレス鋼管か内外面ライニング鋼管とし防食対策を強化する．

吸込み管と還水管は十分な離隔距離をとり，ショートサーキットを防止する．

〔2〕 **蓄熱槽還水配管**

還水管は水面下まで立ち下げ，エルボ返しのうえ上部半割り開口管を取り付け，吸込み管よりも上部で水平方向に開放させる（吐出による酸素の混入や断熱防水層への衝突を防ぐ）．

蓄熱槽内の還水管は，すべてステンレス鋼管か内外面ライニング鋼管とし防食対策を強化する．

〔3〕 **バルブ・ゲート類**

蓄熱槽切替えバタフライ弁の設置留意点を以下に示す．

バタフライ弁本体は，塩化ビニルやFRP製などの耐食材料のものを採用する．ただし，締切り差圧をチェックすること．

連通管スリーブ材を延長し，バタフライ弁を取り付ける．

弁ステムが長くなる場合は保護管を用い，弁本体および弁ステムをそれぞれ支持すること．

排水管，通気管がある場合には，それぞれに切替え弁を設置すること．

5.2.2.4 自動制御設備工事

蓄熱式空調システムの監視制御，性能確認および試運転調整の観点から，自動制御設備の役割は非常に大きい．蓄熱システムの運用方法，熱負荷予測方法，設計条件および性能の把握方法など設計者の意図を十分把握したうえで，施工図書を作成し，関係者の十分な確認の下に施

工を行う必要がある．

蓄熱量の把握や蓄熱システム周りの不具合を検知するうえで重要な情報を得るために，蓄熱槽内に設置する温度検出器は，下記に留意して施工する必要がある．

水位変動や波立ちの小さなところに設置する．特に，連結完全混合型蓄熱槽の始端槽と終端槽は水位変動が大きいため，水位の変動に影響を受けないレベルに設置する．

槽内の設置位置は連通管から管径の2倍以上，壁面から600 mm以上離して，槽の中心付近に設置する（**図5・10**[3] 参照）．

蓄熱槽に使用するワイヤ式温度検出器の設置は，シールユニットを使用して床上ボックスから点検できる方法と，マンホールを使用して点検する方法とがある．床上で点検できる方法が望ましいが，この場合，シールユニットねじ込み部分とリード線と本線との接続部分の防水処理を確実に行う．また，マンホールから点検する方法の場合は，リード線と本線との接続は絶対に水槽内で行わない．

5.2.3 設備機器発注

設備機器の発注は，設計図書に記載された性能仕様を満足する機器を選定することが原則である．設計仕様と選定したメーカーの機器仕様の比較資料を作成し，相違点がある場合には，工事監理者を介して設計者に確認を仰ぐことが必要である．

また，空調工事請負者側でも，蓄熱システム構成機器として留意しておく事項を把握したうえで，機器発注を行うことが高い品質の確保につながる．以下，主要機器における留意事項を記す．

5.2.3.1 熱源設備機器発注時の留意事項

蓄熱式空調システムでは，蓄熱媒体（冷水や温水など）が大容量であるため，比較的配管保有水量が小さい非蓄熱システムと比較して，負荷変動による急激な温度変化は生じないことや新しい高効率熱源機の性能を勘案し，次のことを認識して，機器発注にあたること．

蓄熱システムの熱源機の運転は長年にわたり，最大効率を発揮し得る全負荷運転が可能なことがメリットとしてとらえられてきた．定速ターボ冷凍機などは現在でも全負荷運転を安定的に行うことが高効率運転であることに変わりはないが，近年，インバータを用いた変速ターボ冷凍機の運転において，冷却水温度が冷却塔によって定格温度により下げることができる時期には，冷凍機をあえて容量制御して部分負荷運転とし，蓄熱時間（夜間10時間）をすべて利

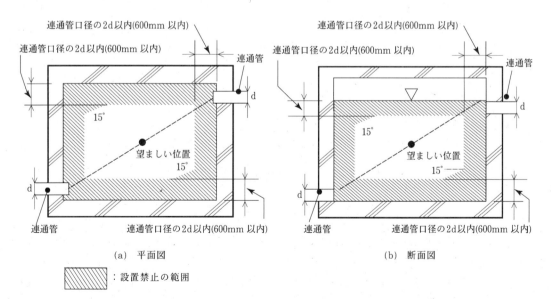

図5・10 蓄熱槽内の温度センサー設置位置（連結型蓄熱槽の例）[3]

用して蓄熱したほうが冷凍機の特性上はるかに成績係数を向上させることがわかっている．ただし，定格最大能力による10時間の夜間運転で満蓄熱になる場合や，冷却水温度が定格より下げられない時期には，従来通りの全負荷運転のほうが効率はよい．

このように，冷凍機の制御には，新しい機器の特性を生かして負荷の要求量，外気の湿球温度など変化する運転条件に適応した高効率運転が求められており，そのための最適制御システムも開発され採用されてきている．

蓄熱運転時と追掛け運転時で，冷水(温水)取出し温度を変えるシステムの場合は，温度切替え方法とそれぞれの運転時の能力を確認すること．また，追掛け運転時に熱源機が密閉回路系となる場合は，熱交換器チューブの耐圧に注意する．

熱回収型熱源機では，冷専運転時と熱回収運転時の冷却能力が異なるため，それぞれ確認しておく．

蓄熱式空調システムの熱源機類は，騒音規制値が厳しくなる夜間運転が主になるため，機器からの発生騒音値をチェックし，許容値以内であることを確認する．特に，屋外に熱源機を設置する場合や冷却塔の騒音値に留意すること．

5.2.3.2 発注時の留意事項

空調機・ファンコイルユニットの発注時には，十分な温度差の取れる仕様であることを確認する．冷温水コイルの場合，冷水設計条件にてコイル仕様が決定されることが多いので，特に，温水時の加熱能力，温度差をチェックすること．

二方弁が空調機付属の場合は，バルブCV値が適正な値であることを確認する．

5.2.4 水質管理(水張り初期)

開放式蓄熱システムは，大気に開放された水面を有することから，開放水面から空気に含まれる酸素や二酸化炭素が蓄熱水中に溶解し，溶存酸素濃度が上昇し，pHが低下する傾向が生じる．蓄熱式空調システムの配管を延命化するためには，蓄熱槽水の水質を管理することが重要である．

5.2.4.1 防水仕様がポリマーセメントやモルタル系の場合

防水仕様がポリマーセメントやモルタル系の場合は，水張り初期は，モルタル表面から遊離石灰$Ca(OH)_2$が溶出し，pHが急激に上昇したり，水中の二酸化炭素と反応して炭酸カルシウム$CaCO_3$を析出し，蓄熱槽底面に堆積したり，配管を詰まらせることがある．これを防止するためには，モルタル表面に表面塗布剤(ハードナー)を塗布するか，重合リン酸系薬剤を用いた薬注を実施する．水替えも有効である．pHの上昇がおさまった後は，特に必要のない限り水替えは行わない．

pH管理値の目安：pH 7.0～9.0

5.2.4.2 防水仕様が合成樹脂製シートや合成樹脂塗膜の場合

防水仕様が合成樹脂シートや合成樹脂塗膜場合は，モルタル系の防水材と異なり，水張り初期に急激なpHの変化は生じない．蓄熱水と配管や機器の接液部がすべて耐食性の高い材質(ステンレス鋼，銅，銅合金，樹脂ライニング材，樹脂など)であれば，特に水質管理は必要ないと考えてよい．しかし，炭素鋼鋼管など腐食性のある配管が用いられている場合は，配管の防食目的で水質管理が必須となる．

水質管理方法は下記に掲げる方法がある．

水質管理方法により防食対策が異なるため，運用開始前に防食方法を決定し，フラッシングの段階からそれを行うことが望ましい．

〔1〕 脱気(溶存酸素低減)

特に，大水深温度成層型蓄熱槽に対して有効．"脱気装置"を設置し，蓄熱槽水面には"水槽水面遮へい材"を敷設する．

溶存酸素濃度(D_O値)$\leq 0.5(mg/L)$が管理基準となる．

〔2〕 薬　注

代表的な水処理に使用される防食剤には，

1) 配管内表面に酸化被膜を構成する→亜硝酸塩系，モリブデン酸化合物
2) 配管内表面に沈殿被膜を構成する→重合リン酸塩系，アゾール類

5.2 蓄熱式空調システムの施工

がある．いずれも薬剤メーカーの管理基準に則り，薬剤濃度管理を行う必要がある．

〔3〕 電気防食

電気防食(陰極防食)法とは，電流の作用で金属の電位を変化させて酸化反応(アノード反応)と還元反応(カソード反応)を抑制し，配管の腐食を抑制する方法である．

5.2.5 試運転調整

試運転調整は，施工されたシステムが設計意図通りに動くのか，性能を満たしているのかを確認して調整を行う重要なプロセスである．竣工引渡し前に実施されるため，十分な期間の確保が困難な場合が多く，施工段階の手順や合否基準を明確にした試運転調整計画書を作成し，効率的な調整作業を実施することが求められる．

ここでは，空調工事請負者が試運転調整計画書を作成するうえでの参考として，蓄熱式空調システムの試運転調整に関する手順例と項目例を紹介する．したがって，詳細は工事ごとに特性を勘案して，関係者合意の下に決定することが必要である．

5.2.5.1 試運転調整手順

試運転調整の手順は，熱源機器やポンプなどのコンポーネント，一次側(熱源機器周り)，二次側(空調機周り)などのサブシステム，各サブシステムを連携した全体システムへと，個々のレベルから順に調整範囲を拡大することが効率的である．

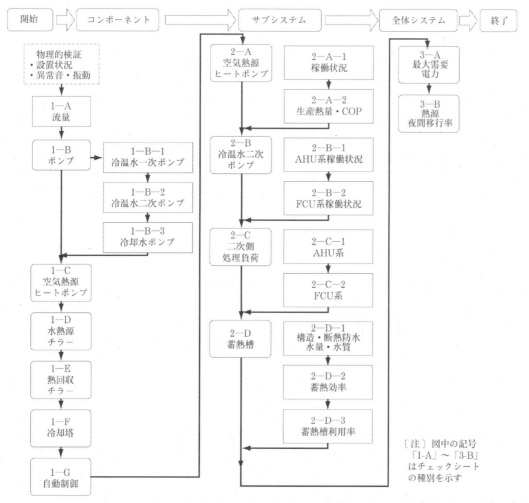

図5・11 試運転調整作業手順例[3]

試運転調整手順の例を図5・11, 対応するチェックシート[2]"1-A"～"3-B"を pp. 143～162 に示す.

5.2.5.2 試運転調整項目

試運転調整項目は，設計図書および標準仕様書など契約条件に基づいて決定されるのが原則であるが，合否基準を含めて明確に規定されていない場合には，その詳細を関係者で協議のうえ決定する．コンポーネント，サブシステム，全体システムそれぞれに対する試運転調整項目の例を表5・10～5・12[4]に示す．

5.2.5.3 計測データの妥当性の確認

一般に，センサから得られる計測データは正しいものと考えられる傾向が強いが，設置されるセンサ自体の製品不良，センサの設置不良およびパルスレートの設定ミスなどにより正確な値が得られていないと，試運転調整が十分に実施できないばかりか，建物竣工後の性能に大きな影響を及ぼす危険性がある．試運転調整の初期段階に，次の4段階のチェック方法により計測データの妥当性を確認することが重要である．

〔1〕 基本チェック
1) 絶対値チェック：絶対的な範囲を定めて

表5・10 コンポーネントの試運転調整項目の例[4]

コンポーネント名称	試 運 転 調 整 項 目
ポンプ	配管系流量，ポンプ運転電圧・電流，吐出圧・吸込み圧
冷温水一次ポンプ	自動発停・インタロック，落水防止弁装置
冷温水二次ポンプ	自動発停，台数制御・変流量制御，バイパス弁，落水防止弁装置，バイパス戻し位置・制御法，バイパス流量・温度
冷却水ポンプ	自動発停・インタロック
空気熱源ヒートポンプ	運転電流，保護回路，発停インタロック
水熱源チラー，冷凍機	運転電流，保護回路，発停インタロック
熱回収チラー	運転電流，保護回路，発停インタロック
冷却塔	運転電流，三方弁装置，自動発停，ボールタップ，凍結防止装置
自動制御	制御盤，制御機器，制御ループ

〔注〕 熱源機器の保護回路のうち，高圧保護回路，低圧保護回路および凍結防止保護回路の試運転調整は，メーカーによる現場実証報告書に代替することも可能とする．

表5・11 サブシステムの試運転調整項目の例[4]

コンポーネント名称	試 運 転 調 整 項 目
熱源機	稼働状況，出口温度，容量制御状態，生産熱量，COP
冷温水二次ポンプ	稼働状況，変流量・台数制御
二次側空調機器	送水温度，往還温度差，処理熱量
蓄熱槽	構造，断熱防水，容量，水質，蓄熱効率，温度プロファイルと蓄熱槽効率

表5・12 全体システムの試運転調整項目の例[4]

コンポーネント名称	試運転調整項目
蓄熱システム	蓄熱可能量，システム効率，システムCOP
建物需要電力	平均需要電力，最大需要電力
空調熱源電力	日合計電力消費量，期間合計電力消費量，熱源電力夜間移行率

チェックする．
2) 特性値チェック：機器特性式との照合でチェックする．

〔2〕 **有効チェック**
意味のある状態かどうかをチェックする．
〔例〕 機器停止中の温度や流量は無視するなど．

〔3〕 **相互チェック**
データ相互の関係でエラーなどのチェックをする．
〔例〕 ヒートポンプの冷却運転中の出口水温は入口水温より5℃低いなど．

〔4〕 **トレンドによるチェック**
時間的な変化状況（トレンド）をチェックする．複数の関連するデータを同一グラフに表現することにより，効率的で有効なチェックが可能となる．

これらのチェックは計測作業の初期に行うべきであり，不適正なデータが発見された場合は，電源の確認，計測機器の校正，計測用配線のチェックなどをただちに行う．なお，常設の計測機器の校正は施工段階で行われているが，不具合が見過ごされている例が多いので，これに関しても表示などの事前確認を推奨する．

〔例1〕
温度の記録精度は±0.5℃以内であるが，温度差としては最大±1.0℃の誤差が生じる．設計で冷温水の往還温度差$\Delta Q=5$℃の場合，温度差熱量の誤差は±20%にも達する．送り返りの温度記録精度がそれぞれでは合格であっても，その"ズレ方向"が異なる場合は，温度差熱量に大きく影響するため，データ解析の段階で，必要に応じて補正を行うことが必要である．

〔例2〕
電磁流量計は，納入された検知部と演算部の組合せで，工場における校正が行われている．複数の同サイズの流量計があり，検知部と演算部が校正時と異なる組合せに変えられた場合には，発注納入仕様の精度が確保できないこともある．これに関しては，履歴管理が重要であるほか，実運転時のデータチェックを入念に行わなければ発見されないので，注意が必要である．

5.2.6 引渡し

5.2.6.1 引渡し時の留意事項
蓄熱式空調システムは，通常の空調システムに比べて竣工引渡し後の運転方法や保守管理の重要度が大きく，システムの省エネルギー，経済性もこれに左右される．
引渡し時に十分なシステム説明と運転，保守指導を行い，運転管理方法と保守管理上の留意点を引渡し書類としてまとめ，発注者に提出することが必要である．

〔1〕 **運転管理方法として明確にすべき事項**
熱源機の蓄熱運転時間と蓄熱完了の条件（第○槽が○℃で完了など具体的に示す）．
熱源機の追掛け運転条件を，各シーズン別に明確にする．また，ピークカット運転を計画している場合は，熱源停止時間を明確にしておくこと．
空調負荷が見込みと違う場合の対応策（熱源運転時間の変更，設定温度の変更など）．
蓄熱，放熱，追掛けの各運転時における制御バルブ類の正常な動作状態．
蓄熱槽，配管，弁のシーズン切替えの時期と手順．
適正な二次側往還温度差の確認と，温度差が小さい場合の調整方法．

〔2〕 **蓄熱槽に関する保守管理上の留意点**
蓄熱槽の水位，補給水量を管理し，漏水を早期に検知する．
日常的に蓄熱槽水の目視点検を行い，水質を定期的に検査して管理値と比較する．
夜間電力使用量を管理し，各シーズンにおいて蓄熱システムが十分利用されて，経済的効果が発揮されているかをチェックする．

5.2.6.2 引渡し書類作成上の留意事項
一般に，竣工引渡し時に施主へ提出する書類には次のようなものがある．
設計計算書
竣工図
機器成績表

表 5・13 蓄熱式空調システムの施工チェックシート (1/2)[3]

項　目		判　定　基　準	施　工　内　容	判　定
熱源機器				
	設置場所	コイル引抜きスペースが確保されているか		
		機器相互間の間隔はメンテナンス上問題ないか		
	配管接続	コイル引抜き時に配管の解体部分が最小となるよう配慮されているか		
	配管支持	配管の自重が機器にかかっていないか		
	耐震対策	耐震措置がとられているか		
	防振対策	配管に振動が伝わっていないか		
		上階および隣接する室に振動または騒音が発生していないか		
	防音対策	屋外設置機器は騒音規制値を敷地境界にて満足しているか		
		屋内設置機器は発生音に異常はないか，また反響音でメンテナンスに支障はないか		
ポンプ				
	設置場所	ポンプ相互間の間隔はメンテナンス上問題ないか		
	基　礎	グランドからの排水が側溝などで処理されているか		
	くみ上げ管	蓄熱槽からのくみ上げ管が上りこう配となっているか		
		フート弁の引抜きが可能か		
		三方弁の接続配管に無理はないか		
	吐出管	弁類の操作に支障がないか		
	配管支持	配管の自重がポンプにかかっていないか		
	耐震対策	耐震措置がとられているか		
	防振対策	配管に振動が伝わっていないか		
		上階および隣接する室に振動または騒音が発生していないか		
配管系				
	弁類設置	メンテナンスのしやすい位置に設置されているか		
		必要な場合は点検歩廊を設置する		
		温度計，圧力計は見やすい位置に設置してあるか		
	空気抜き	配管頂部には空気抜き弁を設置しているか		
	水抜き	配管底部には水抜き弁を設置しているか		
	支　持	支持間隔，支持方法が適切か		
	耐震対策	耐震措置がとられているか		
	防振対策	上階および隣接する室に振動または騒音が発生していないか		
	落水防止	落水防止弁の取付けは適切か		
	流量計周り	必要な直管長さが確保されているか		
		必ず満水となる位置に設置されているか		
	管取外し	適切な場所に弁およびフランジを挿入し，メンテナンス時に取外しができるよう配慮されているか		

5.2 蓄熱式空調システムの施工

表5・14 蓄熱式空調システムの施工チェックシート(2/2)[3]

項　目		判　定　基　準	施　工　内　容	判　定
蓄熱槽				
	連通管	連通管の位置(上，下，左，右)，大きさは設計図と整合しているか		
		始端槽，終端槽の連通管は下端に設置されているか		
	通気管	各槽の最上部に設けられているか		
		水の流れ方向に設置されているか		
	通気立て管	始端槽，終端槽に設けてあるか		
		床上に0.5m以上立ち上げてベント返しにし，防虫網が取り付けられているか		
	排水管（槽間排水管）	各槽の最下部に設けられているか		
		【重要】水の流れ方向のみに設置されているか		
		常用ポンプ，仮設ポンプを使用して全量の排水が可能か．また，排水時間の記録をとる		
	マンホール	メンテナンスしやすい位置に設けられているか		
		断熱処理が施されているか		
		全槽に入ることが可能か．入れない場合は，連通管を人通口として使用する		
		槽内に入りやすい構造となっているか		
	断熱・防水	施工業者による自主検査記録を提出させる．内容はできるだけ数値で示し，評価基準内にあることを確認する		
		マンホール下部に点検用はしご受けの床面補強が施されているか		
		水張り試験を行って漏水の有無を確認する		
	配管系	配管，支持金物には防食材料が使用されているか		
		配管の防水貫通部処理は適切か		
	清掃	断熱・防水および配管工事終了後の清掃が十分に行われているか		
	水位	水張り時間，および給水量の記録をとる		
		全二次ポンプ運転時の水槽水位差が設計値内に収まっているか確認する		
	水質	【重要】水質検査を行う		
自動制御				
	蓄熱槽挿入センサ	温度検出部は先端より30cm以上が水中に浸かっているか		
		引抜きができるようマンホールが設置されているか．または，引き抜ける構造の機種を採用しているか		
	配管挿入センサ	感温部が流れに直角ないし対向するように取り付けられているか		
		引抜きおよび取替えが可能か		
		感温部全体が流体に浸かるようになっているか		

材料試験表
取扱い説明書
保守説明書
立会い試験報告書
緊急対応マニュアル，連絡網
かぎリスト，備品リスト

蓄熱システムが採用されている場合には，各書類に以下の事項が記載されていることが望ましい．

〔1〕 設計計算書
設計蓄熱量，蓄熱温度差
蓄熱槽によるピーク時のピークシフト量(またはピークカット量)

〔2〕 竣 工 図
蓄熱槽図(連通管などの槽内配管，開口の位置，大きさを明記する)
蓄熱槽水温測定センサの設置位置，深さ

〔3〕 材料試験表
断熱，防水層の試験成績表

〔4〕 取扱い説明書
蓄熱システム全体の説明
各シーズンにおける蓄熱槽の使用方法，槽切替え方法の指示
蓄熱用熱源機の運転条件，運転順序
(自動運転の場合は，運転フロー，条件設定値を明記する)
日常の補給水要領

〔5〕 立会い試験報告書
（試運転時に蓄熱槽効率を測定した場合）
実績の蓄熱槽保有水量
蓄熱有効温度の設定値と，負荷側条件が明記されたうえでの測定結果報告

5.2.6.3 チェックシート

蓄熱式空調システムを施工するうえでのチェックポイントを整理したチェックシートを**表5・13，5・14**[3]に示す．

参 考 文 献

1) わかりやすい蓄熱の技術，オーム社(2002-6)
2) 蓄熱槽断熱防水工事技術指針，日本建築学会(2013-2)
3) ヒートポンプ・蓄熱センター：蓄熱システムの施工マニュアル(1999-3)
4) ヒートポンプ・蓄熱センター：蓄熱システムの試運転調整・検収マニュアル(1999-3)

5.2 蓄熱式空調システムの施工

蓄熱式空調システム 検収チェックシート

記号	分類	検収項目	系統	モード・季節	必要計測項目
1-A	コンポーネント	ポンプ流量			①配管系流量　②ポンプ運転電圧値　③ポンプ運転電流値　④有効電力・無効電力　⑤吐出圧・吸込み圧

検収手順	判定項目	検証方法	判定基準	検収値	判定
					良 / 不可
配管系流量の測定	配管系流量	下記のいずれかの方法で測定する。 ①流量計（電磁流量計・超音波流量計）により読み取る。 ②圧力計から全揚程を求めポンプ性能曲線から求める。 ③性能表の電流値から求める。	設計流量≦(ポンプ水量)≦1.1×設計水量	計測日（　）年（　）月（　）日 設計流量　　　（　　）l/min ポンプ流量 測定方法　①流量計 　　　　　②性能曲線 　　　　　③性能表と電流値 測定流量　　　（　　）l/min	
ポンプ運転電圧・電流の測定	ポンプ運転電圧・電流	①直読計によりポンプの運転電圧・電流を読み取る。 ②クランプオン型電流計によりポンプ運転中の有効電力・無効電力を測定する。	①運転電流がポンプ特性線図の値（カタログ値）とほぼ等しいか？ 0.8×(カタログ値)≦(実測電流値)≦1.2×(カタログ値) ②有効電力が適正か？	計測日（　）年（　）月（　）日 運転電圧　実測値　（　　）V 運転電流　実測値　（　　）A 　　　　　カタログ値（　　）A 有効電力　実測値　（　　）kW 無効電力　実測値　（　　）kW 力率　　　　　　　（　　）%	
吐出圧・吸込み圧の測定	吐出圧・吸込み圧	①吐出圧・吸込み圧より揚程を算出する。 ポンプ揚程＝(吐出圧)－(吸込み圧)	①揚程がポンプ特性線図の値（カタログ値）とほぼ等しいか？ 0.8×(カタログ値)≦(実測電流値)≦1.2×(カタログ値)	計測日（　）年（　）月（　）日 吐出圧　　実測値　（　　）Pa 吸込み圧　実測値　（　　）Pa 揚程　　　カタログ値（　　）Pa （圧力の単位に注意）	

第5章　蓄熱槽の設計と蓄熱式空調システムの施工

蓄熱式空調システム 検収チェックシート					必要計測項目	①冷温水一次ポンプ配管系流量 ②ポンプ運転電圧値 ③ポンプ運転電流値		
記号	分類	検収項目	系統	モード・季節				
1-B-1	コンポーネント	冷温水一次ポンプ						

検収手順	判定項目	検証方法	判定基準	検収値	判定	
					良	不可
流量	自動発停・インタロック	「ポンプ流量」参照 ①動力制御盤からの信号により正常に起動および停止するか確認する。 ②インタロックなどの確認 シーケンス図を再度確認し、冷凍機・ヒートポンプなどとのポンプが連動するか注)、ヒートポンプなどを強制停止させた時冷凍機・ヒートポンプなどが停止するかを確認する。 注) 変流量チラーの圧縮機100%運転までの時間経過と始動時容量制御特性は冷凍機メーカーにより差異がある。始動時の流量不足にならないよう、起動時には最大5分間の運延回路をもたせる。なお、停止時の運延回路は必要ない。	設計図書に記載されたインタロックどおりに機器が運転されるか目視にて確認	確認日（　）年（　）月（　）日 起動時の確認 起動時の初期最大流量の確認 停止時の確認 異常時の確認		
変流量チラー出口温度による一次側変流量制御		①出口温度検出器からの温度信号を受けて、流量・インバータ周波数の制御が設定どおりに行われるかを確認する。	目視にて確認	確認日（　）年（　）月（　）日 冷温水一次ポンプ変流量制御		
落水防止装置		ポンプを停止させたときに正常に作動するか確認する。また、落水防止弁前後の圧力計にて、作動圧力を確認する。	目視にて確認	確認日（　）年（　）月（　）日 落水防止装置の作動状態 作動圧力（　　）Pa		

検収手順: 物理的検証 → バルブ調整 → 流量チェック(NO→バルブ調整) → シーケンス盤・動力盤点検 → 自動発停・インタロックチェック(YES) → コントローラ調整 → 変流量制御チェック(YES) → 落水防止弁調整 → 落水防止装置、作動チェック(YES) → シート作成

5.2 蓄熱式空調システムの施工

蓄熱式空調システム 検収チェックシート				
記号	分類	系統	モード・季節	必要計測項目
1-B-2	コンポーネント	冷温水二次ポンプ		

検収手順	判定項目	検収項目	検証方法	判定基準	検収値	判定 良	判定 不可
物理的検証	流量チェック		「ポンプ流量」参照				
バルブ調整／流量点検	自動発停		①動力盤からの信号により起動および停止するかを確認する。②設定時間どおりに発停するかを確認する。	目視にて確認	確認日（ ）年（ ）月（ ）日 冷温水二次ポンプの起動 冷温水二次ポンプの停止 冷温水二次ポンプのスケジュール発停		
シーケンス盤点検／自動発停チェック	台数制御・変流量制御		①空調機二方弁を全開状態から1箇所ずつ徐々に絞り込み、台数制御が設定どおりに行われるかを確認する。②インバータ変流量制御の場合、台数制御のチェックに合わせて変流量制御が行われていることを確認する。また、締切り運転とならないことを確認する。	目視にて確認	確認日（ ）年（ ）月（ ）日 冷温水二次ポンプ台数制御 冷温水二次ポンプ変流量制御		
コントローラ調整／台数制御・変流量制御チェック	バイパス弁		①圧力検出機の設定値を変化させ、バイパス弁が作動するか確認する。②ポンプを1台運転させ、負荷側を絞ったときに正常に作動するか確認する。③流量、温度、吐出位置、制御方法を確認する。	目視にて確認	確認日（ ）年（ ）月（ ）日 バイパス弁の作動 バイパス弁系統 流量 （ ）l/min 温度 （ ）℃ 吐出位置 制御方法		
圧力検出器調整モード点検／バイパス弁作動チェック	落水防止装置		ポンプを停止させたときに正常に作動するか確認する。また、落水防止弁前後の圧力計にて、作動圧力を確認する。	目視にて確認	確認日（ ）年（ ）月（ ）日 落水防止装置の作動状態 作動圧力 （ ）Pa		
落水防止装置の設定、作動チェック／シート作成							

蓄熱式空調システム 検収チェックシート						必要計測項目	
記号	分類	検収項目	系統	モード・季節			
1-B-3	コンポーネント	冷却水ポンプ					

検収手順	判定項目	検証方法	判定基準	検収値	判定	
					良	不可
	流量 自動発停・インタロック	「ポンプ流量」参照 水冷チラー・冷凍機、冷水一次ポンプ,冷却水ポンプ,および冷却塔のインタロックがとられているか確認する。	設計図書に記載されたインタロックどおりに機器が運転されるかどうか目視して確認	確認日( )年( )月( )日 起動時の確認 停止時の確認 異常時の確認		

検収手順:
物理的検証 → バルブ調整 → 流量チェック(NO→バルブ調整, YES→) → シーケンス盤・動力盤点検 → 自動発停・インタロックチェック(NO→自動発停・インタロックチェック, YES→) → シート作成

5.2 蓄熱式空調システムの施工

蓄熱式空調システム 検収チェックシート

記号	分類	検収項目	系統	モード・季節
1-C	コンポーネント	空気熱源ヒートポンプチラー		

必要計測項目
① 運転電流値
② 冷温水出入口温度、外気温度
③ 高圧保護回路作動圧力
④ 低圧保護回路作動圧力
⑤ 凍結防止サーモ作動温度

検収手順	判定項目	検証方法	判定基準	検収値	判定(良/不可)
運転電流値のチェック	運転電流値	測定時の運転条件におけるメーカー仕様値と比較する。	95%×仕様値≦(実測電流値)≦105%×仕様値 仕様値 ( )A 冷温水出口温度 ( )℃ 冷温水入口温度 ( )℃ 外気温度 ( )℃	計測日( )年( )月( )日 実測電流値 ( )A	
高圧保護回路のチェック	高圧保護回路	冷却運転中にファンを強制停止し、高圧保護回路が作動することを確認する。	メーカーの仕様圧力と比較して (仕様圧力-1)≦(作動圧力)≦(仕様圧力) 仕様圧力 ( )Pa	計測日( )年( )月( )日 作動圧力 ( )Pa	
低圧保護回路のチェック	低圧保護回路	冷却運転中に液出ロバルブあるいは、液ラインバルブを閉止し、低圧保護回路が作動することを確認する。	メーカーの仕様圧力と比較して±3Paの範囲を作動圧力の範囲とする。 仕様圧力 ( )Pa	計測日( )年( )月( )日 作動圧力 ( )Pa	
凍結防止保護回路のチェック	凍結防止保護回路	安定運転中に冷温水バルブを絞り、凍結防止保護回路が作動することを確認する。	メーカーの仕様温度と比較して±1degの範囲を作動温度の範囲とする。 仕様温度 ( )℃	計測日( )年( )月( )日 作動温度 ( )℃	
発停インタロックのチェック	発停インタロック	冷温水一次ポンプ強制停止状態でヒートポンプチラー本体の運転スイッチを投入する。	ヒートポンプチラーが作動しないこと。	確認日( )年( )月( )日 ヒートポンプチラーの起動なし	
	容量制御状態	全負荷の運転となっているか(絞り運転状態となる場合がないか)。	絞り運転とならないこと。	確認日( )年( )月( )日	

[注] 1) 「高圧保護回路」「低圧保護回路」は、メーカーによる試運転調整時の現場実証報告書によって代えてよい。
2) 「凍結防止保護回路」は、メーカーによる試運転調整時の現場実証報告書または工場検査報告書に代えてもよい。

第5章 蓄熱槽の設計と蓄熱式空調システムの施工

蓄熱式空調システム 検収チェックシート

記号	分類	検収項目	系統	モード・季節	必要計測項目
1-D	コンポーネント	水熱源チラー・冷凍機			①運転電流値 ②冷温水出入口温度, 外気温度 ③高圧保護回路作動圧力 ④低圧保護回路作動圧力 ⑤凍結防止サーモ作動温度

検収手順	判定項目	検証方法	判定基準	検収値	判定 良 / 不可
運転電流値のチェック	運転電流値	測定時の運転条件におけるメーカー仕様値と比較する。	95%×仕様値≦(実測電流値)≦105%×仕様値　　　(　　)A 冷温水出口温度　　(　　)℃ 冷温水入口温度　　(　　)℃ 外気温度　　　　　(　　)℃	計測日(　)年(　)月(　)日 実測電流値(　)A	
高圧保護回路のチェック	高圧保護回路	冷却運転中にファンを強制停止し、高圧保護回路が作動することを確認する。	メーカーの仕様圧力と比較して(仕様圧力-1)≦(作動圧力)≦(仕様圧力) 仕様圧力　(　　)Pa	計測日(　)年(　)月(　)日 作動圧力(　)Pa	
低圧保護回路のチェック	低圧保護回路	冷却運転中に液出口バルブあるいは、液ラインバルブを閉止し、低圧保護回路が作動することを確認する。	メーカーの仕様圧力と比較して±3Paの範囲を作動圧力の範囲とする。 仕様圧力　(　　)Pa	計測日(　)年(　)月(　)日 作動圧力(　)Pa	
凍結防止保護回路のチェック	凍結防止保護回路	安定運転中に冷温水バルブを絞り、凍結防止保護回路が作動することを確認する。	メーカーの仕様温度と比較して±1degの範囲を作動温度の範囲とする。 仕様温度　(　　)℃	計測日(　)年(　)月(　)日 作動温度(　)℃	
発停インタロックのチェック	発停インタロック	冷温水一次ポンプ強制停止状態で、ヒートポンプチラー本体の運転スイッチを投入する。	ヒートポンプチラーが作動しないこと。	確認日(　)年(　)月(　)日 ヒートポンプチラーの起動なし	
	容量制御状態	全負荷の運転状態となっているか(絞り運転状態となる場合がないか)。	絞り運転とならないこと。	確認日(　)年(　)月(　)日	

〔注〕「凍結防止保護回路」は、メーカーによる試運転調整時の現場実証報告書に代えてもよい。

5.2 蓄熱式空調システムの施工

蓄熱式空調システム 検収チェックシート					
記号	分類	検収項目	モード・季節	系統	必要計測項目
1-E	コンポーネント	熱回収チラー			①運転電流値 ②冷温水出入口温度、外気温度 ③高圧保護回路作動圧力 ④低圧保護回路作動圧力 ⑤凍結防止サーモ作動温度

検収手順	判定項目	検証方法	判定基準	検収値	判定	
					良	不可
運転電流値のチェック	運転電流値	測定時の運転条件におけるメーカー仕様値と比較する。	95%×仕様値≦(実測電流値)≦105%×仕様値 仕様値　　（　　）A 冷温水出口温度（　　）℃ 冷温水入口温度（　　）℃ 外気温度　　　（　　）℃	計測日（　）年（　）月（　）日 実測電流値　（　　）A		
高圧保護回路のチェック	高圧保護回路	冷却運転中にファンを強制停止し、高圧保護回路が作動することを確認する。	メーカーの仕様圧力と比較して(仕様圧力-1)≦(作動圧力)≦(仕様圧力) 仕様圧力　　（　　）Pa	計測日（　）年（　）月（　）日 作動圧力（　　）Pa		
低圧保護回路のチェック	低圧保護回路	冷却運転中に液出口バルブをあるいは、液ラインバルブを閉止し、低圧保護回路が作動することを確認する。	メーカーの仕様圧力と比較して±3Paの範囲を作動圧力の範囲とする。 仕様圧力　　（　　）Pa	計測日（　）年（　）月（　）日 作動圧力（　　）Pa		
凍結防止保護回路のチェック	凍結防止保護回路	安定運転中に冷温水バルブを絞り、凍結防止保護回路が作動することを確認する。	メーカーの仕様温度と比較して±1degの範囲を作動温度の範囲とする。 仕様温度　　（　　）℃	計測日（　）年（　）月（　）日 作動温度（　　）℃		
発停インタロックのチェック	発停インタロック	冷却水一次ポンプ強制停止状態でヒートポンプチラー本体の運転スイッチを投入する。	ヒートポンプチラーが作動しないこと。	確認日（　）年（　）月（　）日 ヒートポンプチラーの起動なし		
	容量制御状態	全負荷の運転となっているか(絞り運転状態となる場合がないか)。	絞り運転とならないこと。	確認日（　）年（　）月（　）日		

〔注〕1)「高圧保護回路」「低圧保護回路」は、メーカーによる試運転調整時の現場実証報告書によって代えてよい。
2)「凍結防止保護回路」は、メーカーによる試運転調整時の現場実証報告書または工場検査報告書に代えてもよい。

第5章　蓄熱槽の設計と蓄熱式空調システムの施工

蓄熱式空調システム　検収チェックシート

記号	分類	検収項目	系統	モード・季節	必要計測項目	①運転電流値
1-F	コンポーネント	冷却塔				

検収手順	判定項目	検証方法	判定基準	検収値	判定 良	判定 不可
運転電流値のチェック	運転電流値	運転時の電流の測定	メーカー仕様（　）A 運転電流実測値（　）A	計測日（　）年（　）月（　）日 運転電流実測値（　）A		
三方弁装置の作動チェック	三方弁装置	①モータ端子間を短絡または AC24V を供給し、正常に回転し、回りきって停止するか確認する。②モータ端子間を短絡または AC24V を供給し、反時計回りに回りきって停止するか確認する。③調節器の設定を変えてモータが調節器に応答して適切な方向へ動作するか確認する。④調節器を希望の値に設定する。	目視にて確認 三方弁の作動状態	確認日（　）年（　）月（　）日		
自動発停チェック	自動発停	水冷チラー、冷却水一次ポンプおよび冷却塔のインタロックを確認する。	目視にて確認	確認日（　）年（　）月（　）日		
ボールタップ作動チェック	ボールタップ	ボールタップにより、正常に給水または給水が停止するかを確認する。	目視にて確認	確認日（　）年（　）月（　）日		
凍結防止ヒータ作動チェック	凍結防止ヒータ	サーモスタットを徐々に変化させ、設定値でヒータがONになるか確認する。	目視にて確認	確認日（　）年（　）月（　）日		
凍結防止ヒータ空だき防止チェック	凍結防止ヒータ空だき防止	水抜きした後、スイッチONにして起動しないか確認する。	目視にて確認	確認日（　）年（　）月（　）日		
オーバフローチェック	オーバフロー	水抜きをし、その排水が正常に流出できるか確認する。	目視にて確認	確認日（　）年（　）月（　）日		
水の飛散チェック	水の飛散	ファン運転中に水が周囲に飛散していないか確認する。	目視にて確認	確認日（　）年（　）月（　）日		
シート作成						

5.2 蓄熱式空調システムの施工

蓄熱式空調システム 検収チェックシート

記号	分類	系統	モード・季節	必要計測項目
1-G	コンポーネント		自動制御	

検収手順	判定項目	検収項目	検証方法	判定基準	検収値	判定 良	判定 不可	定
制御盤のチェック	制御盤	①盤内の確認	・通線完了確認、欠品のチェックおよび、取付け機器型番の照合を行う。・機器の電源電圧を確認する。②電源電圧の確認・電圧の種類、接地配線のチェック③制御盤内・外部配線の地絡および導通・アナログテスタにて地絡を確認する。	①目視にて確認 ②地絡の確認は導通がないこと。	確認日（　）年（　）月（　）日			
ローカル機器のチェック	ローカル機器	①施工完了の確認 ②各検出器、発信器の位置方向の確認 ③各検出器、発信器のレンジを確認		目視にて確認	確認日（　）年（　）月（　）日			
制御機器単位のチェック	制御機器単体	①機器単体の調整・入力・出力信号の種類の確認および設定・模擬入力による変換器の出力チェック、調節器のPV指示、表示のチェック・調整器出力の正動作/逆動作の設定・ソフトウェアチェック・各種出力の設定、発停出力形式の設定・DDCコントローラの設定 ②機器単体の機能確認	目視にて確認	確認日（　）年（　）月（　）日			
制御ループチェック	制御ループ	①調節器・DDCコントローラなどの設定値・パラメータを変更し、バルブ操作器あるいは出力が制御動作にあった方向に動作することを確認する。②入力側のサーモスタット・ヒューミディスタットなどの信号を短絡または開放することで、系統の確認を行う。③DDCを用いた場合は、DDCコントローラ間の通信および、中央監視設備とDDCコントローラの間の通信確認を行う。	目視にて確認	確認日（　）年（　）月（　）日			
	制御パラメータ	各制御パラメータを記録		リストで添付				

蓄熱式空調システム 検収チェックシート

記号	分類	項目	系統	モード・季節
2-A-1	サブシステム	空気熱源ヒートポンプの稼働状況		

必要計測項目
① ヒートポンプのON/OFF状況
② 夜間騒音値（隣地境界）

検収手順	検証項目	検証方法	評価基準	検収値	評価（良／不可）
データ計測					
稼働状況グラフの作成	稼働状況グラフ	夏期、冬期の代表日のヒートポンプの稼働状況をグラフ化する。		試運転日（ ）月（ ）日 高負荷日（ ）月（ ）日 中負荷日（ ）月（ ）日 低負荷日（ ）月（ ）日	別紙にグラフ添付
夜間運転状況	夜間運転状況	昼夜の運転状況と夜間運転による近隣への騒音影響の有無を確認する。	①夜間運転が昼夜運転よりも優先して行われているか。 ②夜間騒音レベルは、設計値（ ）dB以下であること。	①昼夜別運転時間 試運転日 高負荷日 中負荷日 低負荷日 ②騒音レベル　運転時　停止時 　　　　　　（時刻/dB）（時刻/dB） 試運転時（ ）月（ ）日（ ）（ ）	
夏期ピークカット	夏期ピークカット		夏期ピークカット時間帯に停止しているか。 設計値（ ）時～（ ）時	中間停止時間帯 試運転日　（ ）時～（ ）時 高負荷日　（ ）時～（ ）時 中負荷日　（ ）時～（ ）時 低負荷日　（ ）時～（ ）時	
1日稼働時間数の算出	1日稼働時間数	各月の代表数日につき、ヒートポンプの1日合計稼働時間数を算出する。	設計1日稼働時間数以下か。 設計値（ ）時間	稼働時間数 試運転日（ ）月（ ）日（ ）時間 高負荷日（ ）月（ ）日（ ）時間 中負荷日（ ）月（ ）日（ ）時間 低負荷日（ ）月（ ）日（ ）時間	
稼働状況の総合評価	稼働パターン	稼働状況を総合的に評価する。	1日の稼働パターンが設計意図とほぼ一致している。	［不可の場合の不具合状況］	

5.2 蓄熱式空調システムの施工

蓄熱式空調システム 検収チェックシート

記号	分類	系統	モード・季節
2－A－2	サブシステム	空気熱源ヒートポンプの生産熱量・COP	

必要計測項目	①ヒートポンプのON/OFF状況　⑤冷温水流量 ②入口水温，出口水温 ③外気温度 ④ヒートポンプの消費電力量

検収項目	検証項目	検証方法	評価基準	検収値	評価 良 不可
データ計測	出口水温		設計水温（ ）－1＝（ ）以上 設計水温（ ）＋1＝（ ）以下	試運転日（ 月 日） 最高[℃]（ ） 最低[℃]（ ） 高負荷日（ 月 日） （ ） （ ） 中負荷日（ 月 日） （ ） （ ） 低負荷日（ 月 日） （ ） （ ）	□□□ □□□
出入口温度差の算出	出入口温度差	出入口温度差＝ ｜出口温度－入口温度｜	出入口温度差 ≧ 設計値（ ）[℃]	試運転日（ 月 日） 最高[℃]（ ） 最低[℃]（ ） 高負荷日（ 月 日） （ ） （ ） 中負荷日（ 月 日） （ ） （ ） 低負荷日（ 月 日） （ ） （ ）	□□□ □□□
瞬時生産熱量の算出	瞬時生産熱量	瞬時生産熱量[MJ]＝ 瞬時流量[l/min]×温度差[℃]×$\frac{60 \times 4.186}{}$		試運転日（ 月 日） データ資料添付 高負荷日（ 月 日） 中負荷日（ 月 日） 低負荷日（ 月 日）	□ □
1日生産熱量の算出	1日生産熱量	$\sum_{0時}^{24時}$瞬時生産熱量×$\frac{データ間隔[分]}{60}$		試運転日（ 月 日）（ ）kW・h 高負荷日（ 月 日）（ ）kW・h データ資料添付	□ □
1日平均COPの算出	1日平均COP	$\frac{1日生産熱量[kW \cdot h]}{1日消費電力量[kW \cdot h] \times 3.6}$ 注）消費電力量はヒートポンプのみの値を指す．	1日平均COP ≧ 仕様値（ ）	試運転日（ 月 日）（ ）kW・h/日 （ 月 日）（ ）kW・h/日	□ □
稼働状況グラフの作成				試運転日（ 月 日） 月代表日 代表日1 代表日2 平均 （ 月 日） （ ） （ 月 日） （ ） （ 月 日） （ ） （ 月 日） （ ） （ 月 日） （ ） 平均	□ □

第5章　蓄熱槽の設計と蓄熱式空調システムの施工

蓄熱式空調システム　検収チェックシート					
記号	分類	種目	系統	モード・季節	
2-B-1	サブシステム	冷温水二次ポンプの稼働状況（空調機系統）			

検収手順	検証項目	検証方法	評価基準	必要計測項目	検収値	評価	
						良	不可
データ計測	システム概要				ポンプ台数（　）台 変流量制御方法　□INV　□台数制御 バイパス制御方法、設定値（　）（　） 戻し位置		
稼働状況グラフの作成	稼働状況グラフ	夏期、冬期の代表日（連続数日分）の冷温水二次ポンプの稼働状況をグラフ化する。		試運転日　（　）月（　）日～（　）月（　）日 夏期代表日　（　）月（　）日～（　）月（　）日 冬期代表日　（　）月（　）日～（　）月（　）日		□	□
ベース機切替えの状況	ベース機切替えの状況	稼働状況グラフで、ベース運転となるポンプが、設定どおりに切り替わっているか判定	切替え設定 □発停ごと □1日			□	□
変流量制御の状況	変流量制御の状況	稼働状況グラフで次の項目を判定する。 ①冷温水流量は変流量になっているか ②最大流量は適切か ③最大流量が長時間継続していないか ④低流量が長時間継続していないか	②最大流量 設計値（　）l/min以下 のこと	①変流量となっているか　□いる　□いない ②最大流量　　　　　　（　）l/min ③最大流量への張付き　□なし　□あり 　　最長（　）分 ④低流量への張付き　　□なし　□あり 　　最長（　）分		□	□
台数制御の状況	台数制御の状況	計測データから、次の解析をする。 ①ポンプ稼働台数ごとの冷温水流量の範囲 ②増段・減段時の流量	②増段設定 1→2台（　）l/min 減段設定 2→1台（　）l/min	①流量範囲　1台運転時（　）～（　）l/min 　　　　　　2台運転時（　）～（　） ②増段　前/後　流量　（　）/（　） 　減段　前/後　流量　（　）/（　）		□	□
稼働状況の総合評価	総合評価	稼働状況を総合的に評価する。	負荷変動に追随した運転となっているか	［不可の場合の具体的状況］		□	□

※発停状況は群＊単位ではなく、個別ポンプ単位で計測

必要計測項目（※）
①冷温水二次ポンプの発停状況（※）
②二次側冷温水流量
③バイパス流量、温度

- 154 -

5.2 蓄熱式空調システムの施工

蓄熱式空調システム 検収チェックシート

記号	分類	検収項目	系統	モード・季節
2-B-2	サブシステム	冷温水二次ポンプの稼働状況（ファンコイル）		

必要計測項目：
①冷温水二次ポンプの発停状況（※）
②二次側冷温水流量
③バイパス側冷温水流量、温度
※発停状況は群単位ではなく、個別ポンプ単位で計測

検収手順	検証項目	検証方法	評価基準	検収値	評価良	評価不可
データ計測	システム概要			ポンプ台数（　）台 変流量制御方法　□INV　□台数制御 バイパス制御方法，設定値（　） 戻し位置 試運転日（　）月（　）日〜（　）月（　）日 夏期代表日（　）月（　）日〜（　）月（　）日 冬期代表日（　）月（　）日〜（　）月（　）日	□	□
稼働状況グラフの作成	稼働状況グラフ	夏期、冬期の代表日（連続数日分）の冷温水二次ポンプの稼働状況をグラフ化する。			□	□
ベース機切替えの状況	ベース機切替えの状況	稼働状況グラフで、ベース運転となるポンプが、設定どおりに切り替わっているか判定	切替え設定　□発停ごと　□1日	切替り状況　□発停ごと　□1日ごと	□	□
変流量制御の状況	変流量制御の状況	稼働状況グラフで次の項目を判定する。 ①冷温水流量は変流量になっているか ②最大流量は適切か ③最大流量が長時間継続していないか ④低流量が長時間継続していないか	②最大流量 設計値（　）l/min 以下のこと	①変流量となっているか　□いる　□いない ②最大流量（　）l/min ③最大流量への張付き　□なし　□あり　最長（　）分 ④低流量への張付き　□なし　□あり　最長（　）l/min	□	□
台数制御の状況	台数制御の状況	計測データから、次の解析をする。 ①ポンプ稼働台数ごとの冷温水流量の範囲 ②増段・減段時の流量	②増段設定 1→2台（　）l/min 減段設定 2→1台（　）l/min	①流量範囲　1台運転時（　）〜（　）l/min 2台運転時（　）〜（　） ②増段　前/後　流量（　）/（　） 減段　前/後　流量（　）/（　）	□	□
稼働状況の総合評価	総合評価	稼働状況を総合的に評価する。	［不可の場合の具体的状況］負荷変動に追随した運転となっているか		□	□

第5章 蓄熱槽の設計と蓄熱式空調システムの施工

蓄熱式空調システム 検収チェックシート

記号	分類	検収項目	系統	モード・季節
2-C-1	サブシステム	二次側（空調機系統）の処理熱量		

必要計測項目
① 二次側（空調機系統）送水温度
② 二次側（空調機系統）還水温度
③ 二次側（空調機系統）冷温水流量

検収手順	検証項目	検証方法	評価基準	検収値	評価 良	評価 不可
データ計測	制御方式			水側制御 □CWV □VWV 空気側制御 □CAV □VAV	□□□	□□□
	送水温度		設計送水温度 （ ）℃ 設計限界送水温度 （ ）℃ 設計還水温度 （ ）℃	送水[℃] 還水[℃] 最高,最低 最高,最低 試運転日（ 月 日）(,)(,) 高負荷日（ 月 日）(,)(,) 中負荷日（ 月 日）(,)(,) 低負荷日（ 月 日）(,)(,)	□□□	□□□
出入口温度差の算出	還水温度	｜送水温度－還水温度｜	任意温度差≧設計値（ ）[℃]	最高[℃] 最低[℃] 試運転日（ 月 日）( )( ) 高負荷日（ 月 日）( )( ) 中負荷日（ 月 日）( )( ) 低負荷日（ 月 日）( )( )	□□□□	□□□□
瞬時処理熱量の算出	任意温度差					
	瞬時処理熱量	瞬時処理熱量[kW·h]＝ 瞬時流量[l/min]× 温度差[℃]×60×4.186×$\frac{データ間隔[分]}{60}$		試運転日最大（ 月 日）( )[kW·h] 高負荷日最大（ 月 日）( )[kW·h] データ資料添付	□□	□□
1日処理熱量の算出	1日処理熱量	$\sum_{0時}^{24時}$瞬時生産熱量×	各月の代表日1日の処理熱量 が各月平均負荷率とほぼ比例し ているか	試運転日最大（ 月 日）( )[kW·h/日] 高負荷日最大（ 月 日）( )[kW·h/日] 月別1日生産熱量グラフ添付		
水温・処理熱量グラフの作成	空調機ごとの検証	空調機ごとの水温・流量計測を行っ ている場合、個別の検証を行う。	空調機系統，設計熱量 l/min	最大流量 出入口温度差 [l/min] 最大[℃] 最小[℃] ( ),( ),( ) ( ),( ),( ) ( ),( ),( ) ( ),( ),( )	□□	□□

5.2 蓄熱式空調システムの施工

蓄熱式空調システム 検収チェックシート				
記号	分類	検収項目	系統	モード・季節
2-C-2	サブシステム	二次側(ファンコイル系統)の処理熱量		

必要計測項目
①二次側(ファンコイル系統)送水温度
②二次側(ファンコイル系統)還水温度
③二次側(ファンコイル系統)冷温水流量

検収手順	検証項目	検証方法	評価基準	検収値	評価 良	評価 不可
データ計測	制御方式			水側制御 □CWV □VWV 空気側制御 □CAV □VAV	□ □	□ □
出入口温度差の算出	送水温度 還水温度		設計送水温度 ( )℃ 設計限界送水温度 ( )℃ 設計還水温度 ( )℃	送水[℃] 還水[℃] 　　　最高, 最低 最高, 最低 試運転日( )月( )日 ( ),( ) ( ),( ) 高負荷日( )月( )日 ( ),( ) ( ),( ) 中負荷日( )月( )日 ( ),( ) ( ),( ) 低負荷日( )月( )日 ( ),( ) ( ),( )	□ □ □ □	□ □ □ □
瞬時処理熱量の算出	任還温度差	|送水温度-還水温度|	任還温度差≧設計値( )[℃]	最高[℃] 最低[℃] 試運転日( )月( )日 ( ) ( ) 高負荷日( )月( )日 ( ) ( ) 中負荷日( )月( )日 ( ) ( ) 低負荷日( )月( )日 ( ) ( )	□ □ □ □	□ □ □ □
1日処理熱量の算出	瞬時処理熱量	瞬時処理熱量[kW・h] = 瞬時流量[l/min] × 温度差[℃]×60×4.186 $\frac{データ間隔[分]}{60}$		試運転日最大( )日 ( )[kW・h] 高負荷日最大( )日 ( )[kW・h] データ資料添付	□ □	□ □
水温・処理熱量グラフの作成	1日処理熱量	$\sum_{0時}^{24時}$瞬時生産熱量× $\frac{データ間隔[分]}{60}$	各月の代表日1日の処理熱量が各月平均負荷率とほぼ比例しているか	試運転日最大( )日 ( )[kW・h/日] 高負荷日最大( )日 ( )[kW・h/日] 月別1日生産熱量グラフ添付	□ □	□ □
	空調機ごとの検証	空調機ごとの水温・流量計測を行っている場合、個別の検証を行う。		最大流量 出入口温度差 [l/min] 最大[℃] 最小[℃] 系統、設計熱量 l/min ( ),( ) ( ) ( ) ( ) ( ),( ) ( ) ( ) ( ) ( ),( ) ( ) ( ) ( )	□ □	□ □

第5章 蓄熱槽の設計と蓄熱式空調システムの施工

蓄熱式空調システム 検収チェックシート

記号	分類	サブシステム	系統	モード・季節	必要計測項目
2-D-1	検収項目	蓄熱層の構造・断熱防水・水質	（　）	（　）（　）	①蓄熱槽内水量 ②蓄熱槽内水質

検収手順	検証項目		評価基準	検収値	評価 良 / 不可
蓄熱槽構造の確認	蓄熱槽構造	1 連通管	①1槽ごとに上下左右配置であること ②始端槽・終端槽は下部配置となっていること ③口径 設計値（　）mm ④ポンプ始動時の水位差 設計値（　）mm ※二次側始動時に計測	1-① 配置（　） 1-② 始端槽（　），終端槽（　） 1-③ 口径 （　）mm 1-④ 水位差 （　）mm	□ □ □ □ □ □ □ □
		2 槽内数期間	①連通管と同じ流路に設けられていること ②口径設計値（　）mm	2-① 連通管と同じ 2-② 口径 （　）mm	□ □ □ □
断熱防水の確認		3 排水管	①連通管と同じ流路に設けられていること ②口径設計値（　）mm	3-① 連通管と同じ 3-② 口径 （　）mm	□ □ □ □
データ計測		4 通気立て管	①始端槽に設けられていること ②口径設計値（　）mm	4-① 通気立て管位置 始端槽 終端槽 4-② 口径 （　）mm	□ □ □ □
		5 還水管	水面下で開放されていること	5-① 開放位置 水面下 水面上	□ □
水量の確認		6 マンホール	①断熱対策が施されていること ②全槽点検可能な位置に設置されていること	6-① 断熱 あり なし 6-② 設置位置 全槽にあり 全槽になし	□ □ □ □
		7 給水装置	①手動給水装置が設けてあること ②量水器が設けてあること	7-① 手動給水装置 あり なし 7-② 量水器 あり なし	□ □ □ □
水質の確認		8 排水用方法	①排水用分岐間が設けてあること	8-① 排水用分岐間 あり なし	□ □
	断熱防水	1 材質・工法 2 施工箇所 3 施工状況	設計仕様（　） 設計 断熱部位 □上部床 □壁 □下部床 ①き裂・ピンホールがないこと ②厚さに著しいばらつきがないこと	施工仕様（　） 施工 断熱部位 □上部床 □壁 □下部床	□ □
	水量・水質	1 蓄熱槽内水量 2 蓄熱槽内水質	設計水量（　）m³以上であること 別紙目標値と著しく差異がないこと	水量計測値（　）m³ 目標値，水質計測結果添付	□ □ □ □

5.2 蓄熱式空調システムの施工

蓄熱式空調システム 検収チェックシート

記号	分類	種類	系統	モード・季節
2-D-2	サブシステム	蓄熱効率	( )	( )

必要計測項目
①一次側冷温水 送水・還水温度
②二次側冷温水 送水・還水温度
③一次側冷温水流量
④二次側冷温水流量

検証項目	検証方法、算出方法	評価基準	検収値
1日熱量	代表日の1日生産熱量、消費熱量を算出する。 1日熱量[kW・h] = $\sum_{0時}^{24時}$ 瞬時生産熱量 × $\dfrac{データ間隔[分]}{60}$ 瞬時処理熱量[kW・h] 瞬時流量[l/min]×温度差[deg]×60 ×4.186	1日熱量設計値(参考) 生産熱量( ) 消費熱量( )	生産熱量　　消費熱量 [kW・h/日]　[kW・h/日] 試運転日( ) ( ) 高負荷日( ) ( ) 中負荷日( ) ( ) 低負荷日( ) ( )
期間熱量	前項の1日熱量を代表的なある期間(1週間、1箇月など)積算し、期間生産熱量、期間消費熱量を算出する。		生産熱量　　消費熱量 [kW・h]　　[kW・h] 対象期間( )月( )日 ～( )月( )日
蓄熱効率	前項の期間熱量をもとに蓄熱効率を算出する。 蓄効率 = $\dfrac{二次側期間消費熱量}{一次側期間生産熱量}$ $\sum_{0時}^{24時}$ 瞬時生産熱量 × $\dfrac{データ間隔[分]}{60}$	蓄熱効率>0.7	計測蓄熱効率 = ( )

	評価	
	良	不可
	□	□

検収手順

データ計測 → 1日熱量の算出 → 期間熱量の算出 → 蓄熱効率の算出

— 159 —

第5章 蓄熱槽の設計と蓄熱式空調システムの施工

蓄熱式空調システム 検収チェックシート

記号	分類	検収項目	系統	モード・季節
2-D-3	サブシステム	蓄熱槽内水温プロフィルと蓄熱槽利用率	( )	( )

検収手順	検証項目	検証方法、算出方法	評価基準	必要計測項目	検収値	評価 良 / 不可
データ計測 → プロフィル図の作成	プロフィル図	代表日の1日における蓄熱槽内水温プロフィル図を、夜間蓄熱時と昼間放熱時に分けて作成する。	①水温分布の逆転がおきていないこと ②夜間蓄熱時に放熱サイクルの動きを示していないこと ③昼間放熱時に蓄熱サイクルの動きを示していないこと	①一次側冷温水 送水・還水温度 ②二次側冷温水 送水・還水温度 ③一次側冷温水流量 ④二次側冷温水流量 ⑤蓄熱槽内水温、水量 プロフィル図添付		□ □
槽内平均水温の算出	槽平均水温	代表日の蓄熱完了時、放熱終了時の蓄熱槽内平均水温を算出する。 平均水温 $= \dfrac{\theta_1 \times V_1 + \cdots + \theta_n V_n}{V_1 + \cdots + V_n}$ θ_n：n槽の水温計測値 V_n：n槽水温を代表水温とみなせる容量（水量）	蓄熱完了時の平均気温は 暖房時 設計値( )℃±0.5℃ 冷房時 設計値( )℃±0.5℃ ※この設計値は最大負荷日の値であり、計測日が部分負荷日である場合、平均水温はこの値に達しない。 放熱完了時の平均水温は 暖房時 設計値( )℃以下 冷房時 設計値( )℃以上	蓄熱完了時 放熱完了時 [℃] [℃] 試運転日 (月 日) ( ) ( ) 高負荷日 (月 日) ( ) ( ) 中負荷日 (月 日) ( ) ( ) 低負荷日 (月 日) ( ) ( )	□ □ □ □	□ □ □ □
蓄熱槽利用率の算出	蓄熱槽利用率	蓄熱完了状態から放熱完了までの消費熱量により蓄熱槽利用率を算出する。 蓄熱槽利用率 $= \dfrac{H_s}{C_P \cdot V \cdot \varDelta\theta_0} \times 100 [\%]$ H_s：蓄熱槽から実際に取り出した熱量[MJ] V：蓄熱槽水量[m³] $\varDelta\theta_0$：基準温度差[℃] C_P：容積比率(=1000)[MJ/(m³・℃)]	蓄熱槽利用率は、設計値( )%以上であること 注）「蓄熱槽効率」は最大負荷時、二次側送水限界上昇温度の制約条件の下で仮想した蓄熱槽利用率をいう	蓄熱槽利用率 試運転日 (月 日) ( )% 高負荷日 (月 日) ( )% 中負荷日 (月 日) ( )% 低負荷日 (月 日) ( )%	□ □ □ □	□ □ □ □
有効容積率Pの算出	有効容積率P	計測データをもとに混合特性値M、有効容積率Pを算出する。算出方法は、空気調和・衛生工学会発行の「蓄熱式空調システム基礎と応用」11章を参照。	有効容積率Pの目標値は $P = 0.9 \sim 1.0$	混合特性値 M ( ) 有効容積率 P ( ) 算出経過資料添付	□	□

5.2 蓄熱式空調システムの施工

蓄熱式空調システム 検収チェックシート					
記号	分類	検収項目	系統	モード・季節	
3-A	全体システム	最大需要電力	( )	( )	

必要計測項目	①建物受電電力

検収項目	検証方法，算出方法	評価基準	検収値	評価			
					良		不可
平均需要電力グラフ	夏期，冬期の代表日数日におけ、1時間ないし30分平均需要電力の変化を日ごとにグラフ化する。		平均需要電力グラフ添付 試運転日（　）月（　）日 計測日　　（　）月（　）日 　　　　　（　）月（　）日 　　　　　（　）月（　）日		☐	☐	☐
最大需要電力	夏期，冬期それぞれの最大需要電力を計測データから求める。	事務所建物（全電化・全蓄熱）での参考値 35～45 W/m² （夏期，冬期とも）	最大需要電力 試運転日　（　）月（　）日 夏期　（　）月（　）日（　）％ 　　　　　　　　　　　　　（　）W/m² 冬期　（　）月（　）日（　）％ 　　　　　　　　　　　　　（　）W/m²		☐	☐	☐

検収手順

データ計測 → 平均需要電力グラフの作成 → 最大需要電力の確認

第5章 蓄熱槽の設計と蓄熱式空調システムの施工

蓄熱式空調システム 検収チェックシート

記号	分類	検収項目	系統	モード・季節
3-B	全体システム	空調熱源夜間移行率	( )	( )( )

必要計測項目
①空調熱源電力消費量 注)昼夜別の期間合計値が算出可能であること

検収手順	検証項目	検証方法、算出方法	評価基準	検収値	評価 良 / 不可
データ計測 → 電力消費量グラフの作成	電力消費量グラフ	夏期、冬期の代表の1日(平日・土曜日・日曜日)の1日における、1時間ごとの空調熱源用電力消費量をグラフ化する。	夜間運転が昼間運転よりも優先して行われているか。	電力消費量グラフ添付 試運転日( )月( )日( )	□ / □
日積算電力消費量の算出 → 期間積算電力消費量の算出	日積算電力消費量	夏期、冬期の代表日数につき、 ①1日積算 空調熱源電力消費量 ②夜間積算 空調熱源電力消費量 ③夜間積算の1日積算に占める割合(熱源夜間移行率) を算出する(注、夜間:22:00～8:00).	代表日熱源夜間移行率 夏期設計値( )以上 冬期設計値( )以上 であること	① ② ③ kW・h kW・h % 夏期 ( )月( )日 ( ) ( ) ( ) 　　　( )月( )日 ( ) ( ) ( ) 　　　( )月( )日 ( ) ( ) ( ) 冬期 ( )月( )日 ( ) ( ) ( ) 　　　( )月( )日 ( ) ( ) ( ) 　　　( )月( )日 ( ) ( ) ( )	□ / □ □ / □ □ / □ □ / □ □ / □ □ / □
空調用熱源夜間移行率の算出	期間合計電力消費量	夏期、冬期の期間全体について、 ①期間積算 空調熱源電力消費量 ②夜間積算 空調熱源電力消費量 ③夜間積算の期間積算に占める割合(期間熱源夜間移行率) を算出する(注、夜間:22:00～8:00).	期間熱源夜間移行率の目安は夏期、冬期ともに80%以上	① ② ③ kW・h kW・h % 夏期 ( )月( )日～( )月( )日 ( ) ( ) ( ) 冬期 ( )月( )日～( )月( )日 ( ) ( ) ( )	□ / □ □ / □

第 6 章

蓄熱式空調システムの運転・保守管理

6.1 運転・保守管理の概要

6.1.1 運転・保守の概要

運転・保守管理が適切にできていないと熱源機の発停頻度の増加が機器寿命を短くする可能性があるうえに，熱源機単体から空調システム全体の効率まで低下する．

システムを最適な状態に保ち，合理的な運転を行うためには，適切な運転・保守管理が重要であり，以下に，運転モードと蓄熱槽内水温の推移から見た，蓄熱運転にあたっての基本的な考え方を示す．本章で対象とする標準システムは，**図3・2**である．

6.1.1.1 蓄熱運転

蓄熱時間帯は通常，熱源機および一次側ポンプのみの運転で冷水製造が行われる．一般に，熱源機の出口温度を一定とし，定速機では100％の能力で連続運転したほうが効率よく利用できる．

冷房運転時は熱源機出口温度を低く設定するほど，熱源機単体の運転効率は低下するものの，蓄熱槽で利用できる温度差が拡大して槽内温度プロフィルも良好に形成されるため，蓄熱槽は効率よく利用される．

6.1.1.2 放熱運転

空調時間帯は，蓄熱槽に蓄えた熱を二次側へ放熱させて運転する．高負荷の場合，蓄熱槽からの放熱を優先させて蓄熱分を利用したうえで，不足分を熱源機の追掛け運転で賄う．

低負荷の場合，蓄熱分で間に合い，熱源機の運転を必要としない場合もある．熱源機の追掛け運転の有無にかかわらず放熱時の要点は，冷房運転時は熱交換器からの返り温度を高めに安定させることである．この返り冷水温度が高いほど蓄熱槽の利用温度差を拡大でき，蓄熱量を増大させることができる．

6.1.1.3 蓄熱槽内温度プロフィル

蓄熱槽に蓄えられる熱量は，蓄熱槽内各部の温度推移（温度プロフィル）を見ると把握しやすい．横軸に温度を測っている槽の位置，縦軸に各時刻の槽水温度をとり，最初と最後の線（**図6・1**では1と4の線）で囲まれた面積が蓄熱（放熱）量となり，この例では，蓄熱運転では1→4の温度推移となる．また，3と4のように次の時間との線で囲まれた面積は，この時間内に蓄熱（放熱）された熱量となる．よって，熱源機の能力低下がある場合は，線間の面積が小さくなるなど，温度プロフィルで運転状況を判断することもできる．なお，放熱運転では，4→1のプロフィルを形成する．

蓄熱量は"水量×利用温度差"で決定されるが，槽容量は設計から施工の段階で決定されていることから，運用段階で蓄熱量を確保・増大させるためには，利用温度差の確保・拡大がポイントとなる．そのためには6.1.1.1と6.1.1.2で述べたように，冷房運転時は熱源機出口温度を低く，二次側返り温度を高く保ち，蓄熱槽内温度プロフィルにおいて，蓄熱完了時の槽内温度をできる限り高くすることが必要である．

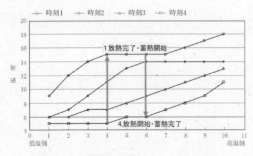

図6・1 蓄熱槽内温度プロフィル（例）

6.1.2 主な構成機器の運転・保守

6.1.2.1 ヒートポンプチラー（熱源機）

ヒートポンプチラーは，冷温水を製造する機器であり，基本的に100％能力で運転することが望ましく，運転にあたり，設計者意図を設計図書（機器表・計装図・設計趣旨書・操作説明書）などから確認しておくことが必要である．

熱源機の圧縮機が，定速機の場合は容量制御

機構を外し，インバータ機は各メーカー推奨の蓄熱運転対応を実施し，冷温水の出口温度が一定になる運転を実施する．

また，メーカーの定期点検時に，定速機の場合は容量制御作動温度を一般的なクローズ回路方式と同様の6℃の設定に戻してしまうことがあるため，点検前に明確な指示と事後の確認が必要である．（図6・2）

6.1.2.2 フート弁

フート弁を設ける場合は槽内のスケール，本体や配管のさびに起因した機能不良を起こすことがあるため，定期的に点検することが望ましい．特に，電導度が高いなど水質のよくない地域では留意する必要がある．

6.1.2.3 落水防止弁

試運転調整や引渡しの検収時に，落水防止機能の確認を行っておくことが必要である．劣化などにより動作不良を起こすと，サイホン現象による空気混入やウォータハンマの原因となるため，定期的に点検することが望ましい．

6.1.3 必要図書類の整備[1]

蓄熱式空調システムでは，基本的システムの構成，高効率化のための運転ポイントに関して，企画・計画・設計・施工・運用の各段階で共通したものが多い．

運転管理者はそれらの内容を引き継ぎ，図書類をもとに理解し管理を行うべきであるため，建物あるいはシステムの施工時に施主へ引き渡す竣工図書，設計趣旨書，操作説明書，納入機器完成図集を設計者，施工者などは適切に作成し，整備しておく必要がある．

6.1.3.1 竣工図書

竣工図書には，設備概要，システムフロー図，配管系統図，配管平面図，自動制御設備図，中央監視設備図，蓄熱槽平面図および設計計算書などが含まれる．この図書をもとに蓄熱式空調システムの全体構成，系統区分，蓄熱槽の配置，機器の配置，槽内の構造，冷水・温水の流れ，自動制御の項目，監視の項目などを理解する．

設計計算書は，設計時点の蓄熱量，蓄熱温度差，蓄熱槽によるピーク時のピークシフト熱量などが計算されているので，竣工時の内容が設計時と異なる場合は，竣工状況に合わせた計算書であることを確認する．

6.1.3.2 設計趣旨書

設計趣旨書は，竣工時の引渡し書類の一つとして施主は提出を求めることが望ましい．設計趣旨書には定められた書式はないが，設計意図を明確にまとめ，運転管理者に設計意図やシステム効果が確実に伝わるものとする．

以下にその内容例を示す．

〔設計趣旨書に含むもの（例）〕

1) 建物概要
2) 蓄熱式空調システムの目的

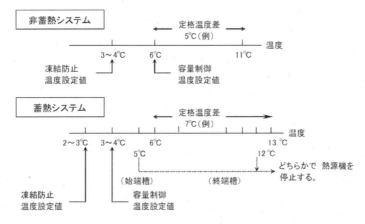

図6・2 容量制御の温度設定例

3) 空調設備概要
　a) 熱源機システム
　b) 蓄熱式空調システムおよび型式
　c) 一次側ポンプ配管システム
　d) 二次側ポンプ配管システム
　e) 空調システム
4) 制御システム
　a) 蓄熱運転制御システム
　b) 一次側制御システム
　c) 二次側制御システム
5) 監視・計測システム
　a) 中央監視システム
　b) 計測システム
6) 蓄熱式空調システム関連図面

6.1.3.3　操作説明書

操作説明書は，蓄熱式空調システムの運転管理者が設計意図を理解したうえで適切に運転管理ができるように，蓄熱運転のノウハウを記したものである．

操作説明書には，蓄熱式空調システムの概要も記述されており，必要に応じて設計図書・竣工図書・納入機器完成図面集・設計趣旨書などを参照しながら運転制御の実践にあたり，蓄熱式空調システムの動きを認識し，それが妥当であるかチェックしていく．

これらを有効に活用することを繰り返すことにより，最適なシステム運転が実現できる．また，設計と条件の異なる運転状態のときには，それに対応した臨機応変の措置を講ずることができるようになる．よって，一度目を通すだけでなく，繰り返し活用することが重要である．

以下にその内容例を示す．

〔操作説明書に含むもの(例)〕
1) 蓄熱の主たる目的
2) 年間の蓄熱運転モードと蓄熱運転の様式
3) 蓄熱槽の型式，平面図
4) 蓄熱関連機器の概要
　a) 熱源機システム
　b) 蓄熱槽温度条件(基準温度差)
　c) 一次側ポンプ配管システム
　d) 二次側ポンプ配管システム
　e) 空調システム
5) 運転制御とその意図
　a) 熱源機周りの制御
　b) 熱源機入口・出口温度制御に関する温度関係について
　c) 二次側空調機系統の制御
　d) 冷温水送水とポンプ系の制御
6) 監視，計測，制御装置
　a) 監視，計測システムの目的
　b) 監視システムの全体構成
　c) 計測システムの全体構成
　d) 中央監視
　e) データ設定器
　f) 蓄熱コントローラ
　g) 冷温水二次ポンプ台数制御コントローラ
7) 運転の正常／異常の判断と対策
8) 保全項目
9) 緊急対応マニュアル，緊急時連絡先

6.1.3.4　保全に関する図書

個々の機器の保全に関しては，納入機器完成図集および操作説明書により，保守メンテナンス内容を把握する必要がある．蓄熱式空調システムの保全箇所は，基本的には蓄熱槽内部，熱源機および一次側搬送部分，二次側搬送部分および二次側空調機に大別される．運転管理者は，個々の構成機器の保全についての知識を持ち，設計意図をくみ，その内容を理解することが重要である．

メーカー機器以外の部分，例えば蓄熱槽の水質管理，漏水管理，エネルギー性能にかかわる制御などについては，操作説明書にて説明を受けるべきもので，施工者などにそのシステムの特性や管理方法を説明してもらい，記録に残すことが重要である．

これらの書類は，原則として設計者，施工者から引き渡されるものであるが，運転管理者が独自に，日常の運転を通して個々のシステムごとに運用保全マニュアルを作り上げていくことが重要である．

6.2 エネルギー管理

6.2.1 日常のデータ管理

システムを最適な状態に保ち経済的運転を行うためには，試運転調整検収後の初期性能を把握し維持することが重要であり，その手段として運転管理記録帳票が有効となる．

6.2.1.1 運転管理記録帳票の作成

〔1〕 運転管理記録項目

運転管理記録は，日常の運転管理の情報源になる．

目的と計測のレベル（グレード）によって異なるが，運転管理上あったほうが望ましいと思われる項目例を**表6・1**に示す．

〔2〕 データの取扱い

計測データ（一次データ）の記録間隔が15分以下である場合は，これらをもとに15分平均値または積算値を算出し，二次データを算出する．日単位のトレンドを作成するには15分間隔程度が最も適しており，1分データは故障時の緊急対応などに役立つ．**表6・2**にデータ項目別のデータの取り方を示す．

〔3〕 データの利用方法

データを有効に活用するためには，それぞれの目的にあった図表に利用しやすいように加工し，保存しておくことが必要である．また必要に応じて，過去のデータを参照できるように整理して，記録メディアなどに保存しておくとよい．帳票は日報週報月報期報年報警報故障記録など，決まったフォーマットの帳票を利用すると比較判断などに便利である．また，データのグラフ化による認識力の向上は重要である．

第6章　蓄熱式空調システムの運転・保守管理

表6・1 運転管理記録項目

記録項目			性能管理	エネルギー管理	備考
一次側	熱源機	出口温度[℃]	○	○	
		入口温度[℃]	○	○	
		流量[l/min]	○	○	
		消費電力量[kW·h]	○	○	
		電流[A]	○	○	
		容量制御信号	○		
		生産熱量[kJ/h]		○	出入口温度差, 流量
		COP[-]	○	○	消費電力, 生産熱量
		運転時間(昼：累積)[h]		○	運転信号
		運転時間(夜：累積)[h]		○	運転信号
	一次側	流量[l/min]	○	○	
		吐出圧力[Pa]	○	○	
		消費電力量[kW·h]		○	
		電流[A]		○	
		運転信号	○		
		運転時間[h]	○	○	運転信号
	蓄熱槽	各槽温度[℃]	○	○	毎時
		補給水量[m³/h]	○		
		水位[m]	○		
		熱損失[kJ/h]		○	投入熱量, 放熱量
		投入熱量[kJ/h]		○	熱源機出入口温度, 流量
		放熱量(取出し熱量)[kJ/h]		○	送水還水温度, 流量
		有効蓄熱量[kJ/h]		○	蓄熱, 熱損失, 放熱残
		蓄熱槽効率[%]		○	放熱量
		水位差[m]	○		水位(始端・終端側)
最大需要電力[kW]				○	
消費電力量(年間計)[kW·h]				○	
電力夜間移行率[%]				○	電力量(昼夜)
熱源機電力夜間移行率[%]				○	消費熱量(昼夜)
ピークカット電力量[kW·h]				○	積算電力量
その他	水質		○		水質管理項目による
	外気温度[℃]		○	○	
	外気湿度[%]		○	○	
	天候		○	○	
	故障履歴		○	○	
	緊急出動		○	○	

6.2 エネルギー管理

表 6・2 記録項目別データの取り方

項目	種類	単位	データの取り方
温度	1分	℃	・毎正分の瞬時値をデータとして使用.
	15分	℃	・1分データ15個分の平均値の使用.
湿度	1分	%	・毎正分の瞬時値をデータとして使用.
	15分	%	・1分データ15個分の平均値の使用.
流量（水量）	パルス入力 1分	パルス/min	・1分間のパルスのカウント数を使用.
			・無限カウンタそのまま.
	パルス入力 15分	パルス/15 min	・15分間のパルスのカウント数を使用.
			・無限カウンタそのまま.
	アナログ入力 1分	l/min	・毎正分の瞬時値をデータとして使用.
	アナログ入力 15分	l/min	・1分データ15個分の平均値の使用.
熱量	パルス入力 1分	パルス/min	・1分間のパルスのカウント数を使用.
			・無限カウンタそのまま.
	パルス入力 15分	パルス/15 min	・15分間のパルスのカウント数を使用.
			・無限カウンタそのまま.
	アナログ入力 1分	kJ/s	・毎正分の瞬時値をデータとして使用.
		MJ/h	・毎正分の瞬時値をデータとして使用.
	アナログ入力 15分	kJ/s	・1分データ15個分の平均値の使用.
		MJ/h	・1分データ15個分の平均値の使用.
電力量	1分	パルス/min	・1分間のパルスのカウント数を使用.
			・無限カウンタそのまま.
	15分	パルス/15 min	・15分間のパルスのカウント数を使用.
			・無限カウンタそのまま.
ON/OFF	1分		・毎正分の瞬時値をデータとして使用.
	15分		・毎正時の瞬時値をデータとして使用.
蓄熱量	1分	MJ	・毎正分の瞬時値をデータとして使用.
	15分	MJ	・1分データ15個分の平均値の使用.

[解説][2]

　データの計測と保存の1番短いインターバルを1分としている理由は，データの収集速度や伝送速度あるいは保存するメディアの容量によるところが大きい．例えば，設備機器の立ち上がりにおける制御状態を観察する場合でも，1分データがあれば十分である．なお，分析・評価の作業においては，1分データは取り扱いやすい最小の計測データであるが，長期間を対象としたグラフ表示や演算処理においては時間がかかる場合があるため，15分データの作成も必要となる．また，同様の理由で1時間データも整備しておくことが望ましい．

　一部のシステムにおいては，0時00分の1時間データが"後1時間"のデータとなっている場合がある．これは，記録したタイミングでのタイムスタンプであり，その事象が発生したタイミングとは異なる．そのため，データ解析において不都合や誤解が生じる場合があるため注意が必要である．

6.2.1.2　運転管理記録帳票による性能管理

帳票ベースの性能管理は，機器(あるいはシステム)の性能(能力)を初期性能と比較し，どの程度維持しているかを把握し，保全に役立てることが目的である．記録帳票を保存しておけば，過去の運転データと比較し，経年変化量をとらえて保守管理時期の判断，早期故障発見などに有効である．

管理の対象となる項目は機器装置の運転動作状況，水量圧力温度電力などである．機器への入出力信号もあると，判断に役立つことがある．

管理の目的に応じたデータを記録しておく．データ種類は最小限に抑え，機器の性能に関するものがわかるような項目を抜き出し，記録する．蓄熱槽の性能は，正常時の運転状況を，温度プロフィルを含めトレンド解析が可能な形で記録しておくことが望ましい．

6.2.2　BEMS データによる性能管理

BEMS データを活用するにあたって，解析時に行われるべき手順と留意事項について解説する．なお，提示する手順はあくまで一事例であるため，データごとにそれぞれアレンジする必要がある．

6.2.2.1　データ解析の手順

〔1〕　データポイントのリスト化

設計者がデータを解析する場合には，構成機器や計測ポイントを理解しているため，以下に示すようなポイントの取りまとめを実施することはないが，第3者が解析を行う場合には，解析を開始するにあたって，どのようなポイントが存在し，どのようなグラフを作成することが可能であるかを把握する必要が生じる．

図6•3, 6•4に示すポイントリスト例では，“タイムスパン別”と“機器別”の取りまとめ方の

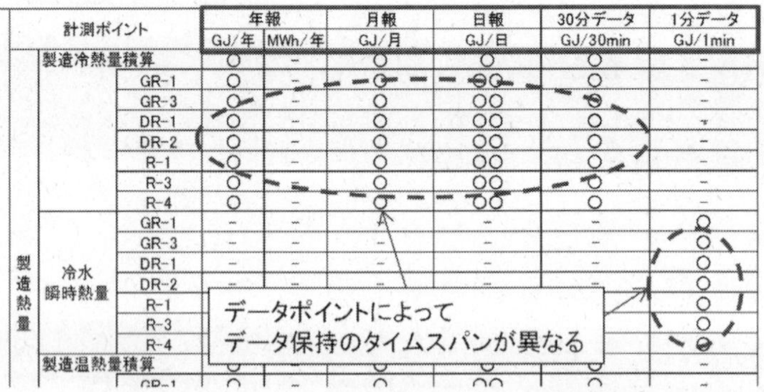

計測ポイント			年報		月報	日報	30分データ	1分データ
			GJ/年	MWh/年	GJ/月	GJ/日	GJ/30min	GJ/1min
製造熱量	製造冷熱量積算		○	–	○	○	○	–
		GR-1	○	–	○	○○	○	–
		GR-3	○	–	○	○○	○	–
		DR-1	○	–	○	○○	○	–
		DR-2	○	–	○	○○	○	–
		R-1	○	–	○	○○	○	–
		R-3	○	–	○	○○	○	–
		R-4	○	–	○	○○	○	–
	冷水瞬時熱量	GR-1	–	–	–	–	–	○
		GR-3	–	–	–	–	–	○
		DR-1	–	–	–	–	–	○
		DR-2	–	–	–	–	–	○
		R-1	[illegible]	[illegible]	[illegible]	[illegible]	[illegible]	○
		R-3	[illegible]	[illegible]	[illegible]	[illegible]	[illegible]	○
		R-4	[illegible]	[illegible]	[illegible]	[illegible]	[illegible]	○
	製造温熱量積算		○	[illegible]	○	○	○	–
		GR-1	○	–	○	○○	○	–

図6•3　タイムスパン別のポイントリスト例

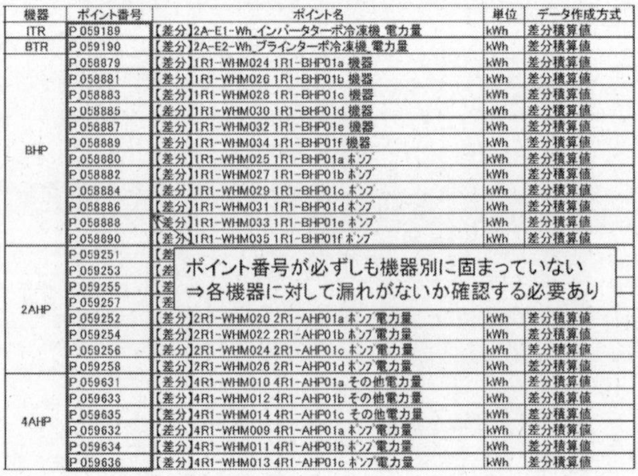

機器	ポイント番号	ポイント名	単位	データ作成方式
ITR	P_059189	【差分】2A-E1-Wh_インバータターボ冷凍機_電力量	kWh	差分積算値
BTR	P_059190	【差分】2A-E2-Wh_ブラインターボ冷凍機_電力量	kWh	差分積算値
BHP	P_058879	【差分】1R1-WHM024 1R1-BHP01a 機器	kWh	差分積算値
	P_058881	【差分】1R1-WHM026 1R1-BHP01b 機器	kWh	差分積算値
	P_058883	【差分】1R1-WHM028 1R1-BHP01c 機器	kWh	差分積算値
	P_058885	【差分】1R1-WHM030 1R1-BHP01d 機器	kWh	差分積算値
	P_058887	【差分】1R1-WHM032 1R1-BHP01e 機器	kWh	差分積算値
	P_058889	【差分】1R1-WHM034 1R1-BHP01f 機器	kWh	差分積算値
	P_058880	【差分】1R1-WHM025 1R1-BHP01a ﾎﾟﾝﾌﾟ	kWh	差分積算値
	P_058882	【差分】1R1-WHM027 1R1-BHP01b ﾎﾟﾝﾌﾟ	kWh	差分積算値
	P_058884	【差分】1R1-WHM029 1R1-BHP01c ﾎﾟﾝﾌﾟ	kWh	差分積算値
	P_058886	【差分】1R1-WHM031 1R1-BHP01d ﾎﾟﾝﾌﾟ	kWh	差分積算値
	P_058888	【差分】1R1-WHM033 1R1-BHP01e ﾎﾟﾝﾌﾟ	kWh	差分積算値
	P_058890	【差分】1R1-WHM035 1R1-BHP01f ﾎﾟﾝﾌﾟ	kWh	差分積算値
2AHP	P_059251	[illegible]	[illegible]	[illegible]
	P_059253	[illegible]	[illegible]	[illegible]
	P_059255	[illegible]	[illegible]	[illegible]
	P_059257	[illegible]	[illegible]	[illegible]
	P_059252	【差分】2R1-WHM020 2R1-AHP01a ﾎﾟﾝﾌﾟ電力量	kWh	差分積算値
	P_059254	【差分】2R1-WHM022 2R1-AHP01b ﾎﾟﾝﾌﾟ電力量	kWh	差分積算値
	P_059256	【差分】2R1-WHM024 2R1-AHP01c ﾎﾟﾝﾌﾟ電力量	kWh	差分積算値
	P_059258	【差分】2R1-WHM026 2R1-AHP01d ﾎﾟﾝﾌﾟ電力量	kWh	差分積算値
4AHP	P_059631	【差分】4R1-WHM010 4R1-AHP01a その他電力量	kWh	差分積算値
	P_059633	【差分】4R1-WHM012 4R1-AHP01b その他電力量	kWh	差分積算値
	P_059635	【差分】4R1-WHM014 4R1-AHP01c その他電力量	kWh	差分積算値
	P_059632	【差分】4R1-WHM009 4R1-AHP01a ﾎﾟﾝﾌﾟ電力量	kWh	差分積算値
	P_059634	【差分】4R1-WHM011 4R1-AHP01b ﾎﾟﾝﾌﾟ電力量	kWh	差分積算値
	P_059636	【差分】4R1-WHM013 4R1-AHP01c ﾎﾟﾝﾌﾟ電力量	kWh	差分積算値

図6•4　機器別のポイントリスト例

一例を示している．タイムスパン別の事例では，瞬時熱量は1分データのみで保持している一方で，積算熱量は30分，1時間以上のスパンで保持するなど，タイムスパン別にデータの有無が異なるためリスト化した．また，機器別の事例では，特定の機器に関与するポイント番号が，必ずしも機器別に固まっていないため，作業効率向上のためリスト化した．いずれにせよ，グラフを作成する場合に，任意のポイントの有無と，存在するポイントから作成可能なグラフを確認可能とする何らかのリストの作成が望まれる．なお，本来は竣工図書などでポイントリストがまとめられるべきではあるが，通常はそこまでの要求がないことと，竣工間際の煩雑さが影響し作成されることはまずないのが実態である．

〔2〕 計測場所の確認

ポイント名称から推察できることが望ましいが，実際に解析を進めると"計測器の設置位置を図面から確認"することが必要となる．その場合，計量メータの親子関係や，バイパス前後のどちらに温度計が配置されているのかなどを図面，場合によっては現地調査で確認することとなる．

〔3〕 設計情報の取りまとめ

解析をすすめるうちに，グラフに不自然な傾向（階段上であったり，縞模様であったり）が見られる場合には，計測レンジやパルスレートの確認が必要となる．同様に，小数点の取り扱いなども含めて，単位や定格値の確認も，ときとして必要となる．そのため，これらの情報を可能な限り，図面や機器表などから集約しておくことが望ましい．

〔4〕 年報グラフの作成

データ解析においては，まずはデータそのものの整合性を確認する必要が有る．特に，月報値などを1時間データから積み上げて作成する場合などには，桁を間違えることも多く，特に熟練者ではない初心者にとっては，感覚的に判別がつかないことも多い．そのため，データ解析を推し進める前に，例えば年報/月報のエネルギー消費量などを一次解析結果としてとりまとめ，領収書などの概算や，定格値と運転時間からの概算などと照合する必要がある．

〔5〕 グラフ作成によるトライアンドエラー

前述の〔1〕から〔4〕以降は，基本的にはトライアンドエラーで各種グラフを作成し，疑問点があれば計測場所を再確認することになるが，順番としては，使用するエネルギーが大きい機器から解析していくべきである．これは，システム全体へのインパクトファクターが大きいものから調整をかけるべきということによる．

〔6〕 BEMSデータのデータベース化

BEMSデータのデータベース(DB)化は，昨今のDBを包含するBEMSの場合には不要であるが，システム改修時などに過去のデータを解析して反映する必要が有る場合など，未だ必要性の高い事項である．具体的には，CSVファイルのDBへの格納（任意のポイントを取り出すため）や，DB化するまでもない場合にはVBマクロによるデータ結合の自動化を行うことで，多年度の解析にかかる時間の短縮が見込まれるため，解析をより深く実施する可能性がある場合にはデータのDB化を推奨する．

6.2.2.2 解析時にデータポイント確認が必要となる事例

〔1〕 同じポイント名称が存在する場合

後日の追加ポイントに（補正）などがついている場合や，管理番号は異なるが，同じ名前になっているポイントがあるなど，設置位置を省略したことによる合致が多い．また，"外気温度"が取り込みの空気温度で複数点存在する場合も散見される．

〔2〕 単位が間違えている，もしくはない

グラフ化して単位ミスに気づく場合が多いが，初心者は気付かないことがあるため，エキスパートのフォローが必要となる．原因としては，施工・接続・プログラミングのミスなどが考えられるが，多点BEMSの場合には必ずといってよいほど発生する事象であるため，データとグラフの読み取り能力が問われる．

〔3〕 データポイントの位置関係が不明

温度データに多く見られるが，例えば送り返り温度のどちらに当たるのかが不明であること

がある．その場合には，実際にはデータの中身（大小関係）を見て判断することが多いが，まれに同じ系に2箇所温度計が付いている場合，つまり冷却塔/冷凍機の両方に付いている場合などもあり，大小関係の憶測のみで判別すると誤解する場合もあるので，実際には図面もしくは現地で確認することが望まれる．

〔4〕 実際の計測場所を正確に表現していない

事例として，"室内温度"が実際には"FCUの吸い込み温度"である場合など，グラフ化して初めて気付くことがある．その場合には，系統図や，場合によっては機器内の温度計の位置を確認することも必要となる．

〔5〕 データの値の読み方が不明

例えば，冷暖切り替えという0/1データのどちらが冷房なのか(on/off信号，故障，バルブ開閉なども同様)や，水位計の場合"水面からか水底からなのか"，蓄熱槽温度の上下方向/始端槽や終端槽の区別，インバータ周波数の取り扱い(100% = 50 Hz)などがあげられる．これらは，実態として設計者が書面化していることはほぼないため，実際にはグラフ化しデータと時間の照合を経て判断/推測することになる．本来ならば何らかのガイドラインなどが必要な部分かもしれないが，この確認が解析の手間を増加させている実態は相応にある．

6.2.2.3 BEMSデータの見える化

高度なBEMSデータの活用にあたっては，一般的な月報・日報レベルでは掘り出せない実態を明らかにすることが必要となる．つまりグラフ化による"見える化"が必要となるが，積極的な説明(説得)材料を作成する際には，以降に示す事例を参考とされたい．

〔1〕 月報・日報グラフのカスタマイズ

図6・5に熱源システムのエネルギー使用量を評価するためのグラフ例を示す．月報グラフに対しては，棒グラフの系列を用途別に分類し，年間の用途割合を円グラフで併記とすることでグラフの情報量増加を図っている．

なお，電力計測にあたっては，例えば上流側

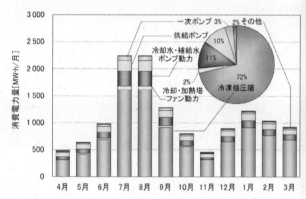

図6・5 熱源システムのエネルギー使用量を評価するためのグラフ例

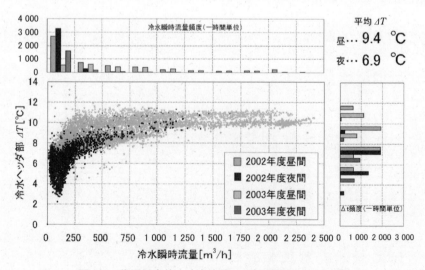

図6・6 往還温度差と冷水流量との相関関係のグラフ例

の(親)計測器の値と,下流に接続される(子)計測器の値を総和したものとは必ずしも一致しない.しかし,性能管理の観点からは,誤差要因の追求よりも,使用用途内訳とその傾向を把握することが重要である.

〔2〕 散布図による傾向把握

図 6·6 に,送り返り温度差と冷水流量との相関関係の事例を示す.グラフ作成にあたっては,散布図の上と右に頻度グラフと累積頻度を追加しており,散布図のみでは表現しきれないプロットの重なり具合を表現している.また,送り返り温度差を加重平均した数値をグラフ中に図示することで,素早い理解を可能とする工夫を行っている.

〔3〕 降順表示による傾向把握

図 6·7 に熱源生産熱量降順表示(10年分)熱源生産熱量降順表示のグラフ例のグラフ例を示す.上段に冷熱,下段に温熱を配し,さらに期間合計を右側に加えた.

降順図では約 3,700 日分のデータが横に並んでいるが,グラフ表示の解像度が不足するため,結果として昼間の追いかけ運転が多いように表現されてしまっている.そこで期間合計グラフを追加することで,PC の機能制約が招く誤解をフォローすべく,期間合計を右側に加えている.

また冷・温熱の縦軸を揃えることで,冷温バランスを同時に表現する工夫を行っている.

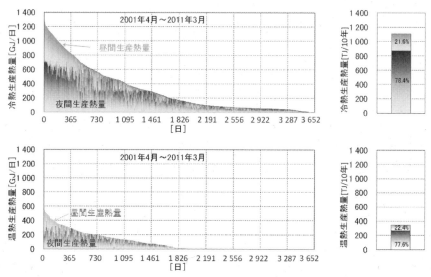

図 6·7 熱源生産熱量降順表示のグラフ例

6.3 運転管理

6.3.1 蓄熱式空調システムの運転パターン（運転制御の基本的な考え方）

蓄熱式空調システムの基本は，できる限り年間を通じて高効率かつ経済運転の時間数を増やすことである．その運転制御の一例は以下のようになる．

6.3.1.1 高負荷日

高負荷日は，ピークカット以外の空調時間帯に，ヒートポンプチラーを計画運転もしくは追掛け運転する．ピークカットをしない場合は，ピークカット時間帯もヒートポンプチラーの運転を継続する（図6・8）．

6.3.1.2 低負荷日

低負荷日は，昼間，空調時間帯のヒートポンプチラー運転を極力少なくし，蓄熱した熱量を優先的に利用する（図6・9）．

6.3.2 蓄熱式空調システムの運転制御

6.3.2.1 一次側システムの運転制御

〔1〕 ヒートポンプチラーの運転制御

通常，運転制御には蓄熱コントローラを用い，その制御の基本的な制御機構を以下に示す（図6・10）．

(1) 蓄熱運転

タイムスケジュールにより（22:00〜8:00），ヒートポンプチラーを運転させる．蓄熱完了は，始端槽隣接槽内のサーモ設定またはヒートポンプチラー出口温度により，ヒートポンプチラーを停止させる．

(2) 昼間運転

昼間のヒートポンプチラー運転には，計画運転と追掛け運転の2通りの運転がある．

計画運転は，期間別にスケジュール設定したヒートポンプチラー運転時間や負荷予測により，先行運転させる．

追掛け運転は，空調時間帯の計画運転，ピークカット時間帯以外に，蓄熱槽の平均温度を

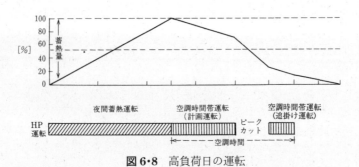

図6・8 高負荷日の運転

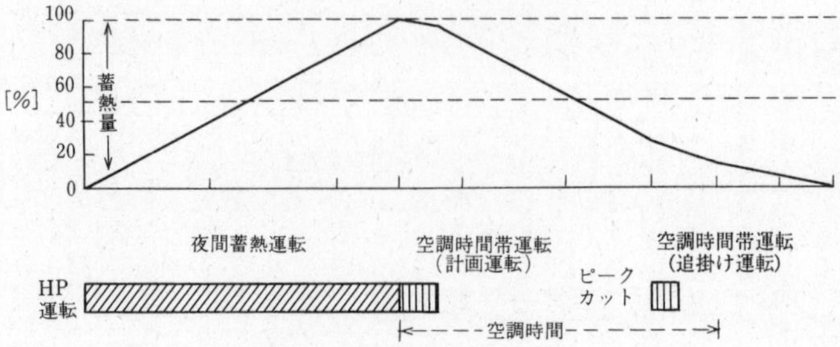

図6・9 低負荷日の運転

6.3 運転管理

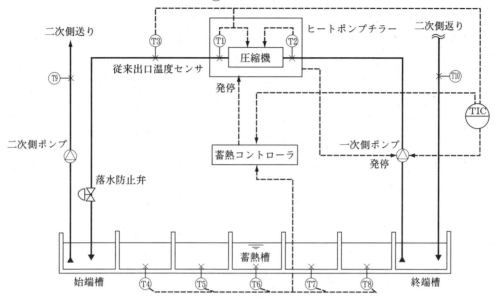

図6・10 熱源機および蓄熱コントローラの制御概念図

監視し、ヒートポンプチラーを蓄熱槽を介さず(熱交換器を用いクローズ回路により)運転する。例えば、蓄熱槽の平均温度が12～14℃の時点(残蓄熱量10～20％に相当)でヒートポンプチラーを起動させ、蓄熱槽の平均温度が0.5～1.0℃回復した時点で停止させる(図6・10)。

〔2〕 **ヒートポンプチラーの容量制御**[1]

蓄熱式空調システムは、夜間時間帯に熱源機を運転することが重要であるが、熱源機の容量制御への対応も、システム全体の効率と経済性に影響する。

熱源機の容量制御回路は本来、非蓄熱式空調システムにおいて二次側の負荷変動に追従するためのものであるが、蓄熱式空調システムの場合は負荷変動の影響を抑制し、必要蓄熱量に応じた熱源機の最適運転が可能となる。したがって、熱源機の容量制御回路を取り外すか、働かないような設定値を与えるか、あるいは容量制御の有無を選択可能な(切替え回路)機器仕様とすることが必要となる。切替え回路は、機器発注時点で対応しておくことが必要である。

図6・10を例に、温度設定値によって容量制御を抑える考え方を示す。

この場合、凍結防止の出口温度設定値との関係も考慮して、容量制御設定温度値(熱源機出口温度としている)を決める。なお、凍結防止は、冷房時に熱源機が水を冷却しすぎて配管内で凍ることを防ぐために、機器本体で設定される温度であるが、蓄熱式空調システムでは蓄熱槽を持っているため、急激に水温が低下することはないので、非蓄熱の場合より低めに設定してもよい。熱源機に出口温度制御用サーモスタットが内蔵設置されている場合は、この設定値を下げて低温作動用に設定変更するか、または電流値の制限制御を改造する。電流値制限制御は、冷水温度上昇(夏期)、外気温度(冷却水)低下による過負荷の防止である。

これらの温度設定値は、熱源機の入口温度か出口温度で監視するため、どちらで制御するかを確認しておくことが必要である。そして、冷房時では運転している最中に温度低下があり、この設定温度以下になった場合、容量制御が作動することにすれば安心できる。

〔3〕 **ヒートポンプチラーの大温度差化**[1]

熱源機の入口出口温度差を拡大すれば、ポンプ容量、搬送動力などが低減でき省エネルギー

— 175 —

化が図れるが，以下の点に注意が必要となる．また，日常の運転を通して，建物の熱負荷特性に合わせて最適値を見出すことも必要である．

二次側温度差が小さい場合は，熱源機運転が不能になり，蓄熱不足になる可能性がある．

二次側が大温度差の場合は，高温槽側温度が熱源機入口設定温度より上昇し，結果として熱源機出口温度が上昇する恐れがあり，三方弁制御が必要となる．蓄熱槽の押出し特性がよくない場合は，蓄熱完了時の槽平均温度が高くなるので，蓄熱槽効率が悪くなる．

〔4〕 **最適蓄熱制御**

蓄熱式空調システムの運転には，熱源機容量のピークシフト運転と昼間電力のピークカット運転がある．いずれの場合にも，空調運転終了時に蓄熱を使い切ることが最も望ましい運転であり，そのためには，熱源機の追掛け運転を極力抑える必要がある．最適な蓄熱制御を実現するためには，蓄熱槽周りの制御機能を集約させた蓄熱コントローラを用い，各設定値を決定していくことが有効である．

蓄熱コントローラの基本的な機能を**表6・3**に示す．各設定値（発停時間帯温度）は設計段階で定められているが，建物ごとに固有の値もあるので，日常の運転をとおして，その建物の熱負荷特性に合わせて最適値を見出すことが必要である．

表6・3 蓄熱コントローラの基本的な機能

1. カレンダー設定・季節切替え制御
2. 負荷予測熱源機発停制御
3. 熱源機定温設定制御
4. 熱源機出口温度による停止制御
5. ピークカット制御
6. 蓄熱余量の演算
7. 最適蓄熱温度設定機能
8. 警報入出力機能

6.3.2.2 蓄熱コントローラの制御値設定[1]

コントローラの制御値のうち，特に重要な設定について以下に述べる．蓄熱コントローラはメーカーや機種により，設定方法や値に相違があるため，ここでは設定に関する基本的な考え方および設定例を示す．

〔1〕 **時間帯設定**

(1) 蓄熱時間帯

各電力会社の契約メニューに合わせて蓄熱時間帯を設定する．運転方法は，蓄熱開始時刻から運転を開始する前詰め運転と，蓄熱終了時刻の蓄熱完了に合わせて運転を開始する後詰め運転とがあるが，前詰め運転を基本とする．また，蓄熱時間帯に負荷がある場合など，蓄熱不足を防止する意味でも前詰め運転が望ましい．

(2) 空調時間帯

空調要求がある時間帯．例えば8:00〜18:00となる．

(3) ピークカット時間帯

熱源機を停止し，蓄熱槽からの放熱のみで空調を行う時間帯である．各電力会社の契約メニューやデマンドリスポンス要請時間帯などに合わせて設定することが望ましい．

〔2〕 **各時間帯別の温度設定**

(1) 蓄熱時間帯の蓄熱完了温度設定

ピーク負荷時あるいは満蓄熱基準の場合，蓄熱完了の判定は**図6・11**に示したように熱源機の限界入口温度，あるいは停止用出口温度によって行う．このときに，蓄熱槽平均温度がいくらになっているかは蓄熱槽の効率特性によるので，平均温度で制御する場合は，当該システムの温度分布特性をよく学習してから設定温度を決めなければならない．

部分負荷時，中間期においては，最適蓄熱運転モードの負荷予測に基づき，決定された蓄熱時間をタイマで停止させることもある．さらに，中間槽に配置された温度センサから負荷の動向に応じて適切なものを選択し，それを制御情報として停止させることもある．これらの場合も，平均温度を運転指標とするときは，その時点以降の空調負荷を賄うにふさわしい平均温度を学習により求めてセットする．

また，コントローラの機種により，この設定が，ほかの温度設定（追掛け温度設定ヒートポンプチラー出口温度設定）の基準値となっている場合もある．

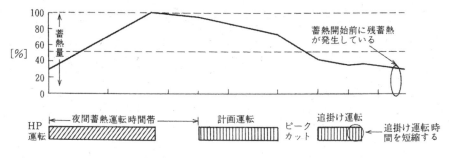

図6・11 昼間のヒートポンプチラーの運転が多い場合

(2) 空調時間帯の追掛け運転温度設定

計画運転は，空調の負荷予測をもとに行う．槽内平均温度と始端槽温度との関係が学習されていれば，槽内平均温度を基準とすることができる．

緊急運転は始端槽（夏期低温槽）が二次側送水限界温度に上昇したときで，空調負荷を賄うために必要である．二次側空調システムや蓄熱槽の熱的特性によっては，設定された二次側送水限界温度を調整する．一方，緊急停止は，前述と同じ熱源機限界入口温度または停止用出口温度設定による．

最適追掛け運転に類するものでは，現在以降の予測負荷と残蓄熱量の演算結果を比較し，補う必要がある熱量を，ピーク時間帯を避け追掛け運転で製造する方法もある．

〔3〕 計画運転の時間設定

計画運転の設定は，月別の負荷率を設定したり，運転時間を学習したり，蓄熱コントローラの機種により設定内容が異なる．しかし一般的には，ピークカット終了後に1時間程度の追掛け運転をする時間設定である．

〔4〕 ヒートポンプチラーの出口温度設定

冷房期間の場合，蓄熱完了温度設定より約0.5～1℃下げた値で，暖房期間は0.5～1℃上げた値とする．

6.3.2.3 制御の協調設定

蓄熱式空調システムの運転で温度設定が必要となる主な箇所は，熱源機側で凍結保護温度，容量制御開始温度，出口温度と，蓄熱発停制御として，蓄熱完了温度，放熱完了温度，緊急停止温度，追掛け運転開始温度，追掛け運転停止温度である．部位でいえば，熱源機（操作盤内），熱源機出口（配管），蓄熱コントローラ，蓄熱槽内である．

熱源機の発停，保護用の設定と蓄熱コントローラの制御設定は，一般に別々のメーカーで行われるため，通常は設定値が相互に協調をとっていないことが多い．蓄熱発停制御については，さらに槽内温度を監視するため，どの温度で制御するか慎重に調整する必要がある[1]．

図6・10で熱源機，蓄熱コントローラの運転制御に関する温度センサ（T1～T10）の設定値例を示したが，表6・4に各センサとの関連を示す[3]．設定例は，冷凍機本体の出口温度での容量制御方式を想定している．

ヒートポンプチラー内部の各設定値（凍結防止設定容量制御または緊急停止）と熱源機出口温度設定値は，非常に近い温度で設定するため確認が必要である．

変流量ヒートポンプチラーの場合は，出口温度の応答性が求められているため，出口温度センサは応答が早く精度の高いものを採用する必要がある．なお，このセンサによって本体の凍結防止容量制御も行うことが望ましいが，別個のセンサとなっている場合は，その設定値と検収の経緯を記録しておくことが有効である．

協調設定に関しては，設計から施工の段階において，試運転検収時までに設計者，各メーカーなどが連携を図りチェックを行うことが望ましい．さらに，運用段階での検収調整を実施し，日常の運転管理のなかで運転性能の維持向上を図る必要がある．

表6・4　熱源機制御システム上の制御用設定温度の協調設定例

設定点	プロセス		設定値のチェック
spA1	容量制御または緊急停止	T1	＜spB
spA2	凍結保護	T1	＜spB, ＜spA1
spB	熱源機出口温度	T1またはT3	＜spC2
spC1	放熱完了	槽内平均	＝空調終了時槽内平均温度
spC2	蓄熱完了	槽内平均	≦二次側送水温度
spC3	熱源機緊急停止	T4	＜spC2, spB
spD1	追掛け運転開始	T4または槽内平均	T4の場合は＝二次側限界送水温度
spD2	追掛け運転停止	T4または槽内平均	＜spD1

6.3.2.4　二次側システムの運転制御
〔1〕　定流量制御と変流量制御

変流量制御には，回転数制御，ポンプ台数制御，回転数＋ポンプ台数制御，バイパス制御(ポンプは定流量)などがある．変流量制御のための制御信号は圧力と流量であり，①吐出圧力一定制御方式，②末端圧一定制御方式，③推定末端圧制御方式などが採用される．運転段階での留意事項を以下に示す．

(1)　共通事項

ポンプバイパス回路を設ける場合には，その設定圧力が適切でないと，二次側配管系の往還温度差が確保できていないケースやポンプ締切り運転につながることがある．

(2)　吐出圧力一定制御方式

この制御の場合，搬送動力の低減効果は，ポンプ性能曲線と配管系の抵抗曲線の関係に支配される．試運転調整段階では，吐出圧力は配管系の実際の必要圧力より高めに設定されることが多い．運転段階ではこれを補正しながら，経年の配管抵抗の変化に合わせて，吐出圧力の調整を定期的に実施することが必要である．

(3)　末端圧一定制御方式

この制御の場合，ポンプ動力削減効果は大きいが，配管系の末端箇所を特定することが重要である．建物の使われ方の変化によっては末端箇所が変わり，必要末端圧(末端部分の必要差圧)が試運転時には高めに設定されることが多く，運転段階で再調整することが望ましい．

(4)　推定末端圧制御方式

この制御の場合，配管系の抵抗曲線を想定して，その流量ごとに(吐出)圧力を定めて制御する．試運転調整時にはその圧力は高めに設定されるため，運転段階で再調整設定が必要である．

〔2〕　二次側空調システムの温度差確保と大温度差化

蓄熱式空調システムの運転効率を向上させるためには，二次側の空調システムの利用温度差を大きくとり，搬送動力の軽減と蓄熱槽効率を高めることが重要である．そのため，二次側空調システムは，二方弁による変流量を採用している．二次側空調システムの温度差確保と，大温度差化の運転段階での留意事項を以下に示す．

(1)　立上がり時などの二方弁の過大流量防止

弁の選定，ポンプの選定などに余裕があると，空調運転開始時に自動弁が全開に近い状態になり，流量が過大になる．その防止策として定流量弁の取り付けや，試運転調整時に手動弁で最大流量を調整し，運転段階でも継続的に監視することが重要である．

(2)　二方弁の動作不良防止

バイパス弁の全閉確認を含めて，二方弁の動作確認については，コイルの出入口温度をモニタしておけば，二方弁での漏れや動作不良を確認することができるので，試運転調整から運転段階の保全でも実施することが重要である．

(3)　バイパス回路の管理徹底

バイパス回路を設けた場合，試運転調整や運転段階での調整時にバイパス弁を閉め忘れることがあるので，点検記録項目に入れて監視することが重要である．

(4) ファン発停と二方弁のインタロック

設計から施工段階で空調機などのファンの停止時は，必ずインタロック回路による二方弁全閉制御を行わなければならない．試運転調整において，二方弁の全閉時に漏れがないかどうかについても確認しておくことが必要である．

(5) コイル特性の検証

実際の運転で最大負荷が発生する時間は少なく，年間を通してみれば，空調機はほとんど部分負荷運転となる．よって，運転段階でコイルの特性を再検証しながら，温度差を確保することが望ましい．

(6) 空調機の制御

運転段階では空調機の制御（冷房の場合）は，冷水出口温度をできるだけ高く（冷水の場合）とることが，蓄熱式空調システム全体の効率向上に結び付く．

前述したように，空調機運転開始時は二方弁が全開となるため過大な水量が流れ，冷水出入口温度差が確保できないので，最大流量を設定する定流量弁が設置されていない場合は，手動弁で最大流量を限定しておくことが必要である．

また，空調終了時間が近づくと，蓄熱槽始端槽の温度も上昇し送水限界温度に近づくが，設計値を参考にして，部分負荷における高温側の送水限界温度を探ったうえで運用することが高効率化につながる．

(7) FCUの制御

FCUの場合，冷温水出入口温度差が空調機ほど大きくとれないことが多いので，返り温度補償弁の採用や，最大流量を手動弁で限定しておくことが重要である．また，送水温度制御を採用している場合は，返り温度をできる限り高く保つ（冷水の場合）よう設定する．風量については，冷温水出入口温度差確保の観点からも，低風量（low）は避け，最大風量（hi）に固定しておくことが望ましい．

6.3.3 運転管理のチェックポイント

蓄熱式空調システムの，日常の運転管理ポイントを以下に示す．

6.3.3.1 夜間運転の優先と昼間運転の抑制

22:00に残蓄熱量がない運転を目指し，昼間の計画運転，追掛け運転をできるだけ短くする．

蓄熱コントローラ上で，蓄熱運転時間や昼間の運転時間がわかる場合は，夜間運転が優先となっていることを確認する．特に，低負荷日（日積算負荷が蓄熱量以下）は昼間に熱源機を運転しないこと．

6.3.3.2 ヒートポンプチラーの定格運転の確認

ヒートポンプチラーが，蓄熱時に定格運転を行っているか確認する．

容量制御が働いている場合は，ヒートポンプチラーの容量制御を解除するか，作動しない設定値とする．

ヒートポンプチラーが発停を繰り返していないか注意を払い，発停が多い場合は起動用温度設定と停止用温度設定を確認し，ヒートポンプチラー入口水温を調整することや，温度設定値（起動温度と停止温度の差を広げる）を見直す．

6.3.3.3 蓄熱目標温度とヒートポンプチラー出入口温度の確認

ヒートポンプチラーの流量とポンプの流量を確認し，ポンプの流量が多い場合は調節する．

ヒートポンプチラーの出入口温度差が確保できない場合は，出口温度を見ながらポンプ流量を調整し，目標出口温度に近づける．流量計が設置されている場合は，流量が過不足ないことを確認する．

ヒートポンプチラー出口水温が安定した温度で供給されていない場合は，二方弁の制御パラメータ（比例帯，積分微分時間など）調節を行う．場合によっては熱源機の入口出口温度による時間遅れ補正出口温度制御を導入する．

6.3.3.4 二次側空調システムの流量調整

空調機の定格流量とポンプの流量を確認し，空調機の定格流量と等しくなるよう流量調節を

行う．流量計が設置されている場合は，流量が過大でないことを確認する．

空調機入口温度が設定値を満足していない場合は，蓄熱槽内温度を確認するとともに，ヒートポンプチラー出口水温が設定値どおりか確認し，必要に応じて蓄熱温度の変更について検討する．ただし，蓄熱温度最適化制御が導入されていて，部分負荷時に自動的に蓄熱温度や送水温度が変更されている場合は温度自体の問題ではなく，環境が満足しているかどうかを確認する．

FCU系統は，温度差がつきにくいため，室内環境を見ながら運転に支障ない範囲で流量を絞る．

6.3.3.5 蓄熱槽の蓄熱・放熱状態の確認

高負荷日の蓄熱終了時刻に満蓄熱になっているか確認し，また，蓄熱開始時刻に残蓄熱量がないかを確認する．

始端槽，中間槽，終端槽の温度分布については，冷水蓄熱時，始端槽→中間層→終端槽の順で低く，温水蓄熱時は高くなっているか確認する．各槽に温度測定点がある場合は，1日の温度プロフィルを描きその推移を確認する．

中間槽が冷水蓄熱時に高い(温水蓄熱時に低い)，または中間槽の温度が変化していない場合などは中間槽の水が滞留しており，槽全体を効率的に利用し蓄熱，放熱が行われていない可能性がある．この場合，上記6.3.3.3や6.3.3.4と空調機またはヒートポンプチラーの出入口温度差をチェックする．

6.3.4 効率的な冷暖房切替え方法

蓄熱式空調システムの冷暖の切替えに際しては，蓄熱された熱量を使い切ってから切替えることが，エネルギー損失を防ぐ有効な手段となる．

6.3.5 運転状況から判断した熱源機制御の変更方法

熱源機の昼間運転が長すぎると，蓄熱運転開始時間には残蓄熱量が多く，早い時間で蓄熱が終了してしまう(特に中間期や，竣工直後の建物など負荷が軽い状態のときに多い)(図6・11)．

このような状況が発生する原因として，以下のことが考えられる．
1) 中間期における空調時間帯の計画運転の設定が大き過ぎる．
2) 空調時間帯終了後も追掛け運転を設定してある．

これを改善するには，昼間の計画運転の設定を少なくすることや，空調時間帯以外の時間(空調終了時間から蓄熱開始時間まで)の追掛け運転時間設定の縮小や設定温度の見直しを検討することにより，図6・8や図6・9のような理想的な運用に近づけることが重要である．

6.4 保守管理

6.4.1 蓄熱槽, 機器, 配管系の管理

蓄熱槽, 機器, 配管系の保守管理で重要なことは, 日常点検と定期点検(月, シーズン)の実施であり, 各点検により早期に故障を発見し是正することが, システムの延命化につながる.

また, 運転管理者は, 点検周期や点検者などをあらかじめ把握しておくことや, 緊急時の連絡先, 担当者を一覧表にしておくことが大切である. 以下に定期点検の目的をあげる.

6.4.1.1 日常点検

日常点検は, 運転開始時, 停止時および運転中に実施し, 異常を早期に発見することを目的とする.

日常点検では, 運転管理者の感覚(目, 耳, 手, 鼻)によって, 異常を素早く確認し, 対策を立てて早期に改善することが大切であり, そのポイントをあげる.

1) 稼働している機器類や計器に異常がないか, 目で確認する.

表6·5 日常・定期点検項目

装置・機器		点検項目	日常	定期
熱源機器	ヒートポンプチラー	1. 運転音・振動 2. 冷媒圧力・油面 3. 冷温水出口水温 4. 空冷フィンの汚れ	○ ○ ○ 	 ○ ○
	一次側ポンプ	1. 運転音・振動 2. 軸受・潤滑油の目視点検 3. グランドパッキンの磨耗	○ 	 ○ ○
蓄熱槽	蓄熱槽躯体	1. 防水や断熱材の状態 2. 漏水・水位	 ○	○
	連通管・通気管 オーバーフロー管 排水管	1. 異物の詰まり 2. 断面の変形 3. 鋼管類の腐食	 	○ ○ ○
	冷温水	1. 水質の目視点検 2. 水質検査 3. 水温	 ○	 ○
配管・弁類	吸込み管 フート弁 逆止め弁	1. 動作状況 2. ウォータハンマ, 振動などの有無 3. ストレーナの目詰まり	○ ○ 	 ○
	返り管	1. 吐出し状態 2. サイホン現象の有無	○ ○	
	弁類	1. 水漏れ 2. ボルト・パッキン類の磨耗 3. 止水状態 4. 計器類指示値	○ ○ 	 ○ ○
自動制御	検出部・調節部 操作部	1. 取付け状態 2. 制御動作 3. 設定値	 	○ ○ ○

2) 異常音がないか，耳で確認する．
3) 温度や振動の異常がないか，手で触れて確認する．
4) 異常なにおいがないか，鼻で確認する．

6.4.1.2 定期点検

定期点検は，日常点検では発見しにくい計器類の精度低下や，機器類の故障発見，停止中機器の潜在故障などを早期に発見し，トラブルを取り除くことを目的とする．

また，点検内容により，運転管理者が行う場合とメーカーなどが行う場合がある．

以下に定期点検のポイントをあげる．
1) 定期点検は一定の周期（月ごと，シーズンごと）で実施する．
2) 点検結果を受けて，部品類，機器類の清掃，注油などを早期に行う．
3) 必要に応じて，部品の交換も早期に行う．

6.4.1.3 点検項目

日常および定期点検項目のなかで重要なものについて，**表6・5**に示す．

6.4.2 運転日誌

蓄熱式空調システムが運転管理者により運転されている場合は，運転日誌をつけ，BEMSなどのデータと併せて管理することが，効率的運転と経済性をさらに高めるチューニングにつながる．

日常の点検結果や運転データは，毎日正確に記録し，管理しておくことが重要である．以下に運転データ管理のメリットを記す．
1) 月または週などの単位期間の負荷変動が把握でき，適正な運転計画を立てることができる．
2) 運転状態を知ることにより，機器を良好な状態に維持できる．
3) 経年的な能力低下が判断しやすい．
4) 故障発生時には，その原因を知る手がかりとなる．

運転データの記録内容を，以下に述べる．
1) 熱源機の蓄熱運転時間（夜間）と追い掛け等の運転時間（昼間）→熱源機夜間運転時間率の把握および負荷予測
2) 熱源機の生産熱量（出入口温度差，冷温水流量）と電力消費量→熱源機能力の把握
3) 空調機の出入口温度差→蓄熱槽利用温度差の把握
4) 蓄熱槽水温→蓄熱完了時および放熱完了時の始端槽から終端槽までの各センサの温度から蓄熱効率，蓄熱槽効率などを推定

以上の内容は，蓄熱式空調システムが適正な運転を行っているかのチェックや負荷予測も含めて，適正な運転計画を立てる参考にもなる．また，毎月の電気料金計算書から，経済的なメリットを把握することも重要である．

これらは設備の性能維持・向上を図るための継続性能検証(ContinuousCommissioning)の中の定常性能検証(On-goingCommissioning)に該当する．この建物維持管理組織による定常的な性能検証により，効率低下および機能維持不全が認められる場合は，専門技術を持つ臨時組織により再性能検証(Re-Commissioning)を行うことが効率維持のために効果的である．

6.4.3 水質管理

蓄熱式空調システムは，一般的に開放システムであり，設備の予防保全の観点から蓄熱槽の水質管理を定期的に行う．

6.4.3.1 日常管理

〔1〕 目視点検

運転中は，週に1回程度蓄熱槽水の色，臭い，気泡の発生の有無ならびに浮遊物沈殿物などの目視点検を行う．槽水に異常が認められた場合は，水質検査を実施する．また，槽内水位を確認することも大切である．

〔2〕 水質検査

定期的な（年2回程度）水質検査を実施し，水質の傾向をつかむことが重要である．**表6・7**の水質管理参考値を目安として，管理値から外れた項目があれば，水質悪化原因を分析して水替えなど対策を検討する．

蓄熱槽水のpHは，7.0～9.0が望ましい．

6.4 保守管理

表6・6 水質管理参考値[4]

項　目	単　位	目標値
溶存酸素	mgO_2/L	0.5以下
pH(25℃)	—	7.0〜9.0
電気伝導率(25℃)	mS/L	40以下
塩化物イオン	$mgCl^-/L$	50以下
硫酸イオン	$mgSO_4^{2-}/L$	50以下
全硬度	$mgCaCO_3/L$	70以下
酸消費量 pH 4.8 (Mアルカリ度)	$mgCaCO_3/L$	100以下
シリカ	$mgSiO_2/L$	50以下
アンモニウムイオン	$mgNH_4^+/L$	1.0以下
鉄	$mgFe/L$	1.0以下

補給水は，水道水を基準とする．

6.4.3.2 水質分析と傾向

水質検査項目のうち，特にpHと電気伝導率は配管などの腐食の管理ポイントとなるため，この2項目の傾向の概要について述べる．

〔1〕 **水素イオン濃度(pH)**

常温(25℃)でpH＝7のときを中性，7よりも小さい域が酸性，大きい域がアルカリ性となる．7以下は配管が腐食する可能性が高い．また，コイルに使われる銅は，pH 9以上でも腐食速度が上昇するので注意する．蓄熱槽がコンクリートのままやモルタル表面仕上げの場合や，pHが10を超えるとアルカリ傾向となり，配管などにスケールが付着する可能性が高い．

〔2〕 **電気伝導率**

水の電気伝導率は，その水に含まれる陽イオン，陰イオンの総量に関係があり，電気伝導率が高い水は，金属が腐食する際の腐食電池回路となり腐食電流が流れやすく，配管が腐食する可能性が高い．

6.4.3.3 蓄熱槽の水替えについて

水質が長期にわたり安定している場合は，水替えを実施しないほうがよい．これは，水替えをすることによって溶存酸素や遊離炭酸が増加し，逆に腐食を促進させるためである(一般的な水替え目安は，4〜5年に1回)．なお，遊離炭酸は，水中に溶存する二酸化炭素であり，pHを低下させる．

水質管理値から大きく外れた場合は，補給水との比較を行い，水替えの必要性を判断する．水替えを実施する場合は，冷温水槽では加温により補給水に含まれている遊離炭酸を槽外に放出できるため，温水の蓄熱開始前に行うのがよい．

6.4.3.4 水質改善・防食対策

1) 原則として，薬品処理は行わないほうが望ましい．やむをえず行う場合には，以下の点に必ず注意する．
2) 水質改善を行う場合は，pHを7.0〜9.0程度に調整する．
3) 薬品投入を行う場合は，使用目的に応じた適正投入量を確認のうえ実施する．
4) 防食剤には鉄用と銅用があり，過去の実績では薬品による沈殿生成物などによる弊害もあるため，適正な管理を行う．

参　考　文　献

1) ヒートポンプ・蓄熱センター：蓄熱式空調システムの保全・診断マニュアル，保全運用編(2000-3)
2) 空気調和・衛生工学会：(参考)SHASE-M0007-2005 設備システムに関するエネルギー性能計測マニュアル
3) ヒートポンプ・蓄熱センター：蓄熱式空調システムの試運転検収マニュアル(1999-3)
4) ヒートポンプ・蓄熱センター：蓄熱システムの保全・診断マニュアル 運用保全編(2012-11)

第 7 章

蓄熱式空調システムによるエネルギーマネジメントのケーススタディー

7.1 蓄熱式空調システムを活用した省エネルギー、ピークカットに関する適用事例

蓄熱式空調システムは，需要場所において熱と電力の負荷平準化に寄与する設備システムである．これまで，さまざまな建物に導入され，日本全国の蓄熱式空調システムによるピークシフトkWは2014年度末のストックで，図7・1に示すように196万kWとなっている．このことからも，今後，ますます重要性が高まる電力需要の平準化に向けて，そのポテンシャルは非常に大きいと考えられる．本節では，蓄熱式空調システムを活用して，省エネルギー，ピークカットに関する取り組み事例について以下に紹介する．

7.1.1 大阪エネルギーサービス 第2プラント

7.1.1.1 施設概要

大阪駅を中心とする西梅田地区では，これまで大阪エネルギーサービスの運営する第1プラントより熱供給が行われてきたが，大阪駅の

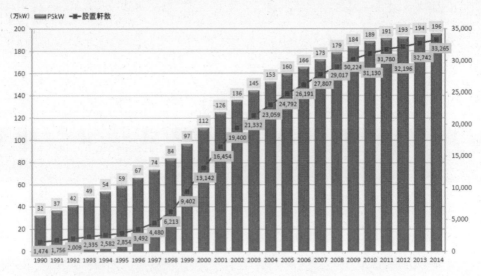

図7・1 蓄熱式空調システムのピークシフトkW(2014年度末集計)
ヒートポンプ・蓄熱システムデータブック2015

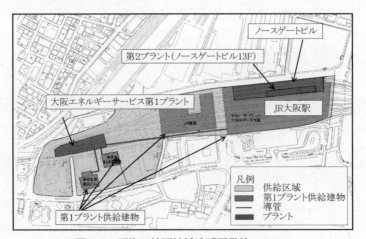

図7・2 西梅田地区地域冷暖房供給エリア

7.1 蓄熱式空調システムを活用した省エネルギー，ピークカットに関する適用事例

写真 7・1 ノースゲートビルディング

新しい玄関口となるノースゲートビルディングの建設に合わせて，第2プラントが建設され，2011年5月に熱供給が開始された．

第2プラントは，図7・2および写真7・1に示すノースゲートビルディングならびに駅施設の一部増築に合わせて計画された．全体概要を以下に示す．

- 延べ床面積：約 202 000 ㎡
- 冷熱源容量：36 871 kW(10 500 RT)
- 温熱源容量：15 430 kW

また，図7・3に供給先用途と床面積内訳，表7・1，図7・4に熱源機器構成，表7・2に供給規定を示す．第2プラントは，低層最上階である13階に設置されている．熱源は1 000 RTの定速ターボ冷凍機およびガスだき冷温水発生機をベースに，500 RTインバータターボ冷凍機および氷蓄熱槽 6 600 RTh を備えることで，ピーク需要や部分負荷需要に適切に対応できるシステムとなっている．

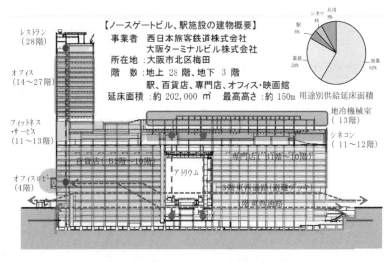

図 7・3 第2プラントの供給先の概要

第7章 蓄熱式空調システムによるエネルギーマネジメントのケーススタディー

表7·1 熱源機器構成

記号	機器名	仕様	台数
AR1〜5	冷温水発生機	冷却能力：1 000 RT 加熱能力：2 900 kW	5台
TR1, 2	ターボ冷凍機 （熱媒過流量制御）	冷却能力：1 000 RT	2台
TR3, 4	インバータターボ冷凍機 （熱媒過流量制御）	冷却能力：500 RT	2台
BTR1, 2	ブラインターボ冷凍機	追掛能力：447 RT 製氷能力：369 RT	2台
IST1, 2	氷蓄熱漕	蓄熱容量：3 300 RTh	2台
HEX1, 2	追掛用熱交換器	交換能力：447 RT	2台
HEX3, 4	放熱用熱交換器	交換能力：825 RT	2台
BO1, 2	温水ボイラ	加熱能力：465 kW	2台

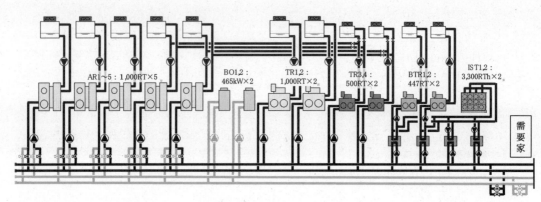

図7·4 熱源システム構成

表7·2 供給規定

a. 供給温度

		標準温度	許容範囲
冷水	送り温度	6.0℃	5.5〜10.0℃
	返り温度	13.0℃	11.0〜14.0℃
温水	送り温度	47.0℃	40.0〜49.0℃
	返り温度	40.0℃	35.0〜42.0℃

b. 供給圧力

		圧力範囲
冷水, 温水	送り管	0.11 MPa〜0.32 MPa
冷水, 温水	返り管	0.10 MPa〜0.16 MPa

7.1.1.2 氷蓄熱システム概要と運転実績

氷蓄熱システムは，図7・5に示す通り，スタティック型内融式システム（6 600 RTh）を屋上に設置している．氷蓄熱システムは，夏期のピークカット運転と，冬期の極小負荷対応で運転している．夏期および冬期の運転実績について以下に紹介する．

〔1〕 夏期の運転実績

夏期の運転実績は，図7・6に示すように，13:00～16:00にブラインターボ冷凍機の追掛運転を停止し，ピークカット運転を実施している．これにより，約300 kW程度の電力デマンドを削減している．

〔2〕 冬期の運転実績

冬期の運転実績は，インバータターボ冷凍機を主体に運転しているが，図7・7に示すように，冬期の冷却水温度が低い時期では，インバータターボ冷凍機は，約250 RTを境にシステム

図7・5 内融式氷蓄熱システム

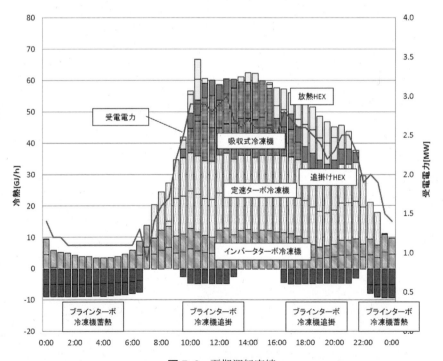

図7・6 夏期運転実績

COPが低下し，100 RT以下では，ON・OFF運転となりさらにCOPが低下する．

このような極小負荷領域において，効率よく安定した運転を行うために，図7・8に示すように，冬期は，極小負荷に対して，氷蓄熱システムの運用を行っている．

〔3〕 **プラント年間運転実績**

図7・9に年間システムCOP実績を示す．竣工3年目には，システムCOP 1.35に達し，全国トップレベルのエネルギー効率となっており，大幅な省エネルギー化を実現している．

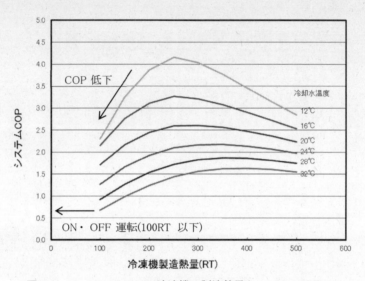

図7・7 インバータターボ冷凍機 製造熱量とシステムCOP

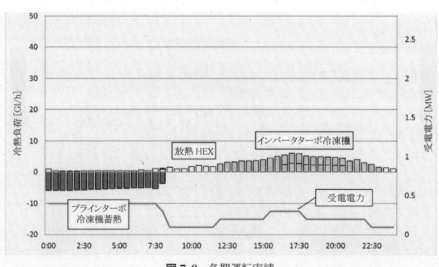

図7・8 冬期運転実績

7.1 蓄熱式空調システムを活用した省エネルギー，ピークカットに関する適用事例

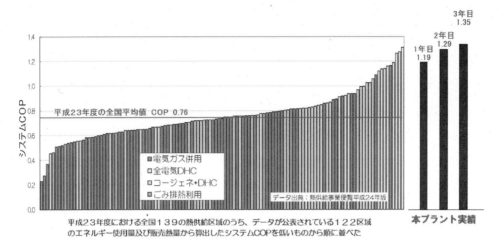

図7・9 年間システムCOP実績

7.1.2 東京都市サービス 晴海アイランドトリトンスクエア

〔1〕施設概要

晴海アイランドトリトンスクエアは，敷地面積約8ha，延べ床面積約67万m²の大規模市街地再開発である．"職"，"遊"，"住"の融合をテーマに揚げ，約800戸の共同住宅を中心とした既成市街地を住民が住み続けたまま段階的に整備し，住戸数約1800戸，就業人口約2万人の街をつくり上げるという壮大な計画のもと，1984年に開発がスタートした（図7・10）．その後段階的に建設が進められ，2001年4月に街開きとなり，現在も街は当初計画通りの賑わいをみせている．

〔2〕システム概要と年間運転実績

計画段階から，高い効率と低廉な料金を目指し，需要家側と協働してコンパクトかつシンプ

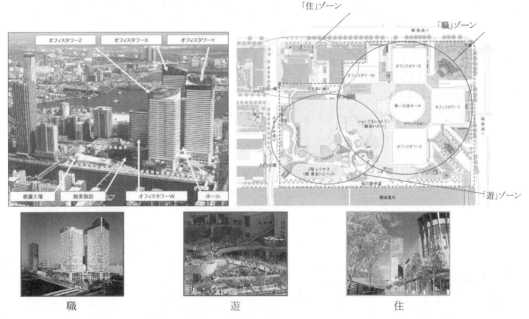

図7・10 晴海トリトンスクエアの全景と配置図
（空気調和衛生工学会特別賞"十年賞"の資料から引用）

ルなDHCプラントの配置計画・熱源計画を行っている．このプラントの特徴として，①コンパクトなDHC計画により需要家に囲まれた負荷重心にプラントが位置している点（**図7・10**），②大規模水蓄熱槽を有している点，③需要家側との送り返り温度差を大温度差（$\Delta_t = 10℃$）としている点，④すべて電気によって熱供給されている点があげられる．

プラントの熱源機構成は，**図7・11**に示すように，電動ターボ冷凍機，ヒーティングタワーヒートポンプ，熱回収型電動ターボ冷凍機，各2台で構成され，合計6 110 RTの能力を有している．蓄熱槽は温度成層型水蓄熱槽となっており，蓄熱槽容量の合計は19 060 m³と，日本最大級の規模となっている．蓄熱槽の運用は，冷温水槽（2槽）の切替えを行うことで年間を通じて負荷平準化に貢献している．

図7・12にプラントの一次エネルギー換算COPの経年推移を示す．夏期は高効率な電動ターボ冷凍機を中心に運転し，1.3を超える良好な効率となっている．一方冬期はヒーティングタワーヒートポンプの温熱運転が中心のため，1.0程度となっている．各年度の一次エネルギー換算COP（グラフ上部：赤字）は，外気条件・建物負荷変動から1.15〜1.25の間を推移しており，10年間の平均値は1.20と，日本の熱供給施設のなかでも非常に高い効率を維持し続けている．

〔3〕 他の熱供給施設の蓄熱槽を活用した電力負荷平準化対策の事例

本DHCに導入された蓄熱槽を含め，東京都市サービス株式会社が保有する他の熱供給施設の蓄熱槽を活用して電力負荷平準化の対策を行った事例を**図7・13**に示す．平常時においては，主に夜間の電力を活用して蓄えた熱を，最も電力負荷の高くなる13〜16時の時間帯に放

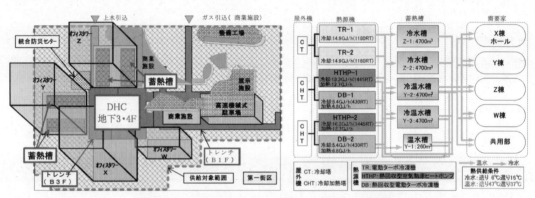

図7・11 DHCプラントの配置図と熱源機の構成図
（空気調和衛生工学会特別賞"十年賞"の資料から引用）

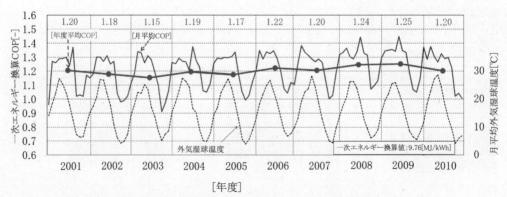

図7・12 月/年度平均一次エネルギー換算COPの変遷（2001〜2010年度）
（空気調和衛生工学会特別賞"十年賞"の資料から引用）

7.1 蓄熱式空調システムを活用した省エネルギー，ピークカットに関する適用事例

熱(ピークカット運転)し，大幅な電力削減に活用している(**図7・13**左)．一方，電力使用制限令の発動時においては，保有している蓄熱槽を活用して，ピークカット運転から使用制限時間帯(9～20時)での放熱(ピークシフト運転)に切り替え，熱供給を維持しながら，電力ピーク抑制にも活用し，実績として約31％減の電力抑制に貢献している．

このように，蓄熱式空調システムは，平常時には省エネルギーを実現している設備システムとして，需給ひっ迫時には，同じ設備システムで，その運用方法を変更することで，電力の平準化効果を創出することが可能となる画期的なシステムであると言える．

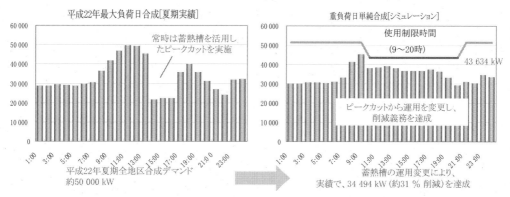

図7・13 保有する熱供給施設の蓄熱槽を活用した電力負荷平準化
(空気調和衛生工学会特別賞"十年賞"の資料から引用)

7.2 BCP（水利用，熱利用）

蓄熱式空調システムは，熱の需要場所に水槽を保有していることから，非常時において，この蓄熱槽に蓄えた水を消防用水や生活用水として利用することが可能である（**図7・14**）．これまで，平常時の熱利用に加えて，非常時のこのような機能を合わせ持った多機能型の蓄熱槽を"コミュニティータンク[1]"と称して，公共建築物や一般のビルにも適用されてきている．

東日本大震災における関東圏内の計画停電が実施されて以降，最近の計画や設計段階では，前節の省エネルギー，ピークカットといった考え方に加えて，節電対策やBCP（Business Continuity Plan）対策についても検討項目にあがることが多くなっている．また，今後は仮想発電所（VPP:Virtual Power Plant）やデマンドレスポンス（DR:Demand Responce）といった新しい考え方への対応も求められるようになっている．

蓄熱式空調システムは，需要場所において蓄熱槽を持っていることから，このようなさまざまなニーズに対して，生活用水や消防用水としての利用など"直接的な利用"，蓄熱槽の熱を放熱して熱源機を停止し，電力デマンドを抑制するなど熱利用を介した"間接的な利用"を上手に使い分けることによって，柔軟に対応することが可能である．

7.2.1 BCPに関する事例

蓄熱槽の水の"直接的な利用"について，その非常時利用の可能性について検討した事例[2]を**図7・15**に示す．この文献では，事務所ビル

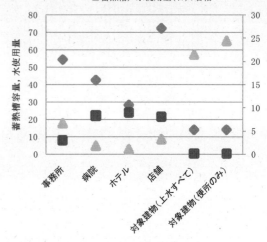

図7・15 蓄熱槽の水の非常時利用の可能性

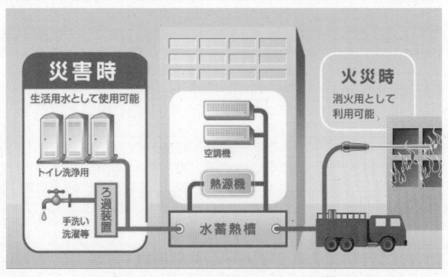

図7・14 コミュニティータンクのイメージ図

7.2 BCP（水利用，熱利用）

をはじめとした4つの建物用途について，保有する蓄熱槽容量と水使用量の関係から，非常時における水利用日数を検討している．事務所ビルは，床面積あたりの蓄熱槽容量が大きく，かつ床面積あたりの水使用量も小さいため，△で示す使用日数で換算すると20日程度となる．一方，ホテルや病院においては，床面積あたりの蓄熱槽容量が小さく，かつ床面積あたりの水使用量が大きいため，△で示す使用日数で換算すると1〜2日程度となる．このように，蓄熱槽の水について非常時利用を行うにあたって，建物用途ごとにその日数は異なるものの，少なくとも発災直後における上水の断水への備えとして，活用できる可能性があることがわかる．

また，このような水利用の具体的事例として，宮城県松島町にある松島町温水プール"美遊"の事例[3]を以下に紹介する．この施設では，プールを蓄熱槽として利用している．空気熱源ヒートポンプチラーは割安な夜間電力を活用してプールを加温し，昼間には館内空調およびプール室内の床暖房運転，プール室内の結露を防止するために設置したデシカント空調運転にも活用している．また，給湯やシャワーに活用する給湯設備においては，ヒートポンプ給湯機の貯湯槽に，非常用の給水口を備え，貯湯槽やプール（蓄熱槽）の水を浄水して使用（緊急用浄水装置を導入）できる設計となっている（図7・16）．東日本大震災を受けて，周辺住民の避難拠点となった同施設において，上水道が復旧するまでの2〜3週間の期間，プールの水を緊急用浄水装置で浄水し，飲料用として避難者へ提供している．また，プールサイドの床暖房や温水プールの予熱により寒さをしのぐこともできた．プールの水を飲料用として利用するために，浄水装置に附属しているホースによってプールの水をくみ上げ，粉末活性炭フィルタで一次ろ過，その後中空糸膜フィルタで二次ろ過を行った後，次亜塩素酸ナトリウム（滅菌用薬品）を混合させるプロセスを経て，給水を行っている．このように給水利用を行って，最終的には25 mプールの約3分の1にあたる約150 m³の水を供給した事例となっている．

7.2.2 デマンドレスポンスに関する検討事例

蓄熱式空調システムは，これまで夜間に蓄熱を行い，昼間に放熱をすることにより，省エネルギーと電力負荷平準化との両立を図ってきた．今後は，従来から実践してきた省エネルギーの強化だけでなく，電力供給状況に応じて消費パターンを変化させること（デマンドレスポンス）への対応の重要性が強く認識されるようになっている．具体的には，"需要削減（ネガワッ

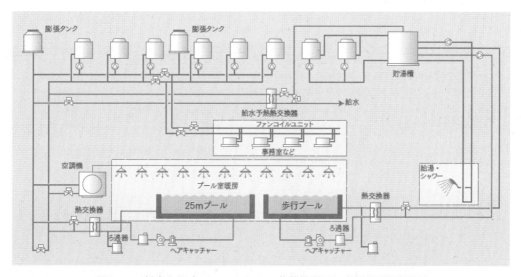

図7・16 松島町温水プールにおける蓄熱槽利用の事例（設備系統図）

ト)"と"需要増加(ポジワット)"という二つの側面があるが，前者は，効果的に電力ピークを抑制することで，需給ひっ迫の解消に寄与するとともに，中長期的には大規模電源を適正な容量に維持させることに寄与する．また後者は，再生可能エネルギーの導入拡大に伴って，需要の低い中間期などにおいて供給過多に陥った場合に，需要家に対して電力の消費増加を促して，電気の品質(周波数や電圧)安定化に寄与することが期待されている．一般財団法人ヒートポンプ・蓄熱センターの試算[4]によると，全国に導入済の蓄熱システムを利用することにより，ネガワット対応においては，1 000 MW × 3 時間程度，ポジワット対応においては，753 MW × 8 時間程度といったポテンシャルがある結果も示されている．

参 考 文 献

1) プレスリリース(H8.5.10)，"コミュニティタンク(多機能型蓄熱槽)のデモンストレーションの実施について"，東京電力ホールディングス㈱，http://www.tepco.co.jp/cc/press/96051001-j.html
2) 奥宮正哉，ほか：低炭素化と BCP のための BEMS
3) ヒートポンプ・蓄熱センター：COOL&HOT，NO.44，pp. 11~13
4) デマンドレスポンスにおける蓄熱槽活用とその有効性(H28.4)，ヒートポンプ・蓄熱センターにおける独自試算

第 **8** 章

蓄熱式空調システムの事例

第8章 蓄熱式空調システムの事例

8.1 ソニーシティにおける大規模温度成層型水蓄熱槽の採用事例

8.1.1 建物概要

ソニーシティ品川は，グローバル企業であるソニーグループの本社機能を果たすと同時に，環境配慮企業・環境トップランナーにふさわしい建物として，建設計画時から運用に至るまで環境に最大限に配慮して建設された．

建物名称：ソニーシティ
敷地面積：18 165.30 m^2
延べ床面積：162 887.57 m^2
階数/高さ：地下2階，地上20階，塔屋2階/99.4 m
構造：地上：鉄骨造，地下：鉄骨鉄筋コンクリート造，免震システム
建築主：ソニー生命保険株式会社
熱源施工：高砂熱学工業株式会社

写真8・1 外観

8.1.2 空調設備概要

CO_2 排出量削減のために，1998年以来培ってきた高効率熱源システムの最適制御技術によって当時，普及が始まったインバータ仕様のターボ冷凍機を運用するシステム設計が行われた．

熱源機はインバータ仕様と一定速仕様のターボ冷凍機を組み合わせ，熱源機容量の低減やデマンド抑制を目的として大規模温度成層型水蓄熱槽を採用した．

蓄熱槽は分割されており，冷房期は全量冷水槽とし，暖房期にはそのうち1槽を温水槽として運用する．

熱源設備のシステムフローを図8・1に示す．設備概要は下記のとおりである．

熱源機：
　インバータターボ冷凍機 990 Rt×1台
　高効率ターボ冷凍機 990 Rt×2台
　熱回収インバータヒートポンプ 490Rt×1台
水蓄熱槽
　冷水槽 4 316 m^3
　冷温切替え槽 2 154 m^3
　合計 6 470 m^3

本施設の特徴は，隣接する芝浦水再生センターより供給される下水処理水を熱源機の熱源水として活用した点もあげられる．民間単独ビルにおける下水処理水の未利用エネルギー活用は初めての試みであった．芝浦水再生センターからソニーシティまで公道下に供給管を敷設して下水処理水を受け入れている．

下水処理水の熱は，下記の効果を期待して冷凍機やパッケージエアコンで利用している．

1) 夏期は冷却塔冷却水より低温度である点を利用した熱源機の高効率化
2) 冷却塔利用停止による冷却塔補給水量削減とヒートアイランド現象の抑制
3) 熱回収インバータヒートポンプの温水製造時の下水処理水利用による高効率化

さらに，竣工時点からWeb監視によるモニタリングシステムを導入し，ソニーの施設管理者など，施工会社，エネルギー会社，学識者などが集い，データをチェックし継続的な運用改善を行ってきた．

8.1.3 運転実績

図8・2に，2016年の代表的な夏期の電力消費量の実績を示す．22時〜翌8時まで蓄熱運

8.1 ソニーシティにおける大規模温度成層型水蓄熱槽の採用事例

転を行い，8時から熱源機による冷水供給と蓄熱の放熱を併用して空調をまかなっている．13〜16時まではすべての空調負荷を蓄熱の放熱によって賄っているため，熱源機は全台停止し，冷水を送水するポンプのみ稼働している．これにより昼間のデマンドを大幅に削減している．

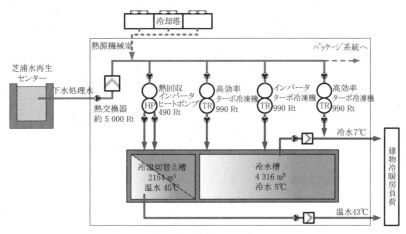

図8・1　熱源フロー図

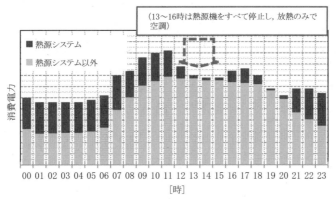

図8・2　運転実績

8.2 飯野ビルディングにおける成層型蓄熱槽の事例

8.2.1 建物概要

飯野ビルディングは，都心部のオフィスビルの高度化に対応すべく，旧飯野ビルを建替え2011年9月に竣工した．飯野ビルディングは，環境性能と事業継続性に対し高い性能を保持することを目的として，計画・建設された（**写真8・2**）．

8.2.2 空調熱源設備概要

夏期ピーク電力需要ひっ迫を抑制すること，また，中間期と冬期冷房の部分負荷対応を高効率に賄うことを目的として，躯体ピットを活用した水蓄熱槽を計画した．本蓄熱槽の設計にあたっては，CFD解析を実施するとともに，構造設計者，工事計画担当者と躯体図をもとに綿密な調整を実施し，高い蓄熱槽効率を実現した．

蓄熱システムは，**図8・3**に示す通り三つの蓄熱槽からなり，蓄熱槽①は縦型，蓄熱槽②・③は連結型の温度成層としている．

8.2.2.1 蓄熱槽①の設計概要

図8・4に蓄熱槽①の概要を示す．水深が5m

写真8・2 飯野ビルディング外観

と深く，1槽でまとまった容量（987 m³）となることから，縦型温度成層型蓄熱槽を計画した．ディストリビューターの形状を決めるにあたり，下記2点を留意した．

1) 面流速が0.05 m/s以下
2) 偏りの少ないディストリビュータの形状

CFD解析の結果，より偏りが少ない温度分布となった形状の"角形"を採用した．

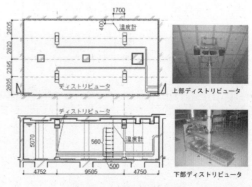

図8・4 蓄熱槽①概要

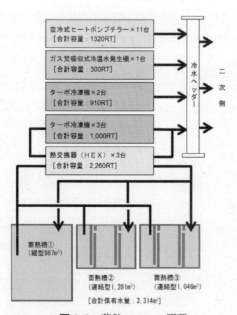

図8・3 蓄熱システム概要

8.2.2.2 蓄熱槽②・③の設計概要

蓄熱槽②・③は水深が浅いこと，多槽となることから効率向上を図るため，連結型の温度成層を計画した．施工性を検討した結果，もぐり堰方式を採用するに至った．

蓄熱槽の構造を計画するにあたり，下記2点

に留意した．
1) もぐり堰部分の流速が 0.05 m/s 以下
2) 上部連通管部分の流速を 0.1 m/s 以下

上記 2 点に留意し，躯体構造に影響を与えない範囲で最大限の開口部を計画した．

蓄熱槽②と③は構造が同じであり，例として蓄熱槽②を図 8・5 に示す．19 槽を連結した 1 281 m³ の蓄熱槽となっている．また，★1〜8 の箇所に運用時の温度成層状況を確認するため槽内に上部・中部・下部と温度計を設置している．

図 8・6 に蓄熱槽②の断面図，写真 8・3 に上部連通管，写真 8・4 に下部もぐり堰を示す．上部の連通管は，可能な限り流速を抑えられるよう，構造設計者と綿密な検討を行った結果，4 本の連通管を設置した．

図 8・7 に蓄熱槽②の CFD 解析結果を示す．解析の結果，もぐり堰と連通管の効果で温度成層が保たれた状態で蓄熱・放熱が行えることが確認できた．

8.2.3 蓄熱槽の運転実績

図 8・8 に蓄熱槽①の放熱時の実績値を示す．良好に温度成層が形成されており効率的な運用が行えていることが確認できる．蓄熱槽効率は目標としていた，90 % を達成した．図 8・9 に蓄熱槽②の放熱時の実績値を示す．上部連通管の流速の影響が懸念されたが，温度プロフィルより蓄熱槽全体として効率的な放熱状態であることが確認できた．蓄熱槽効率の実績値は 80 % を達成しており良好に運用されていることが確認できた．

写真 8・7 蓄熱槽② CFD 解析による温度分布

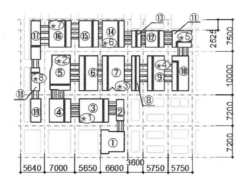

図 8・5 蓄熱槽②配置図

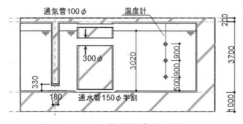

図 8・6 蓄熱槽②断面図

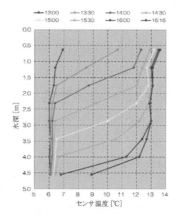

図 8・8 蓄熱槽①の槽内温度プロフィル（実績）

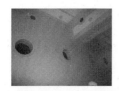

写真 8・3 上部連通管

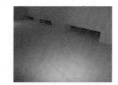

写真 8・4 下部もぐり堰

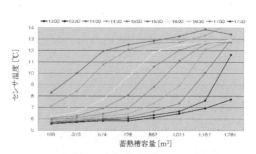

図 8・9 蓄熱槽②の槽内温度プロフィル（実績）

8.3 総合病院土浦協同病院における大規模温度成層型水蓄熱槽の新築事例

8.3.1 建物概要

本病院は，既存病院の老朽化・狭隘化により，今回の移転新築を迎え，施設の拡充，再整備を図った．高次救命救急集中医療，災害医療，高度先進医療を担う地域最大の基幹病院として，2016年3月に開院した．

新病院の空調熱源システムは，非常時の災害拠点病院としての機能を確保するとともに，平常時の省エネルギー・省CO_2を実現するため，大規模縦型蓄熱槽を主体とした蓄熱式空調システムが採用された．

8.3.2 空調設備概要

病院棟におけるファンコイルユニット（二管式）・外気処理系統への空調用冷温水供給は中央熱源方式として，エネルギー棟に配置している．**写真8・5**に病院棟外観，**写真8・6**にエネルギー棟および蓄熱槽外観，**図8・10**に熱源システムフロー図を示す．

平常時の昼間の電力平準化，夜間の安価な電気料金の活用によるライフサイクルコスト低減，非常時における水源の多重化（生活用水や消防用水としての利用）を目的として，蓄熱式空調システムを採用している．

蓄熱槽容量は，ピークシフトを実施するため，夏期ピーク日における昼間空調負荷の3割以上を確保する計画とし，併せてリスクを分散するよう，蓄熱槽容量は1 100 m³×3槽としている．

蓄熱槽はエネルギー棟の横にコンクリート製の単独水槽として設置し，蓄熱効率を向上させるため，水深を大きく確保するよう深さ約16 mの温度成層型としている．蓄熱槽水面には，保温・防食用水面被覆材を投入し，空気との接触面を減らすことにより，溶存酸素低減と放熱ロス防止を実施している．

最大需要電力を賄う非常用発電機と大容量オイルタンクを採用し，非常時においてもエネ

写真8・5 病院棟外観（病床数800床）

写真8・6 エネルギー棟および蓄熱槽外観

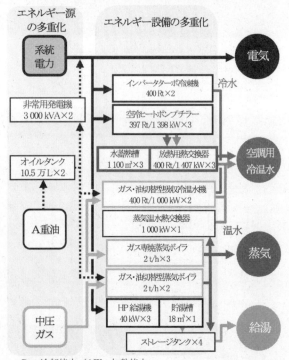

Rt：冷却能力／kW：加熱能力

図8・10 熱源システムフロー図

ギー供給が可能なシステムを構築している.

8.3.3 蓄熱システムのシミュレーション

大深度の温度成層を乱さない蓄熱槽を実現するため，流速を抑えたディストリビュータについて，特に以下2点について満足するよう蓄熱シミュレーション解析を行い選定した.

1) ホッパーの面速を0.05 m/s以下とすること.
2) ディストリビュータ周りの水面で偏りがなく均等な速度分布が得られること.

配管内にオリフィスを設置する，パンチングメタルをホッパー面に設置するなどの検討を行った. **図8・11**，**8・12**にシミュレーション結果を示す.

シミュレーション結果より，ディストリビュータは，オリフィスは設けず，パンチングメタルを施し，蓄熱槽1槽に対し，上部4台，下部4台の計8台を設置することとした. **図8・13**に選定したディストリビュータの速度分布図を示す.

8.3.4 大規模縦型蓄熱槽を活用したBCP対策

大規模縦型蓄熱槽の屋外側側面に緊急用水栓を設置し，水量の約半分（1 650 m³）は，ポンプがなくてもバルブ操作のみで給水できる対策を講じている. 残りの水量についても，外付けポンプを接続可能なホースカプラーを設置しているため，非常時の水源として活用可能である.

8.3.5 実　　績

図8・14に2016年度の夏期代表日の蓄熱槽内温度プロフィールを示す. 各高さ（蓄熱槽1 m間隔）において，均等な時間間隔で温度成層が形成されていることがわかる.

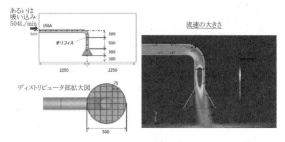

図8・11 シミュレーション結果（オリフィス設置）

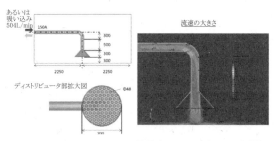

図8・12 シミュレーション結果（パンチングメタル設置）

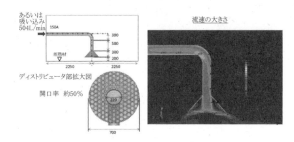

図8・13 選定したディストリビュータの速度分布図

写真8・7 緊急用水栓の写真

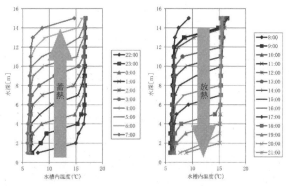

図8・14 蓄熱槽内の温度プロフィール（2016/8/3）

8.4 東京電機大学 東京千住キャンパス

8.4.1 建物概要

所　在　地：東京都足立区千住旭町5番
敷 地 面 積：約 26 200 m²
延べ床面積：約 72 600 m²
　1号館：研究室/実験室・事務室・ホール
　　　　約 34 900 m²(地下1階/地上14階 高さ約 61 m)
　2号館：教室・事務室
　　　　約 18 400 m²(地下1階/地上10階 高さ約 44 m)
　3号館：食堂・売店・部室・体育館
　　　　約 5 200 m²(地上5階高さ約 20 m)
　4号館：研究室/実験室
　　　　約 14 100 m²(地上10階高さ約 44 m)
構　　　造：SRC造 S造 RC造
　1号館：免震構造　2号館：制振構造
　4号館：制振構造　3号館：耐震構造

竣　　　工：2012年3月
　東京千住キャンパスには全学規模の約半分(学生約5 000名教職員約500名)がこのキャンパスに集う(**写真 8・8**).

写真 8・8　キャンパス全景航空写真

8.4.2 システム概要

8.4.2.1 熱源システム構成

図 8・15に熱源システム配置概要図を示す．中

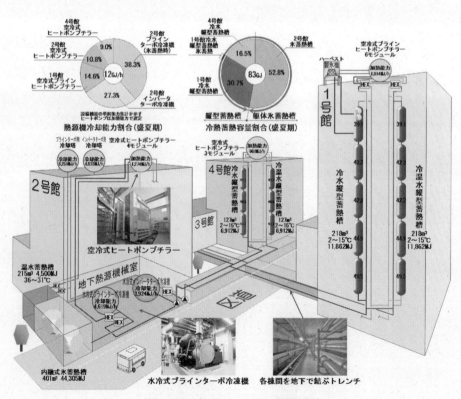

図 8・15　熱源システム配置概要図

央熱源として2号館地下1階に熱源機械室を設け，冷水製造用の水冷式インバータターボ冷凍機(以降，ITR)と氷製造用の水冷式ブラインターボ冷凍機(以降BTR)を主熱源として1台ずつ設置した．また，厳冬期，バックアップおよび休日，夜間の少量の熱需要に対応するため，空冷式ヒートポンプチラー(以降AHP)を1, 2, 4号館の屋上に分散設置した．蓄熱槽は2号館地下熱源機械室に躯体利用のスタティック型内融式氷蓄熱槽と，温度成層型の温水槽を設置した．また，14号館の吹抜け部分に縦型水蓄熱槽を設置した(写真8・9)．なお，ITRによる2℃冷水取出しは，蓄熱槽を有するゆえに，凍結の不安を解消し実現できたものである．2号館の熱源機械室で生産された冷温水は，各棟間を地下で接続するトレンチ内の配管を通して1, 4号館の縦型蓄熱槽へ蓄熱，もしくは各号館の空調機へ直送する．なお，1号館の冷水縦型蓄熱槽では"氷スラリーを用いた氷水搬送技術"のトライアルとして，盛夏期の蓄熱量を増量させた．

写真8・9 縦型蓄熱槽の設置状況(4号館)

8.4.2.2 縦型蓄熱槽の特徴

縦型蓄熱槽は食品加工プラントなどで使用される汎用的なタンクを転用したものである．縦型蓄熱槽の据え付け場所が狭隘かつ高所であること，現場構築する時間がなかったことから，工場で保温，ラッキングなどを行い，外装が仕上がった状態まで行った．外装仕上げまで工場で済ませ搬入据付を行ったため，工期短縮・コスト縮減にも寄与している(図8・16)．また，各階に小型分散ポンプ(最低周波数10 Hz設定)を配することで，搬送動力の最小化を図っている(図8・17)．

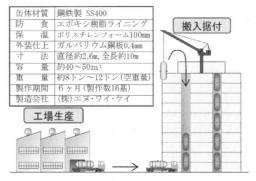

図8・16 縦型蓄熱槽の工場出荷から搬入据付

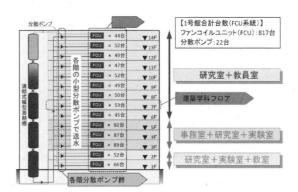

図8・17 冷水系統分散ポンプおよびFCU設置状況

8.4.2.3 縦型蓄熱槽の運用実績

蓄熱過程では，ITRによる2℃の予冷(蓄熱)が完了した後，ハーベスト製氷機により製造した氷を連結式縦型蓄熱槽の最上段槽のみに投入する運用としている．その結果，最上段槽のみ0℃近辺に冷却されており，下段槽は目標温度の2℃で蓄熱されていることがわかる．また，温度プロファイルより蓄放熱ともに温度成層が良好に形成されていることを確認した(図8・18)．

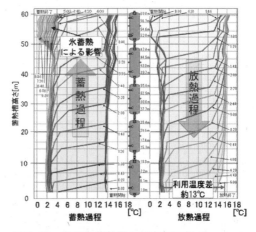

図8・18 縦型氷蓄熱槽の代表日温度プロファイル

8.5　名古屋大学　研究所共同館Ⅰ

8.5.1　建物概要
所　在　地：名古屋市千種区不老町
延べ床面積：7 046 m²
階　　　数：地上8階
建 物 種 別：研究実験棟
　（用途構成割合：50％（教官室・院生室），17％（実験室））
竣　　　工：2013年3月

本建物は昭和38年〜40年にかけて建設された共同教育研究施設1号館の老朽化による建替え建物であり，名古屋大学東山キャンパスの東端に位置している．写真8・10は，本建物の外観を示したものである．このエリアは，東山キャンパスにおける再開発地域ということができるエリアである．本建物は，環境をキーワードに

写真8・10　名古屋大学研究所共同館

して"研究"をはぐくむ環境，"交流"をうながす環境，"自然"をはぐくむ環境の3つのコンセプトを掲げている．

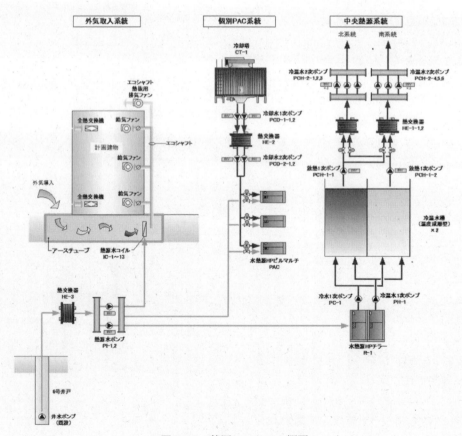

図8・19　熱源システムの概要

8.5.2 空調設備の概要

図8・19に本建物の熱源概略系統図を示す．対象建物は熱源水として井水を利用していることが特徴であり，蓄熱槽2槽を有した中央熱源系統と水熱源HPビルマルチの個別熱源系統を有している．中央熱源系統は教員室・研究室ゾーンに対応し，個別熱源系統は実験室ゾーンに対応している．熱源水(井水)には使用可能流量の制限があり，中央熱源系統に優先的に用いられる．そしてその余剰分または中央熱源系統に熱源水(井水)が用いられない時間帯では個別熱源系統に熱源水(井水)が用いられる．個別熱源系統では熱源水(井水)の不足を，冷却塔を用いて補っている．また，対象建物ではアースチューブを導入しており，その内部に外気の予冷熱に熱源水(井水)を用いる回路が設けられている．それにより，外気の顕熱交換を行うことで中間期(4, 5, 10, 11月)には中央熱源を運転させなくても十分な室内環境を保つことができる計画とした．

8.5.3 蓄熱槽内温度の推移

図8・20に2013年7月20日14時から7月25日8時までの蓄熱槽内の上下水温分布の推移を示したものである．本建物では各室の負荷処理にファンコイルユニットを主に採用しているが，大温度差確保弁を採用し，また居住者にファンコイルユニットの風量弱を使用しないように依頼しているため，図に示すように大温度差を確保できている(6℃↔23℃の17℃差，設計は10℃差)．

8.5.4 槽内温度プロフィルリセット

温度成層型蓄熱槽において，低負荷のため，蓄熱槽を満蓄状態または完全放熱状態にならない(温度遷移域が槽中央に近い位置で推移する)運転が継続した場合，温度成層型プロフィルが緩和(温度こう配が水平に近い状態から垂直方向への変化や，2段などになる)状態に移行し，蓄熱可能量が減少する[図8・21(a)]．長期化した場合はそのほかに外部との熱損失(取得)および槽内における上下間の熱伝導の影響も加算される．

これは必ずしも運転不具合ではないが，この現象から離脱して高効率な状態(温度プロフィルをピストンフロー状態)に戻すことをプロフィルリセットと定義し，本施設ではこのリセットを実行した．リセットには，一旦，満蓄か完全放熱状態にする必要がある．図8・21(b)は，冷水槽温度プロフィルリセット(満蓄)制御時における温度プロフィルを示す例である．プロフィルリセットの結果，温度成層性(右図：放熱時のプロフィル)が回復し，蓄熱可能量が計画状態に戻っている．

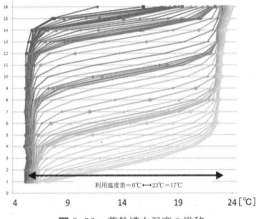

図8・20 蓄熱槽内温度の推移

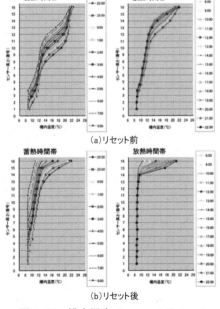

図8・21 槽内温度プロフィルリセット

8.6 トレッサ横浜

8.6.1 建物概要

所　在　地：神奈川県横浜市港北区師岡町700
敷 地 面 積：約 71 000 m²
店 舗 面 積：約 60 000 m²
延 床 面 積：約 157 000 m²
構　　　造：北棟－鉄骨造，鉄骨鉄筋コンクリート造　南棟－鉄骨造
階　　　数：北棟－地上7階，南棟－地上4階，棟屋2階
用　　　途：複合商業施設
竣　　　工：2008年3月

写真 8・11　建物外観

トレッサ横浜は，オートモールを併設したショッピングセンターであり，北棟，南棟西，南棟東の3棟で構成されている(**写真8・11**).

8.6.2 システム概要

8.6.2.1 熱源システム構成

当該施設では，各棟に独立した蓄熱システムを設置している．蓄熱システムは，チラー，内融式氷蓄熱槽，熱交換器，放熱ポンプ"により構成され，熱交換器二次側(建物側)の負荷熱量に応じて一次側(熱源側)が自動制御により冷温熱を供給している(**図8・22**[1]，**表8・1**).

8.6.2.2 運転概要

蓄熱システムの運転方法は，夜間は空冷チラーで蓄熱運転を実施し，空調時間は氷蓄熱槽からの放熱運転をベースとして負荷熱量により空冷チラーの台数制御を実施する，ピークシフト運転としている．また，放熱運転においては空調時間中に放熱完了となるよう放熱ポンプの台数制御およびインバータ制御を実施している．

8.6.3 特　徴

8.6.3.1 モジュール式熱源機の採用

〔1〕省スペース性

当該施設では，省スペースで設置可能なモジュール連結方式の空冷チラーと氷蓄熱槽を組み合わせたシステムを採用し，空冷チラーを架台上に設置，氷蓄熱槽を下部に設置して設置場所を有効活用している(**写真8・12**[1]).

〔2〕故障リスクの分散化

熱源機がモジュール連結方式の場合，冷凍サ

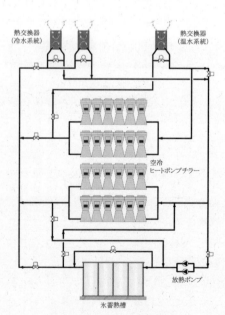

図 8・22　システム概要図

イクルが独立しているため，故障リスクが分散化される．故障時において，故障したモジュールを除外した運転が可能であり，能力低下による影響は限定的となるため熱供給信頼性は非常に高い．

〔3〕 **部分負荷時の高効率運転**

モジュール連結方式の空冷チラーは容量制御

写真 8・12 熱源機置場外観

表 8・1 機器一覧表

棟	機 器	仕 様		台 数
北棟	空冷チラー ・8 モジュール	冷凍能力（製氷時） 冷凍能力（追掛け時）	533 kW 654 kW	1
	空冷チラー ・7 モジュール	冷凍能力（製氷時） 冷凍能力（追掛け時）	466 kW 573 kW	1
	空冷チラー ・冷専：6 モジュール ・冷暖：5 モジュール	冷凍能力（製氷時） 冷凍能力（追掛け時） 加熱能力	397 kW 869 kW 433 kW	1
	空冷チラー ・11 モジュール	冷凍能力（追掛け時） 加熱能力	834 kW 975 kW	1
	氷蓄熱槽 ・内融式 FRP 製パネル型	蓄熱槽容量	13 300 kW	1
	プレート式熱交換器（冷水用）	交換熱量	2 195 kW	2
	プレート式熱交換器（温水用）	交換熱量	1 400 kW	1
	ブラインポンプ（放熱用）	3 500 L/min×400 kPa		2
南棟西	空冷チラー ・12 モジュール	冷凍能力（製氷時） 冷凍能力（追掛け時）	793 kW 982 kW	2
	空冷チラー ・8 モジュール	冷凍能力（追掛け時） 加熱能力	606 kW 709 kW	3
	氷蓄熱槽 ・内融式 FRP 製パネル型	蓄熱槽容量	8 355 kW	1
	氷蓄熱槽 ・内融式 FRP 製パネル型	蓄熱槽容量	4 177 kW	1
	プレート式熱交換器（冷水用）	交換熱量	2 540 kW	2
	プレート式熱交換器（温水用）	交換熱量	2 127 kW	1
	ブラインポンプ（放熱用）	2 840 L/min×343 kPa		2
南棟東	空冷チラー ・9 モジュール	冷凍能力（製氷時） 冷凍能力（追掛け時）	595 kW 736 kW	1
	空冷チラー ・9 モジュール	冷凍能力（製氷時） 冷凍能力（追掛け時）	193 kW 736 kW	1
	空冷チラー ・6 モジュール	冷凍能力（追掛け時） 加熱能力	455 kW 532 kW	1
	空冷チラー ・12 モジュール	冷凍能力（追掛け時） 加熱能力	910 kW 1 063 kW	1
	氷蓄熱槽 ・内融式 FRP 製パネル型	蓄熱槽容量	6 857 kW	1
	プレート式熱交換器（冷水用）	交換熱量	1 830 kW	2
	プレート式熱交換器（温水用）	交換熱量	1 595 kW	1
	ブラインポンプ（放熱用）	1 800 L/min×394 kPa		2

により部分負荷効率が高い特性があり，追掛け運転時に高効率運転が可能となる．

一方，蓄熱運転時は100％能力で運転し，軽負荷判断(熱源機出口温度が設定値に到達)，もしくは氷蓄熱槽の製氷率による満蓄判断により停止される．

8.6.3.2 氷蓄熱槽の顕熱利用

氷蓄熱システムでは蓄熱槽内が完全解氷となる水温(4℃程度)に達すると放熱完了と判断する制御が一般的であるが，北棟および南棟西では，放熱完了を判定する槽内温度条件を変更(12℃で放熱完了)することで氷蓄熱槽の顕熱利用範囲を拡大し，蓄熱量および放熱量を大きくしている．

8.6.4 運転実績

8.6.4.1 供給熱量

2015年度の月別供給熱量(放熱量および熱源機追掛け運転時の製造熱量の合計)実績を図8・23に示す．月別の供給熱量は平均外気温と相関して変動している．

8.6.4.2 蓄熱槽運用状況

年間の冷熱実績は表8・2となり，施設全体の日冷熱実績を日供給冷熱量の多い順に並べた図を図8・24に示す．施設全体では，冷熱負荷の約80％を放熱により処理している．

蓄熱率は各棟で異なるが，施設全体では経済的といわれる50％程度となっている．

高負荷日において，蓄熱槽の顕熱利用範囲の拡大により，放熱量および蓄熱量が蓄熱槽容量(仕様値)を超えている．

8.6.4.3 ピーク負荷日の運転状況

施設全体のピーク負荷日の蓄熱バランス図を図8・25に示す．

8.6.4.4 負荷平準化効果

〔1〕 夜間移行率

熱源システム使用電力量および月別電力夜間移行率を図8・26に示す．

夜間移行率は，夏期は熱源機の追い掛け運転の増加により低下し，冬期は暖房による非蓄熱運転により低下しており，年間で70％となっている．

〔2〕 電力デマンド削減効果

ピーク負荷日の電力量実績および夜間移行電力量(放熱量を熱源機追掛時の平均COPで除して算出)を図8・27に示す．

蓄熱を利用しない場合の最大電力は7 492 kWと想定され，蓄熱システムによるデマンド抑制効果は1 348 kWとなった．

8.6.4.5 システムCOPおよび機器COP

月別，運転別のシステムCOPおよび機器COPを図8・28，8・29に示す．

蓄熱運転時の機器COPは，外気温が高い7月，8月および運転時間が短い冬期は，中間期と比較して低くなった．追掛け運転時の機器COPは，夏期は蓄熱運転時より高くなった．

システムCOPは，機器COPと同様の傾向で推移しており，年間で2.76となった．

表8・2 冷熱実績一覧

棟	供給熱量 [GJ]	放熱量 [GJ]	製造熱量(昼間) [GJ]	放熱率 [％]	蓄熱率 [％]
北棟	9 375	8 951	424	95.4	77.5
南棟西	11 344	9 742	1 602	85.9	55.1
南棟東	8 620	4 891	3 729	56.7	26.5
施設全体	29 339	23 584	5 755	80.1	51

8.6 トレッサ横浜

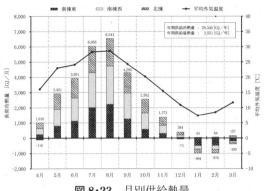

図8・23 月別供給熱量

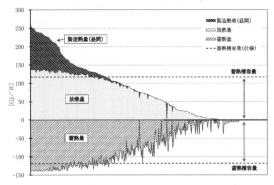

図8・24 日熱量実績降順ソート図(全棟)

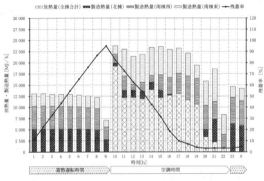

図8・25 蓄熱バランス図(全体)

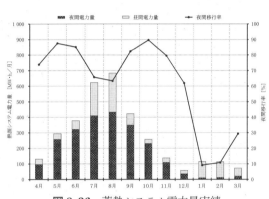

図8・26 蓄熱システム電力量実績

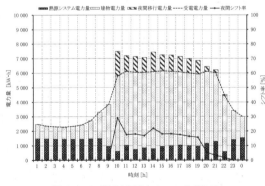

図8・27 電力実績(ピーク負荷日)

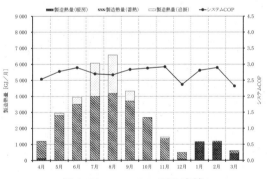

図8・28 システムCOP実績

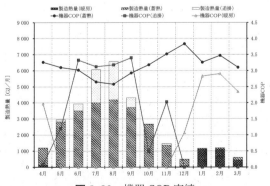

図8・29 機器COP実績

— 211 —

8.7 新宿西口駅本屋ビルにおける連結型蓄熱槽の改修事例

8.7.1 建物概要

1967年竣工の小田急線ターミナル駅を含む大規模商業ビルにおいて，東京都の条例による温室効果ガスの削減規制に対応するため，熱源設備を中心としたリニューアルを行った．冷熱負荷が大半を占める建物の特徴から，電気式熱源採用によるシステム効率の最大化を図りながら，東日本大震災以降のピーク電力抑制にも対応するため，蓄熱槽の改修なども実施した．建物概要を**表8・3**に，建物外観を**写真8・13**に示す．

表8・3 建物概要

名　　　　　称	新宿西口駅本屋ビル（小田急百貨店本館）
所　　在　　地	東京都新宿区西新宿1丁目1番3号
用　　　　　途	商業施設（百貨店），鉄道駅舎
建物規模・構造	延べ床面積 76 739 m^2，鉄骨鉄筋コンクリート造，地下3階/地上14階
改修前のエネルギー使用量など	一次エネルギー量 355.8 TJ/年，GHG 排出量 14 555 t-CO_2/年

写真8・13 建物外観

8.7.2 改修概要

改修前後の熱源システム概略系統を**図8・30**に示す．本建物では中央熱源方式が採用され，地下3階機械室より二次側設備（二管式）へ冷温水が供給されていた．蓄熱槽は地下ピットを利用した連結混合型でオープン回路方式が採用されていた．熱源機は電気式熱源とガス式熱源が併用され，各機設置後13～17年が経過しており，蓄熱槽は竣工後の改修実績がない状況であった．

本改修では，冷熱負荷が97％に達する建物の特徴を考慮し，冷熱製造効率を重視した．定速ターボ冷凍機・INVターボ冷凍機を全面的に導入し，冷却塔はより広範囲に冷却水温度を可変し得るよう，統合型冷却塔を採用している．蓄熱槽に対しては，熱源の電化によるピーク電力増加を抑制するため，蓄熱槽の劣化した断熱の更新と，整流装置の設置による蓄放熱量の増強を図った．**図8・31**に地下ピット平面図を，**表8・4**に蓄熱槽の改修仕様を示す．既

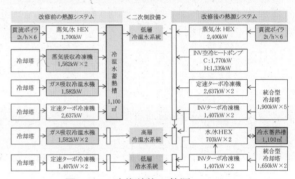

図8・30 改修前後の熱源システム

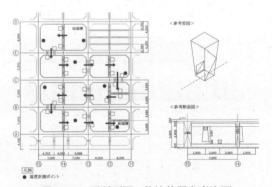

図8・31 平断面図・整流装置参考姿図

表8・4 蓄熱槽改修仕様

形　　　式	連結混合型
容　　　量	1 100 m^3（16槽）
利用温度差	5℃（6～11℃）
流　　　速	0.05 m/s 程度
温度センサ	計8点
断熱防水工法	シート防水（機械的固定工法）

存の蓄熱槽は16槽からなる連結型であったが，連通管の高さが不適切で死水域が大きく，3時間放熱時の蓄熱槽効率はシミュレーションでは68%にとどまった．これに整流装置を新設することで，3時間放熱で86%，ピークシフト運転の8時間放熱時には95%まで蓄熱槽効率を向上させ，実効容量アップによりピーク電力を240kW削減する計画とした（**図8・32**）．さらに，従来は冷温水系統として使用されていたものを，冷水系統に接続替えして冷水専用とした上で，蓄熱槽と空調二次側回路の間に熱交換器を新設し，クローズ回路方式とした．クローズ化に伴い二次ポンプ容量の低減（改修前比▲42%）も図り，変流量制御・還り温度補償制御を導入し，蓄熱槽の温度差確保にも配慮した．

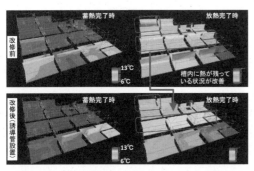

図8・32 改修前後のシミュレーション結果

8.7.3 既設改修

新宿駅の一部をなす営業中の百貨店において，営業継続を前提に施工を行う必要があったため，回路のクローズ化により蓄熱槽をシステムから切り離し，必要空調能力を確保しながら施工を行った．蓄熱槽はウレタン防水がはく離している状況であったため，既設断熱・防水を撤去し躯体補修を行った後に新しく断熱・防水工事を行った．改修前後の槽内風景を**写真8・14，8・15**に示す．各槽での死水域を極力減らすため，不要な開口をふさぐとともに，ダクトにて整流機能を設けた．整流装置は各水槽の入口側は槽底部より300 mm，出口側は平均水位2 300 mmに対し2 000 mmの高さでの流出を確保した．整流装置出口の面速を0.05 m/s 程度とし，出口側開口部の断面積を確保した．また，人通口の機能が必要な部分には，整流装置に内外から開けられる機構を設けている．

8.7.4 運転実績

図8・33に改修後夏季代表日の蓄熱槽内水温プロフィールを示す．新たに設置した整流装置の効果に加え，空調機二方弁化による戻り水温安定，追掛け運転開始条件のチューニングも働き，計画蓄熱量22.4 GJ・槽効率95%に対して，放熱量28.7 GJ（計画値28%増）が確保された．

改修後1〜3年目の蓄熱槽への入出力熱量を**図8・34**に示す．改修後1年目は追掛け運転条件が甘く，必要以上にターボ冷凍機の日中運転

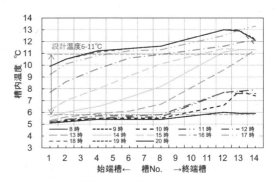

図8・33 蓄熱槽内水温プロフィール（放熱時）

写真8・14 改修前槽内　　**写真8・15** 改修後槽内

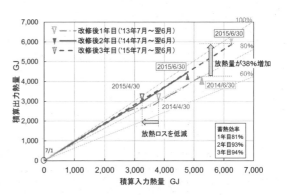

図8・34 改修後の蓄熱効率

が行われ,放熱ロスが増えたことで冬期に蓄熱効率が低下していた.改修後2年目以降には,追掛け運転の起動条件の見直しに加え,空調運転終了後に蓄熱量が一定量以上残っている場合は蓄熱運転を行わないよう改め,蓄熱効率が2年目に93%,3年目に94%まで改善した.さらに,年間の積算放熱量も38%向上する結果が得られている.

本建物は,駅型商業施設ということもあり冷熱・電力ともにピーク状態が長時間続くことから,日中10時間程度放熱が安定継続できるよう放熱量を調整した.その結果,熱源システムの最大電力も約170 kW(調整前比▲12%)削減している(**図8・35**).

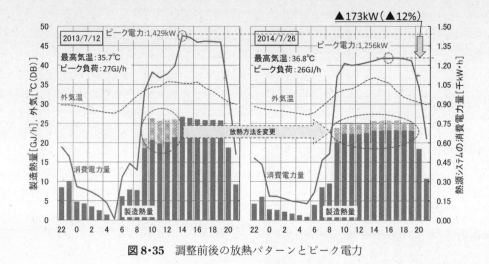

図8・35 調整前後の放熱パターンとピーク電力

8.8 群馬県立自然史博物館における温度成層型水蓄熱槽の導入例

8.8.1 建物概要

本博物館は関東でも有数の自然史を扱う大規模な博物館であり，地域の自然学習に大きく貢献している県有施設の一つである．県有施設の中でも温室効果ガス排出量の多い施設であり，排出量削減が喫緊の課題となっていたため，建築・空調・照明・衛生を含む大規模リニューアルを実施した．**表8・5**に建物概要，**写真8・16**に建物外観を示す．

表8・5 建物概要

名　　　称：群馬県立自然史博物館	
所　在　地：群馬県富岡市	
用　　　途：博物館，ホール	
建物規模・構造：延べ床面積 12 122 m²，鉄骨鉄筋コンクリート造，地下1階/地上2階(一部3階)，1996年竣工	
改修後のエネルギー使用量など：一次エネルギー量 20 623 GJ/年，CO_2 排出量 782t-CO_2/年(2015年度)	

写真8・16　建物外観

8.8.2 改修概要

図8・36に，改修前後の熱源システム図を示す．改修後は CO_2 排出量およびピーク電力を抑制するために，空冷ヒートポンプチラーと水蓄熱槽を新設し水蓄熱式空調システムとした．槽容量は改修前の冷房の最大日負荷実績値の約半分を賄う熱量として算定し，容量を決定した．

熱源の空冷ヒートポンプチラーは，夜間蓄熱運転が中心となるため，蓄熱運転時の効率を重視し定速機を採用した．夏期・冬期・中間期の季節運転と蓄熱・放熱・追掛けの時間帯運転に対応するため，4台分割として熱負荷に合わせた台数制御とし，冷房・暖房のピーク時運転と中間期運転，また蓄熱・放熱・ピークカットで設定したタイムテーブルを用意した．蓄熱槽と空調二次側回路の間には，熱交換器を新設し二次ポンプ容量の低減も図っている．

また，チラーは蓄熱槽の直上に設置し，配管延長とポンプ揚程の削減でコストダウンも図った．熱源ポンプ，空調一次・二次ポンプ，熱交換器は蓄熱槽と同レベルの機械室内に設置し，落水防止にも配慮した．

8.8.3 特　徴

水深は1槽2 800 mm，2槽2 850 mmとし，槽内に誘導管を設置して縦方向に温度こう配を形成する計画とした．蓄熱槽利用温度差を5℃から9℃まで拡大することで蓄熱槽容量を圧縮した．一次側の大温度差化に伴い四管式であった空調機は冷水コイルと温水コイルを直列に接続し，二管式へ変更することで対応した．

写真8・17のように，ディストリビュータは

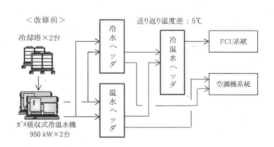
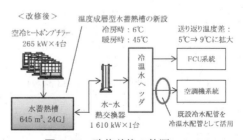

図8・36　改修前後の熱源システム

槽内に温度成層が形成されるように，均一に拡散させるための円盤と，流速を一定かつ低速にするためのパンチングメタルによる有孔管を組み合わせた．拡散流速が0.035 m/s以下となるよう設計している．これら条件を基にシミュレーションを行い（**図8・37**），蓄熱槽効率が85％となることを確認した．

写真8・17 蓄熱槽内部，誘導管

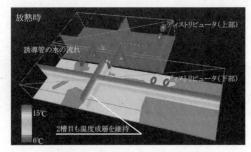

図8・38 シミュレーション結果

8.8.4 運転実績

図8・38に夏季代表日の温度プロフィールを示す．2槽間に誘導管を設置したことで，1槽の低温域から2槽の高温域まで連続的な温度こう配が形成され，蓄熱槽効率は87％となった．蓄熱効率は**図8・39**に示すように87％となり，大きな熱損失がなく蓄熱槽を有効活用できた．また，年間の熱製造は年間熱負荷の97％を夜間蓄熱で賄うことができている．

本施設は大型イベントなどの開催有無によって，熱需要のオフ・ピーク差が大きくなるため，改修前の冷房負荷実績を参考に，夜間蓄熱移行率を50％と想定して蓄熱槽容量を設定したが，実績では，夜間蓄熱移行率はピーク熱負荷発生時の63％であった（**図8・40**）．

その結果，**図8・41**に示すように熱源廻りのエネルギー消費量は改修前と比較して一次エネルギー消費量で57％（4 481 GJ）削減することができた．（照明LED化，遮熱フィルム貼付，外気負荷削減による空調負荷削減分も含む）．

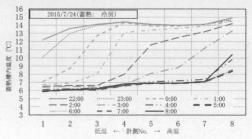

図8・38 温度プロフィール

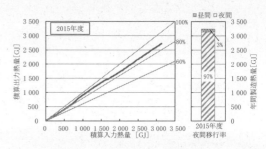

図8・39 蓄熱効率，夜間移行率

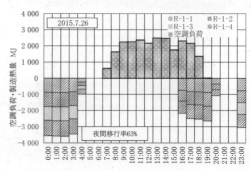

図8・40 時刻別熱負荷

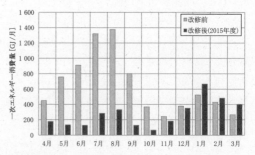

【算定対象】
改修前：熱源本体，冷却塔，冷水一次ポンプ，温水一次ポンプ，冷却水ポンプ
改修後：熱源本体，熱源一次ポンプ，空調二次ポンプ

図8・41 熱源周りのエネルギー消費量

8.9 東京都美術館のリニューアル

8.9.1 はじめに

東京都美術館は1926年に開館し，1975年に前川國男の設計により建替えられた．老朽化により2010年4月から改修工事を実施し，2012年4月にリニューアルオープンした．本館は公募展示室と企画展示室からなり，海外の名作を紹介する美術展などが開催され，入館者の非常に多い美術館である．名画などの借用の際には厳格な室内環境基準の厳守が求められ，十数年前から待望されていた．リニューアルを期に室内環境改善，環境負荷の削減を，前川建築の継承を念頭に計画した．

写真8・18　外　観

表8・6　建物概要

名　　　称	東京都美術館
所　在　地	東京都台東区上野公園8-36
用　　　途	博物館，ホール
構　　　造	地下4階，地上4階，軒高15.6 m，敷地面積21 460.67 m²，建築面積7 999.47 m²，延べ床面積37 748.81 m²
改修工事	設計2007年4月～2009年8月，工事2010年4月～2012年3月

8.9.2 建物概要

本館は公園内にあり約半分が地階で公募棟，企画棟，交流棟，中央棟管理棟から成っている．

8.9.3 空調リニューアル概要

夏期の高温多湿気候と混み合う展示室内の作品の保存環境と人の快適環境を両立させ，省エネルギー，ランニングコスト削減を計画した．

8.9.3.1 室内環境改善計画

空調方式を恒温・恒湿とし，加湿は蒸気加湿にした．蒸気加湿は有害成分除去や雑菌の繁殖防止が可能である．じんあい・害虫侵入防止に対処した．展示室の空調気流は，絵画への安全性から0.2 m/s以下の気流計画とし，レターンは幅木吸込みとした．温湿度制御の向上のために空調系統を11系統から31系統にした．

8.9.3.2 エネルギー計画

〔1〕熱源設備の改善

改修前の熱源設備はチラー，ヒートポンプに冷水槽，温水槽であった．蓄熱能力は夏期のピーク熱負に対しては約30分程度であった．熱源設備計画では，**図8・42**に示すように8.8倍の蓄熱能力を持った氷蓄熱槽(11 814 kW・h)を新設した．熱源機器は，部分負荷運転が非常に効果的なモジュール型のブラインチラー，チラー，ヒートポンプとした．改修設計は2009年に完了し，施工中の2011年3月に東日本大震災が発生し，その後のエネルギー事情に大きな変化が生じた．

〔2〕空調設備の改善

空調設備では搬送動力削減，全熱交換機の導入，外気量CO_2制御，外気冷房(展示室除く)，夜間モード運転計画などを図った．省エネルギー計画でCEC/ACは改修前の1.43から0.6となった．

〔3〕建築の断熱強化

日射の躯体蓄熱を避けるため，展示室屋上はインシュレーションブロックや屋上緑化を用い，ポリスチレン断熱材(75 mm)外断熱で強化した．新設ガラスはLow-Eガラス，既設ガラスには日射調整と断熱効果を有するフィルムを貼った．省エネルギー計画でPALは改修前の

195.3 MJ/(m²·年)から177.0 MJ/(m²·年)となった．

8.9.4 運転実績

8.9.4.1 展示室の環境実績

改修後の企画展覧が"マウリッツハイス"美術館展が2012年の夏期に行われ多くの人が訪れた．**図8·43**は，8月5日の室内外の計測値である．入館者は発汗状態で1人/m²で展示室に入ったが，展示室内は安定していた．12月23日は，メトロポリタン美術館展，外気温湿度の変化に対し，温湿度は測定点1，2とともに安定していた．

8.9.4.2 エネルギーの運転実績

熱源の運転状況を**図8·44**に示す．図(a)と(b)は運転パターンの典型例であり，図(a)の夏期では冷熱と温熱共に，1.5時間のピークカットが確認された．図(b)の冬期では，冷熱は氷蓄熱で負荷が賄えられた．図(c)は1年間の運転実績で冬期に比べ中間期のエネルギー消費量が非常に高いことが特徴である．恒温恒湿型空調が主体の美術館では，中間期の湿度を厳守するために，多大なエネルギーを要する．詳細として**図8·45**は夏期，中間期，冬期の本館全体の冷熱負荷，温熱負荷を表している．冷熱負荷で比較すると，夏期2 000～2 500 kW，中間期は約1 000 kW，冬期は約500 kW程度であった．恒温恒湿を維持するため，過冷却・再熱・蒸気加湿の集積と考えられる．冬期の熱負荷が非常に小さいのは蒸気加湿が暖房負荷を賄っていると考えられる．

8.9.5 美術館建築の室内環境とエネルギー特性

欧州・ロシアなどの国の気候は夏期乾燥，冬期湿潤であり，冷暖房で任意な湿度は保てる．冷房除湿，暖房加湿は東京に比べ非常に小さい．さらに，展示会場の大混雑の状況が彼らを心配させる．温湿度環境などの報告を毎日求めたり，絵画の裏面にデータロガーを設置するなどの行為も理解できる．エネルギー消費の削減対策として，建築・設備の両面から取り組んだ．空調環境の向上，空調運転時間の増加，空調面積の増加，来館者の増加などが重なり，消費エネルギーは開館後増加傾向にある．しかし，氷蓄熱槽の新設により最大電力が約20％減少し，東日本大震災後の最大電力の規制に十分に対応出来た．

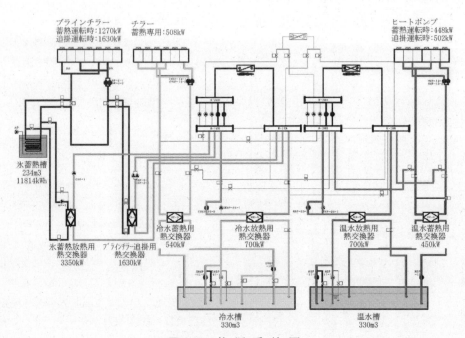

図8·42 熱源系統図

8.9 東京都美術館のリニューアル

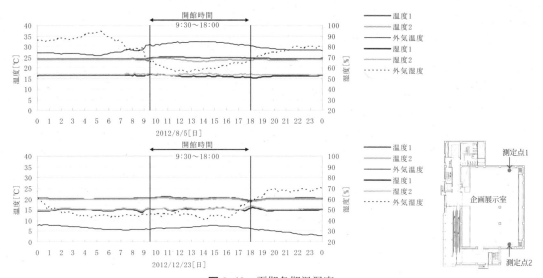

図8・43 夏期冬期温湿度

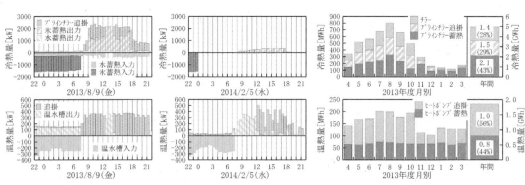

図8・44 熱源運転状況

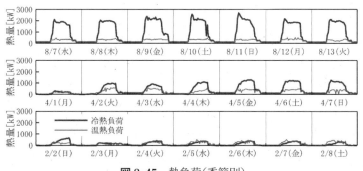

図8・45 熱負荷(季節別)

参 考 文 献

1) 濱　興治・遠藤理英・笹尾博行, ほか：東京都美術館リニューアル工事, 空気調和・衛生工学会, 89-7

8.10 中部電力(株) 熱田ビル

8.10.1 建物概要

1971年に竣工した事務所ビル(**表8·7**)で、17年経過後に空調の全面改修を実施している。2度目となる改修は、2005年度に設計、2006～2007年度に施工を行った。改修時は1階を受付スペース、2～8階を事務室、9階を食堂などの共用スペースとしていた。設計前の2年間を調査段階とし劣化診断を行った。

表8·7 建物概要

建物名	中部電力(株)熱田ビル
所在地	名古屋市熱田区
延べ床面積	9 447 m²
構造	鉄骨鉄筋コンクリート造
階数	地上9階、地下2階

8.10.2 改修概要

8.10.2.1 熱源および二次側設備

改修前後の空調システムを**図8·46**, **8·47**に示す。竣工時から水蓄熱システムを採用しており、9階を除く1～8階が水蓄熱系統である。熱源設備は、水冷チラー1台と空冷HPチラー2台で構成している。二次側システムは、ペリメータ部にFCU、インテリア部にVAVを用いている。FCUとVAVの冷温水配管は、冷水と温水の切替二管式となっている。

改修範囲は、修繕履歴や劣化診断での計測結果および工事条件から決定し、既設空調方式を踏襲すること、能力低下の大きい熱源機と空調機は更新するが、FCUは流用することとした。

既設空調設備と改修後空調設備を**表8·8**に示す。改修後の熱源構成は、COP=5.0の高効率水冷チラー1台と空冷HPチラー2台(COP

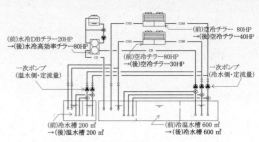

図8·46 改修前後の熱源システムフロー図

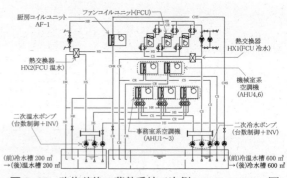

図8·47 改修前後の蓄熱系統二次側システムフロー図

表8·8 改修設備一覧(改修前後)

部位	改修前	改修後
熱源機	空冷チラー ×2台 水冷DBチラー ×1台	空冷チラ ×2台 水冷高効率チラー ×1台
蓄熱槽	冷温水槽(600 m³)・並行流 　　　：外側槽23槽 　　　：内側槽18槽 冷水槽(200 m³)：16槽 現地運転員による制御	冷水槽(600 m³)・直列流：40槽 温水槽(200 m³)：16槽 蓄熱コントローラによる制御
二次側機器	ペリメータ部：FCU 事務室インテリア部：VAV+INV 加湿：水スプレー式 外気：全熱交換器	ペリメータ部：FCU 事務室インテリア部：VAV+INV+DDC 加湿：二流体式 外気：全熱交換器、外冷回路

=2.8, 2.0)であり，夏期はすべての熱源機が冷水モードで運転して蓄熱する．冬期も冷房負荷があるため，水冷チラーは冷水槽へ，空冷HPチラーは温水槽へ蓄熱する．また，ピーク負荷の発生が年間数日であることを考慮し，12時間蓄熱で機器を選定し容量の縮小化を図った．二次側機器については業務を行いながらの改修となるため，ダクトレイアウトは変更せず，給気温度の低温化で負荷増に対応した．また，VAVのDDC化や外気冷房回路の設置，二流体ノズルを用いた高効率加湿システムの採用など高効率化に努めている．

8.10.2.2 蓄熱設備

既存の蓄熱槽平面を図8·48に示す．冷水槽と冷温水槽で構成される連結完全混合槽型水蓄熱槽であり，夏は全て冷水モードであるが，冬は冷水と温水の利用ができる．冷温水槽は23槽の外周槽と18槽の内周槽からなる並行流で形成されている．

改修にあたり，槽内の水を抜き槽容量や各槽をつなぐ連通口・点検口の大きさや数を計測しCFD解析を実施した．図8·49に示す結果から，連通口・点検口の大きさや数が不適切なため，流速が遅くなり死水域ができやすいことがわかった．蓄熱効率も60％と低く，有効に蓄熱されていない．蓄熱槽が並行流であることも原因の一つであると考え，図8·50に示すとおり40槽が連なる直列流槽化や，不要な連通口や点検口の閉鎖・縮小を行うこととし，槽内流速を適正化した．

8.10.3 特　徴

本改修には，復性能検証過程（レトロコミッショニング）を適用した．社外の性能検証責任者（性能検証機関）と社内の性能検証責任者補佐

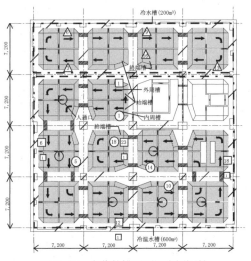

図8·48　水蓄熱槽平面図（改修前）

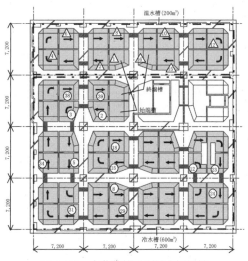

図8·50　水蓄熱槽平面図（改修後）

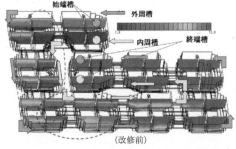

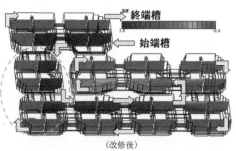

図8·49　CFD解析結果

(建築技術者)を中心とした性能検証チームを構成し,調査・設計・施工・運用の4段階で検証を行い,改修を進めた.調査段階では劣化診断を基に改修範囲や省エネルギー目標を定めた.工事は2007年8月に完工したが,その後1年間は設計値および試運転調整で定めた設定値での運転を実施し,2008年7月から約1年を運用段階の性能検証期間と定め,機能性能試験(夏期・中間期・冬期)を行った.試験内容と手順は(一財)ヒートポンプ・蓄熱センターの"蓄熱式空調システムのコミッショニングガイドブック"を参照し,熱源と二次側の運転設定値の最適化や蓄熱コントローラの蓄熱量設定値の調整による熱源の追従運転時間最小化などを行った.

8.10.4 運転実績

調査段階で,熱源回路及び空調回路の消費電力量について,改修前の実績比で25%(建物全体では12%)の削減を目標に定めた.改修前と運用段階の性能検証期間の消費電力量の比較を,熱源・空調の回路別に図8・51に示す.表8・9の結果に示すとおり,一連の性能検証の実施により,熱源回路では46%,空調回路では68%,建物全体でも17%の消費電力量を削減することができた.また,図8・52に示す夜間移行率は,夏期は約70%,冬期は約90%となった.

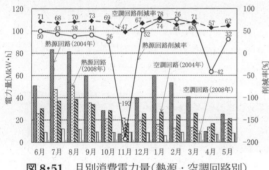

図8・51 月別消費電力量(熱源・空調回路別)

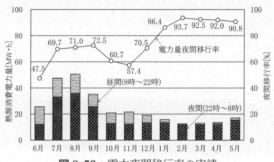

図8・52 電力夜間移行率の実績

表8・9 年間消費エネルギー原単位比較

年	熱源回路			空調回路		
	消費電力 [kW・h]	原単位 [MJ/(m²・年)]	相対評価	消費電力 [kW・h]	原単位 [MJ/(m²・年)]	相対評価
2004	539 403	557	100	324 902	336	100
2008	292 619	302	54	104 665	108	32

8.11 関西電力病院

8.11.1 建物概要

関西電力病院は，昭和42年に現在の地に移転してから約50年を経て，急性期医療の強化，診療スペースの拡大や患者へのホスピタリティの向上を目指した現地病院建替計画である。既存病院から"地球環境への"負荷"を低減し，治癒環境の"質"を向上させる都市型急性期医療病院"を目指して計画を行った。

8.11.2 システム概要

病院全体エネルギーシステムの特徴は，図8・53に示すように，旧来型の燃焼系中心のシステムから，ヒートポンプと自然エネルギーを組み合わせた高効率型システムへの転換である。さらに，病棟ゾーンは，患者の好みに合わせて24時間冷暖房が可能な個別空調システムを採用している。診察ゾーンは，運転時間，空調負荷が一定で夜間運転を行う系統がほとんどないことから，高効率ヒートポンプチラーと水蓄熱

写真8・19 建物外観

を中心としたシステムを導入した。通常時は，熱源(空冷ヒートポンプチラー)で生成した冷水・温水を水蓄熱槽(1 100 m³)を介して各所に供給することにより，高効率かつ大きな負荷変動にも柔軟に対応が可能である。災害時，地下(蓄熱槽他)が浸水した場合は，配管の切替えにより重要系統に6階熱源(地上化電気室から一般と非常電源の供給可能)から直接冷水・温水の供給できるバックアップシステムを導入し，"靭性のある熱源システム"を構築している(図8・54)。

表8・10 建築概要

建 築 主	関西電力(株)，(株)関電エネルギーソリューション
設 計	(株)日建設計
工事監理	関西電力(株)，(株)関電エネルギーソリューション
施 工	建築/(株)大林組 電気/きんでん・かんでんエンジニアリング共同企業体 空調/三機工業・テクノ菱和共同企業体 衛生/西原衛生工業所・須賀工業共同企業体
建 設 地	大阪市福島区福島2丁目1-7
敷地面積	9 664 m²
建築面積	4 429 m²
延床面積	(Ⅰ期)33 753 m²，(Ⅰ+Ⅱ期)40 116 m²
構 造	鉄筋コンクリート造，一部鉄骨造，免震構造
階 数	地下2階，地上18階，塔屋1階
建物高さ	81 m
病床数	400床

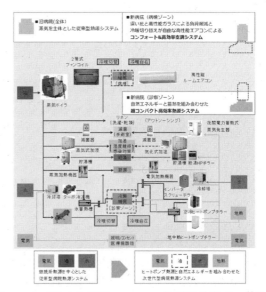

図8・53 病院全体熱源システムの概要(旧病院との比較)

第8章 蓄熱式空調システムの事例

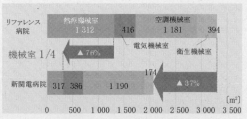

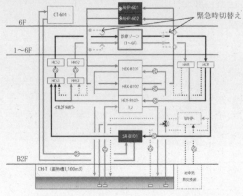

図8・54 空調熱源システムの概要

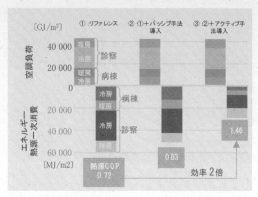

図8・55 主要機械室面積
リファレンス病院との比較[※1]

図8・56 熱源空調負荷と一次エネルギー消費量比較[※2]

※1) "2011 情報年鑑 病院建築における竣工設備データ"(建築設備士2011年12月号)による.
※2) ①は,省エネルギー手法を採用しない場合を想定.
②は,①に本病院採用したパッシブ省エネ手法,
③は②に加えてアクティブ手法を採用した場合を想定.

8.11.3 特徴(省エネルギーの取組み・工夫)

[1] 超コンパクト高効率熱源システムの構築

都市型病院の省エネルギー化の制約条件として,厳しい面積条件,建物の高層化があげられる。本病院では,これらの課題に対処するため,パッシブ省エネルギー手法導入による負荷削減,負荷性状に合わせた個別・集中システムの使い分け,ヒートポンプ,自然エネルギーおよび蓄熱システムの組合せにより,従来よりも機械室が1/4,効率が2倍となる,"超コンパクト高効率熱源システム"を導入した(**図8・55,8・56**)。

[2] 気化式加湿器による高効率病院加湿システムの開発・導入

病院における加湿方式は,要求湿度の高さや制御性,清浄度の安心感などより蒸気加湿が利用されることが多い。一方,省エネルギーの観点からは,熱損失が大きい蒸気使用を減らす

表8・11 本病院での加湿方式の使い分け

方式	対象室
1 水気化式	一般諸室(事務室、廊下他)
2 水気化式 (+バイパス機能)	高温度高湿度が要求される室 (診察室、病室、など)
3 水気化式 (+全熱交換器)	高温度高湿度および高い清浄度が要求される室(OP室)
4 水気化式 (+電熱蒸気式)	高温度高湿度及および高い清浄度が要求される室 (OP室のうち感染症対応)
5 電熱蒸気式	高温度高湿度が要求され、24時間運転が必要な室 (ICU)

各加湿方式の採用比率
(有効加湿量比)

ことが求められる。本病院では，要求湿度に応じて複数の手法を組み合わせることにより，気化式加湿方式を全面的に採用した。さらに，高効率に温水製造が可能なヒートポンプシステムと組み合わせて，加湿時のエネルギー効率を最大限高めることを目指した。また，従来懸念とされていた，水気化式の清浄度と加湿性能について，竣工後継続的な実測により，蒸気型加湿方式とそん色がないことを確認している（**図8・57**）。

8.11.4 運転実績

電力消費量のピーク日において，建物全体の最大電力は，夏期が15時～16時，冬期が9時～10時に発生している。蓄熱設備を導入していなかった場合の想定値と比べて，夏期は18％，冬期は24％のピーク抑制を行うことができた（**図5・58**）。病院全体消費エネルギーは，竣工以降，継続的な省エネルギー検証に取り組んでおり，設計時目標の省エネルギー率20％を大幅に上回る37％削減を達成している。

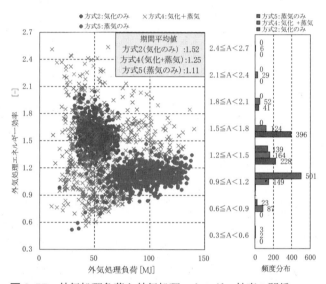

図8・57 外気処理負荷と外気処理エネルギー効率の関係

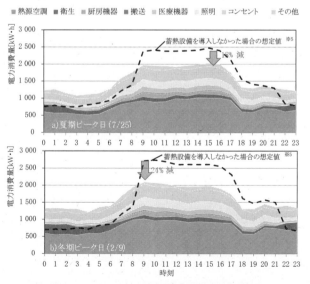

図8・58 ピーク日の用途別電力消費量（時刻別）

索　引

ア　行

アルキメデス数 …………………………… 27
運転時間 …………………………………… 46
追掛け運転 ………………………………… 174
オープン回路 ……………………………… 2
温湿度環境 ………………………………… 218
温水槽 ……………………………………… 4
温度検出器 ………………………………… 135
温度成層型蓄熱槽 ………………… 5, 87, 202
温度プロフィル ………………… 130, 164, 216

カ　行

快適環境 …………………………………… 217
外部ヘッダ式 ……………………………… 7
界壁 ………………………………………… 120
隔壁 ………………………………………… 120
外融式 ……………………………………… 12
仮想発電所（VPP:Virtual Power Plant）…… 194
過大流量防止 ……………………………… 178
気化式加湿方式 …………………………… 225
基幹病院 …………………………………… 202
既設改修 …………………………………… 213
協調設定 …………………………………… 108
空調機 ……………………………………… 95
躯体蓄熱 …………………………………… 3
クローズ回路 …………………………… 2, 213
計画運転 …………………………………… 174
継続性能検証 ……………………………… 182
計測ポイント ……………………………… 111
現実的蓄熱量 ……………………………… 19
顕熱利用 …………………………………… 210
降順表示 …………………………………… 173
氷蓄熱 ……………………………………… 3
氷蓄熱式空調システム ………………… 9, 91

氷蓄熱槽 …………………………………… 217
氷蓄熱ユニット方式 ……………………… 48
コミュニティータンク …………………… 194

サ　行

最大電力 …………………………………… 218
事業継続 …………………………………… 37
始端槽 ………………………………… 19, 120
終端槽 ………………………………… 19, 120
受電点電力制御 …………………………… 40
竣工図書 …………………………………… 165
消防用水 …………………………………… 71
正味有効蓄熱 ……………………………… 52
ショートサーキット ……………………… 94
人通口 ……………………………………… 120
水質管理 …………………………………… 183
水質検査項目 ……………………………… 183
推定末端圧力制御 ………………………… 102
生活用水 …………………………………… 69
静止（スタティック）型 ………………… 12
成績係数
　（COP：Coefficient of Performance）……… 58
整流装置 …………………………………… 212
設計趣旨書 ………………………………… 165
洗浄水 ……………………………………… 69
潜熱蓄熱 …………………………………… 3
槽間排水管 ………………………………… 123
操作説明書 ………………………………… 166
送水限界温度 ……………………………… 23

タ　行

大温度差 …………………………………… 65
大温度差空調システム …………………… 67
大規模商業ビル …………………………… 212

脱気	136	熱交換器二次側ポンプ	101
縦型温度成層型蓄熱槽	200	熱収支計算	79
縦型蓄熱槽	202	熱損失	87
暖房能力低減係数	82	年間消費エネルギー量	58
蓄熱運転	105, 164	年間熱負荷の推移	58
蓄熱過程	21		
蓄熱効率	17, 216		
蓄熱コントローラ	104, 176	## ハ 行	
蓄熱槽	202	バイパス回路	66, 178
蓄熱槽からの熱損失	15	博物館	215
蓄熱槽効率	46, 82	バランス式	8
蓄熱槽の断熱	16	半現実的蓄熱量	19
蓄熱槽容量	47	ピークカット	218
蓄熱媒体	2	日積算熱負荷	76
蓄熱バランスシート	80, 81	必要熱源容量	46
蓄熱バランス図	45, 83	ヒートポンプ	223
蓄熱率	78	ヒートポンプチラー	164
チューニング	213	評価指標	111
超コンパクト高効率熱源システム	224	平型の直列式	5
通気管	123	平型複流式	8
定格日量加熱能力	52	平型並列式	7
定格日量冷却能力	52	昼間運転	105
ディストリビュータ	203, 215	ファンコイル	95
定流量制御	178	風量スイッチ	67
デマンドレスポンス		フート弁	165
（DR:Demand Responce）	38, 194	部分負荷特性	58
電力従量料金	61	部分負荷日	57
電力負荷平準化	37	フラッシング	134
点検周期	181	フルード数	27, 89
投入熱量	45	変流量制御	65, 178
都市型病院	224	放熱運転	164
土壌蓄熱	3	放熱過程	19
		放熱量	45
		保全	166
## ナ 行		保存環境	217
内部ヘッダ式	7		
内融式	12	## マ 行	
流し込みポンプ	100		
日負荷係数	51	末端圧制御	102
二方弁	178	見える化	172
熱源運転時間	46	水蓄熱	3, 223
熱交換器一次側ポンプ	101	モジュール式熱源機	208

ヤ 行

有効熱利用率…………………………… 129
床上ポンプ……………………………… 100
溶存酸素濃度…………………………… 136
容量制御（アンローダ）…………… 93, 175

ラ 行

落水防止対策…………………………… 97
落水防止弁……………………………… 165
理想的蓄熱量（くみ換え方式）……… 17
理想的蓄熱量（ピストンフロー）…… 18

リバースリターン配管………………… 98
利用温度差………………………… 46, 78
冷温水槽…………………………………   4
冷水槽……………………………………   4
冷凍機入口温度制御…………………… 22
連結完全混合型蓄熱槽…………………   5

アルファベット

BCP（Business Continuity Plan）…… 194, 203
BEMS……………………………… 170, 182
COP：成績係数………………………… 58
IPF（Ice Packing Factor）……………   3

蓄熱式空調システムが実現する
エネルギーマネジメント
～計画・設計から運用まで～

平成29年3月31日　第1刷発行	
編集・著作権者	公益社団法人　空気調和・衛生工学会
発　行　所	公益社団法人　空気調和・衛生工学会
	〒162-0825　東京都新宿区神楽坂4-8 神楽プラザビル4F
	電　話　03-5206-3600
	Ｆ Ａ Ｘ　03-5206-3603
	郵便振替口座　00190-1-37842
発　売　所	丸善出版株式会社
	〒101-0051　東京都千代田区神田神保町
	二丁目17番
	電　話　03-3512-3256
印　刷・製　本	株式会社 小薬印刷所

方法のいかんを問わず無断複製・転載を禁ずる．

ISBN 978-4-87418-064-8